*Eine dunkle Sehnsucht nach der Welt
der Einsamkeit, des Todes und der Wiege des Lebens,
des Schreckens und der herrlichsten Genüsse.*
            Johannes Hegetschweiler, 1789–1839

Emil Zopfi

Schrot und Eis
Als Zürichs Landvolk gegen die Regierung putschte

Historischer Roman

Limmat Verlag
Zürich

Der Roman folgt möglichst getreu den historischen Fakten. Alle Personen, die auftreten, haben gelebt. Erzählende Passagen sind der Wirklichkeit nachempfunden, zum Teil frei gestaltet. Die *kursiven Zitate* stammen aus historischen Quellen, werden jedoch gelegentlich in einem andern Kontext verwendet. Sie sind mit Verweis auf die Seitenzahl im Anhang nachgewiesen.

Der Autor dankt dem Kanton Zürich für einen Werkbeitrag.

Im Internet
Informationen zu Autorinnen und Autoren
Materialien zu Büchern
Hinweise auf Veranstaltungen
Schreiben Sie uns Ihre Meinung zu diesem Buch
www.limmatverlag.ch

Umschlagbild: «Der 6te Herbstmonat 1839 in Zürich.
Lith. u. herausgegeben von J. Bachmann in Wädenschweil»
(Zentralbibliothek Zürich)

Typographie und Umschlaggestaltung von Trix Krebs

© 2005 by Limmat Verlag, Zürich
ISBN 3 85791 487 4

6. September 1839. *Überirdisch*

Der Schuss reisst Hegetschweiler den Hut vom Kopf, er stolpert, er taumelt, der Stock fällt ihm aus der Hand. Mit der Schulter prallt er gegen eine Kutsche, versucht sich festzuhalten, gleitet ab und stürzt. Dumpf schlägt das Echo von der Fassade des Hotels Baur. Über weissen Säulen und Balkonen blitzt der Himmel auf, der Himmel über Zürich, fern und heiter. Ein Augenblick voll gleissendem Licht. Dann umhüllt ihn Dunkelheit, ein gewaltiger Raum, durch den Worte hallen, herbeigeweht aus einer andern Zeit. *Überirdisch ist der Anblick des schwarzblauen Himmelszeltes, wie es über die weissen und blauen Firnen ausgespannt ist.* Seine eigene Stimme.

Aufgebrochen war er, die Natur und ihre Geheimnisse zu ergründen, vorgestossen bis an die Schwelle von Himmel und Erde, an die Grenze des Wissens und der Erkenntnis. Er hat eine Pistole auf den Berg tragen lassen, *um die Verbreitung des Schalles zu beobachten, und an sicherem Orte das Herabstürzen loser Gletscherstücke zu veranlassen.*

Hegetschweiler versucht, die Sekunden zu zählen wie damals auf dem Gletscher am Tödi, bis der Hauch eines Schalls *unerwartet schwach von den Felswänden gegenüber widerhallte.* Doch er lauscht umsonst. Stille umfängt ihn, kein Laut durchdringt die Nacht.

Ist es das Ende?

Auf kaltem Stein liegt er, Blut verklebt seine Augen, seine Glieder sind gelähmt. Müde sinkt sein Kopf zur Seite, sterbensmüde.

Frühling 1803. *Eine dunkle Sehnsucht*

An einem Morgen im Frühling 1803 wandert der junge Johannes mit seinem Vater, dem Chirurgus und Gutsbesitzer Heinrich Hegetschweiler aus Rifferswil, über den Albis nach Zürich. Er ist vierzehn, will sich für einen Platz an der Kantonsschule der Hauptstadt bewerben. Auf dem Grat erklärt ihm der Vater die Berge, die im Süden in blauer Wand stehen. Ihre Namen klingen seltsam, flössen ihm Furcht ein: Mürtschenstock, Glärnisch, Bös Faulen, Windgälle.

Und über allen Gipfeln schwebend ein Thron der Götter: der Tödi. Ein gleissender Gletschertisch auf schwarzem Felsensockel. Unerstiegen und unersteigbar. «Unmöglich», sagt der Vater, lässt Johannes vorausgehen auf dem steilen Pfad ins Sihltal hinab.

Das Bild der fernen blauen Berge prägt sich dem Jungen ein, dabei ergreift ihn ein eigenartiges Gefühl. Jahre später wird er dafür Worte finden:

Mich zog seit langem eine dunkle Sehnsucht nach dieser Welt der Einsamkeit und der erhabenen Gesellschaft, des Todes und der Wiege des Lebens, des Schreckens und der herrlichsten Genüsse. Von Jugend auf durch den Anblick derselben angezogen, musste die Sehnsucht stärker werden, je in verschiedenen Jahres- und Tageszeiten, je in mannigfaltigerer Bekleidung und Beleuchtung ich diese Naturwunder erblickte.

«Unmöglich», hat der Vater gesagt. Doch hat nicht der Konsul Napoleon in Paris das Wort «unmöglich» aus seinem Vokabular gestrichen? «Impossible n'est pas un mot français.» Französische Truppen haben die Freiheit ins Land gebracht, die Gleichheit, die Brüderlichkeit, fünf Jahre zuvor. Mit Feuer, mit Schwert, mit Gewehr und Kanone die alten Häupter gestürzt, ihnen die Perücken vom Kopf gerissen, die Zöpfe abgeschnitten. Für den aufgeklärten Bürger gibt es keine Grenzen mehr, nur noch die Grenzen der Erkenntnis und des Wissens, und auch diese gilt es zu sprengen wie die Ketten der alten Ordnung.

«Die Revolution ist noch nicht am Ziel, Johannes», sagt der Vater, als sie heimkehren. An der Kantonsschule hat man sie abgewiesen. «Wir Landleute müssen weiterkämpfen, bis wir wahrhaftig gleich sind vor dem Gesetz wie die feinen Herrschaften aus der Stadt, die Aristokraten und Patrizier und Zunftherren.» Der neue Kanton Aargau ist fortschrittlicher als Zürich, vielleicht findet sich in Aarau ein Studienplatz.

Über den Üetliberg ins Reppischtal kehren sie nach Hause zurück. Der Vater zeigt Johannes die Schützengräben auf dem Grat, Stellungen für Kanonen, mit Weidengeflecht befestigt. Eine Schlacht um Zürich hat hier getobt, zwischen den Franzosen und Koalitionstruppen aus Österreich und Russland. Drei Jahre sind vergangen, und noch ist kein Ende der Kriege abzusehen. «Es wird erst Frieden geben, wenn unser Vaterland einig und frei ist», sagt der Vater, «frei, vom Rhein bis zur Rhone.»

Am Westhang des Üetlibergs sammelt Johannes die ersten Frühlingsblumen in seiner Botanisierbüchse, zu Hause wird er im Kräuterbuch des Vaters ihre Namen bestimmen. Die Geheimnisse der Natur möchte er ergründen, sie fesselt ihn mehr als der Streit der Menschen.

5. September 1839. *Einen Streich auf den Mund*

Johannes Hegetschweiler ist Politiker geworden, wider seine Natur und seine Neigung, Regierungsrat und Staatsrat des Kantons Zürich. Ein friedliebender Mensch im Streit der Zeit.

Es ist Donnerstag, der 5. September 1839. Nach regnerischen Tagen klart der Himmel auf gegen Abend. Die Nacht bricht an, eine Nacht der Entscheidung. Amtsbürgermeister Johann Jakob Hess hat die Regierung des Kantons Zürich zum Kriegsrat gerufen. Es mag gegen elf Uhr gehen, als Johannes Hegetschweiler an der Schipfe der Limmat entlang eilt, den Hut tief in der Stirn. Beim Roten Turm am Weinplatz biegt er in die Storchengasse, hört Stimmenlärm im Café Littéraire, einem Treffpunkt der Radikalen. Sonst ist alles ruhig, da und dort flackert ein Öllicht hinter Vorhängen.

Nichts deutet auf einen Bürgerkrieg hin, den Bruderkrieg zwischen Stadt und Land, den alle fürchten. Sein Stock klöppelt übers Pflaster, er überquert den Münsterhof zum Postgebäude, wo sich die Regierung versammelt. Man hält die Sitzungen in der neuen Post in der Kleinen Stadt ab, die eidgenössische Tagsatzung belegt das Rathaus auf dem rechten Limmatufer. Zürich ist in diesem Jahr Vorort der Eidgenossenschaft, die Zürcher Regierung eine Art Landesregierung, eine Regierung ohne eigene Truppen, ohne Staatskasse, ohne Macht. Die Staatskanzlei eine Truhe voller Akten, die man von Stadt zu Stadt schleppt, wenn der Vorort wechselt. Papierberge, nichts weiter. Die Schweiz ein Land ohne Zentrum, ein loser Bund von Kantonen, zerbrechlich und zerstritten. Alle kämpfen gegen alle, um Vorrechte, um Besitzstand, um Ämter und Pfründe und um die Macht schlechthin. Die Fronten trennen Stadt und Land, Katholisch und Reformiert, Konservativ und Liberal, Welsch und Deutsch. Eine chaotische Hinterlassenschaft von Napoleons Weltordnung, die längst untergegangen ist.

Ein Weibel öffnet die Pforte, Hegetschweiler tritt ins Sitzungszimmer. Heinrich Weiss, der härteste Radikale im Rat, Oberst im Militär, hält den Vorsitz des Kriegsrats. Hegetschweiler setzt sich lautlos, stellt sogleich fest, dass mehrere der 19 Ratskollegen fehlen. Weiss wendet sein rundes Bauerngesicht Hegetschweiler zu, stockt einen Augenblick in seiner Rede, kratzt sich im zerzausten Kraushaar, fährt dann weiter. Ein Bote sei vor kurzer Zeit eingetroffen, habe berichtet, ein Gewalthaufe nähere sich von Dübendorf her der Stadt, bewaffnet mit Stöcken, Mistgabeln, Dreschflegeln, eine Hundertschaft mit Stutzern und Jagdflinten an der Spitze.

Hegetschweiler hebt die Hand, will genauere Auskunft, doch Bürgermeister Hess fällt ihm ins Wort: «Wann werden die Aufrührer hier sein?»

«Sie werden nicht vor dem Morgengrauen stürmen.»

«Was tun?»

Die Regierung kommt zu keinem Entscheid, sie ist zerstritten, die Gräben zwischen Radikalen und gemässigten Liberalen sind tief. Heinrich Weiss und Conrad Melchior Hirzel wollen die Stadtbürgerwache aufbieten und unter das Kommando der Regierung stellen. Dazu Verstärkung von den befreundeten Kantonen im Siebnerkonkordat der Liberalen anfordern. Man muss verhindern, dass sich die Konservativen der Stadt mit den Aufständischen gemeinsam gegen die Regierung wenden. Hegetschweiler und Bürgermeister Hess beschwichtigen. Abwarten solle man, ruhig Blut bewahren, nichts überstürzen.

«Verräter», zischt eine Stimme. Hegetschweiler fährt herum. Die Radikalen stecken ihre Köpfe zusammen, keiner sieht ihn an.

Weiss schlägt mit der flachen Hand aufs Pult, doch gelingt es ihm nicht mehr, Gemurmel, Zwischenrufe und gegenseitige Beschimpfungen zum Schweigen zu bringen. Die Sitzung löst sich auf. Weiss eilt zur Kaserne mit der Order, die Kadetten der Militärschule und die kantonalen Dragoner sollten die Verteidigung der Zeughäuser vorbereiten. «Wenn die Aufständischen an die Waffen kommen, dann Gnad uns Gott!»

Auch Hegetschweiler macht sich auf den Weg durch die dunkle Stadt, über den Münsterhof gegen die Waaggasse, die zum gelben Zeughaus führt. Aus der Bierhalle beim Zunfthaus zur «Waag» schlägt Lärm, kantonales Militär, so scheint es, das sich aus der Unterkunft gestohlen hat. Vor den Zeughäusern trifft er auf eine Gruppe von Studenten in bunten Mützen, Bändern und Bierzipfeln am Gürtel. Im «Widder» am Rennweg haben sie ihren Kommers gefeiert, sind dann singend durch die Gassen gezogen. «Gaudeamus igitur, juvenes dum sumus ...»

Hegetschweiler fühlt sich durch den Gesang nach Tübingen versetzt, in jene Neujahrsnacht 1812, als seine Studentenverbindung, die «Helvetia Tübingen», in eine Schlägerei mit der Polizei geriet. Man hat ihn verhaftet und angeklagt, er habe mit seiner Pfeife auf zwei Polizisten losgeschlagen *so dass Landdragoner Schäfer einen Streich auf den Mund, der Landfüsilier Müller einen auf das linke Auge bekam.* Der friedfertige Hegetschweiler ein Radaubruder? Schliesslich konnte er die Richter überzeugen, dass es gar nicht seine Art sei, dreinzuschlagen, alles ein Missverständnis und seine Pfeife viel zu klein, um als Waffe zu dienen.

Das Lied verhallt, Hegetschweiler reisst sich los von seinen Erinnerungen. Er spricht den Führer der Studenten an, einen deutschen Burschen, der sich mit dem eigenartigen Namen «Bramarbas» vorstellt. «Geht nach Hause. Verhaltet euch ruhig. Die Regierung hat die Lage im Griff.»

Der Deutsche zieht seine Mütze, presst sie an die Brust, verneigt sich und verspricht, man werde nichts Unbedachtes anzetteln. Hegetschweiler glaubt, ein Grinsen um seine Mundwinkel zucken zu sehen. Macht er sich lustig über den Regierungsrat? Führen die Studenten etwas im Schild?

Voll Unruhe eilt er weiter, durch Gassen, die plötzlich belebt sind, als sei schon Freitagmorgen, Markttag. Männer der Bürgerwache streben zum Stadthaus, die einen in ihren Zivilkleidern, andere halb oder ganz in Uniform. Er hört Grüsse, glaubt, Rufe zu vernehmen in seinem Rücken, die ihm gelten. Er dreht sich um, doch da ist niemand.

Herbst 1839. *Niedliches kleines Revolutiönchen*

Der Putsch, the putsch, le poutsch. Der 6. September 1839 hat die Welt um ein Wort bereichert. *Zusammenstosz der leute, auflauf, kleine Volkserhebung,* erklärt Grimms Wörterbuch von 1889. Und ergänzt: *das wort putsch stammt aus der guten stadt Zürich, wo man einen plötzlichen vorübergehenden regenguz einen putsch nennt und demgemäz die eifersüchtigen nachbarstädte jede närrische gemüthsbewegung, begeisterung, zornigkeit, laune oder mode der Züricher einen Zürichputsch nennen, da nun die Züricher die ersten waren, die geputscht, so blieb der name für alle jene bewegungen.*

Ein Putsch ist auch ein Stoss. Das Volk stiess Zürichs Regierung von der Macht. *In diesem Sinne wurde der Begriff wohl erstmals auf den konservativ-klerikalen Handstreich angewandt, der sich 1839 gegen die Berufung von D. F. Strauss an die Universität Zürich richtete und zum Sturz der liberalen Schweizer Regierung führte.*

Der so genannte «Straussenhandel», der Widerstand gegen die Berufung des Tübinger Theologen David Friedrich Strauss an den Lehrstuhl für neutestamentliche Theologie der Universität Zürich, war im Herbst 1839 eigentlich längst beendet, der 31-jährige Strauss schon seit einem halben Jahr in Frühpension.

Strauss hatte in seinem 1835 erschienenen Werk «Das Leben Jesu, kritisch bearbeitet» eine durch die Philosophen Hegel und Feuerbach beeinflusste radikale Religionsphilosophie dargestellt, das Neue Testament kritisch-historisch untersucht, Wunder und Offenbarung als Produkte frommer Phantasie und religiöser Dichtung bezeichnet und Christus nicht als Gottes Sohn, sondern als gewöhnlichen Menschen aufgefasst.

Ein erster Versuch, Strauss nach Zürich zu berufen, scheiterte 1836. Drei Jahre später schlug ihn der Erziehungsrat erneut vor. Der Bürgermeister und Präsident des Erziehungsrates, Conrad Melchior Hirzel, hatte Strauss in Tübingen besucht und *schwärmte seither förmlich von ihm*. Konservative und Kirchenmänner leisteten Widerstand, so dass Zürich Anfang 1939 in zwei Lager zerfiel: Die «Straussen» und die «Antistraussen» lieferten sich einen erbitterten Wortkrieg.

Pfarrer Bernhard Hirzel aus Pfäffikon, ein entschiedener Gegner von Strauss, wurde von der radikalen Presse als *Pfaff* oder *Chinesischer Glaubensheld beschimpft, berühmt durch seine Mässigkeit und Keuschheit*. Eine Streitschrift rief den Gegnern von Strauss zu: *Geht, Heuchler, aus dem Gewand der Religion lasst ihr den Dolch des Terrorismus hervorblinken.*

Die Gegenseite predigte zum Bettag gegen die liberale Regierung: *Um die Altäre herum liegen nun eidgenössische Regenten Tag und Nacht, pflegend den schmutzigen Dienst. (...) Dort werden die heiligsten Angelegenheiten lachend in den Kot getreten und aus diesem Kot hervor in die Ratssäle gezogen. Von dort wanken eidgenössische Regenten besudelt heim erst mit anbrechendem Tage, verfassen in trunkenem Zustand Gesetze für das Land, Richtersprüche gegen Witwen und Waisen.*

Ein Führer der Bewegung gegen Strauss war Hans Jakob Hürlimann-Landis, ein fortschrittlicher Unternehmer vom linken Zürichseeufer, Textilfabrikant und ein frömmlerischer Protestant. Sein Vater hatte 1811 in Richterswil eine mechanische Spinnerei nach englischem Vorbild eingerichtet. Die liberale Wende von 1830 leitete einen wirtschaftlichen Aufschwung ein, von dem die Armen auf dem Land vorerst nur die Nachteile verspürten: Steuern für Schulhäuser, Strassen und soziale Aufgaben. Die industrielle Revolution war in vollem Gange. Wasserkraft ersetzte Muskelkraft, Mechanik die geschickten Hände. Spinnereien und Webereien machten der Heimarbeit ein Ende und damit auch dem Nebenverdienst vieler Bauern.

Die wirtschaftlich-politischen Zusammenhänge waren für die Leute auf dem Land, die noch kaum lesen und schreiben konnten, schwer zu durchschauen. Durch die Zeitläufte verunsichert, suchten viele wieder Halt im Glauben und in religiösen Sekten, die vor allem im Oberland grossen Zulauf hatten.

Dass die Regierung einen Theologen, von dem es hiess, er leugne die Existenz von Christus, an die Universität berufen wollte, gab dem Konflikt eine dramatische Wendung. Der Universität, den Studierten, misstraute man ohnehin. Und den Professoren aus dem deutschen Ausland ganz besonders. Die Berufung war der Vorwand, der den Konservativen und religiösen Fundamentalisten den Anlass bot, ein *niedliches kleines Revolutiönchen* anzuzetteln. Das Böse hatte ein Gesicht und einen Namen bekommen: «Strauss!»

Ein «Centralcomité» aus 22 Persönlichkeiten, auch Glaubenskomitee genannt, formte sich im Februar 1839. Präsident wurde Hürlimann-Landis, als sein Vize amtete der *herzensgute, in tätiger Menschenliebe unermüdliche* Zürcher Arzt Hans Konrad Rahn-Escher.

Was sich als *rein religiöse* Bewegung gegen die Berufung von Strauss zusammengefunden hatte, weitete sich bald zu einer Kampforganisation konservativer Politik aus: In allen Kirchgemeinden bildeten sich Glaubenskomitees, meist unter Führung der Pfarrherren. Sie hetzten gegen Strauss und auch gegen den Direktor des Lehrerseminars Küsnacht, Ignaz Thomas Scherr, den Verfasser des Zürcher Schulgesetzes. Der von sich und seinen pädagogischen Ideen überzeugte Scherr hatte sich mit seinen Reformideen viele

Feinde geschaffen, *Schulpapst oder Schultyrann* schimpften ihn seine Gegner. Als fortschrittlicher Bildungspolitiker hatte er im Erziehungsrat für seinen süddeutschen Landsmann Strauss gestimmt. Dass Ausländer im Zürcher Bildungswesen einflussreiche Posten besetzten, missfiel den Konservativen ganz besonders. Das Zentralkomitee schrieb, dass an der Universität *bei der Wahl der Lehrer auf eine unbillige Weise die Landeskinder hintangesetzt wurden.*

Strauss darf und soll nicht kommen!! So schallte der Schlachtruf der Gegenrevolution, in deren Verlauf ein Hitzkopf sogar das Abschaffen der Universität forderte. Eine Petition an die Regierung verlangte, Strauss sei nicht zu berufen, und enthielt weitere Forderungen: Religion müsse die Grundlage des Schulunterrichts sein, und alle Lehrer hätten im evangelisch-reformierten Sinne zu wirken. *Jeder Widerstand unserer Regierung, dem Volkswillen in dieser Hinsicht seine Rechte zu versagen, ist gefährlich,* drohte der Text. Wer sich den Fundamentalisten widersetzte, wurde als «Strauss» beschimpft, das *war fast so schlimm wie Räuber und Mörder genannt zu werden. Wer es noch wagte, für Strauss Partei zu ergreifen, bekam es auf alle Weise zu fühlen, gesellschaftlich und geschäftlich.*

An der Fasnacht schleifte das Volk Puppen von Strauss, Scherr und Conrad Melchior Hirzel durch die Strassen, verhöhnte und verbrannte sie. Eine Karikatur zeigte Bürgermeister Hirzel, der sich vor einem Vogel Strauss verbeugt, auf dessen Rücken der Teufel reitet. Scherr erhielt einen Drohbrief, *er solle in zehn Tagen das Land räumen, sonst werde er vor seinem Hause aufgeknüpft.*

Bürgermeister Hirzel, *ein Riese an Gestalt mit dem Gemüth eines Kindes,* hatte sich vehement für Strauss eingesetzt. In David Friedrich Strauss sah er einen wahren David, der seine Schleuder gegen die Goliaths der konservativen Kirchenmänner richtete. Melchior Hirzel war ein Vorkämpfer für die Abschaffung der Prügelstrafe gewesen, unter der alten Ordnung gang und gäbe zum Erpressen von Geständnissen oder zum Quälen der Strafgefangenen im Wellenberg, dem Zuchthausturm in der Limmat.

Im März 1839 beschloss der grosse Rat mit 149 gegen 38 Stimmen, Strauss zu pensionieren. Die Regierung beugte sich dem politischen Druck, doch zurücktreten wollte sie nicht, wie einige Mitglieder forderten. *Das wäre unsern Feinden eine gemähte Wiese; eben dieses wünschen sie; aber das wollen wir nicht tun. Im Gegenteil, wir wollen ihnen die Stühle nicht abtreten, sondern uns daran festbinden,* rief Bürgermeister Hirzel aus, zog ein Nastuch aus seiner Tasche und band ein Bein an seinem Stuhl fest.

Der Erziehungsrat gewährte David Friedrich Strauss eine lebenslange Rente von 1000 Franken, ohne dass er je in Zürich gewesen war. Während 35 Jahren schickte der Kanton regelmässig das Vierfache eines Primarlehrerlohnes nach Ludwigsburg in Deutschland. Der Putsch verhalf Strauss noch zu weiterem Glück, zu der *schönen Opernsängerin Agnes Schebest, die am Abend des 6. September in einem Gastspiel des Aktientheaters als «Romeo» in Bellinis Oper «Die Montecchi und Capuletti» hätte auftreten sollen. Der Landsturm verdarb ihr das Gastspiel, aber der Mann, nach dessen Namen sich ein ganzes Volk in zwei Parteien spaltete und blutig duellierte, interessierte sie in hohem Grade, aus dem Interesse wurde Liebe und – Heirat.*

Frühling 1813. *Das forschende Auge*

Auf den Spuren des grossen Albrecht von Haller wandeln. Das hatte ihm Professor Karl Friedrich Kielmeyer, sein Doktorvater in Tübingen, als Vorrede in die Dissertation geschrieben. Kein Meisterwerk, was Hegetschweiler ablieferte: 16 Seiten, eine Beschreibung von Pflanzen aus dem botanischen Garten, darunter eine «eigenartige Hülsenfrucht mit unterirdischen Früchten», 1813 bei Orell Füssli verlegt. Das Doktorexamen allerdings bestand Hegetschweiler mit Auszeichnung, *post comprobatam cum laude*. Am 20. März 1813 kann er sein Felleisen auf den Rücken schwingen, den Wanderstock packen und Tübingen Lebewohl sagen.

Warme Märztage sind es, die Erde dampft, die Nadelwälder auf den Höhen der schwäbischen Alb schimmern blau im Licht. Er übernachtet in einem Gasthof im oberen Donautal, besucht den Hohentwiel bei Singen, wo Meister Ekkehard neunhundert Jahre zuvor als Lehrer gewirkt und geistliche Lieder gedichtet hat. Auf dem Randen bei Schaffhausen fällt sein Blick auf die Woge der Berge, die weit ausholend im Süden über dem schweizerischen Mittelland aufbrandet, als sei sie die Flutwelle eines versteinerten Meeres, Schaumkronen die verschneiten Gipfel. Hat nicht Scheuchzer schon vom Urmeer geschrieben, nachdem er im Schiefer des Glarnerlandes versteinerte Fische fand? Hegetschweiler ruht sich auf einem Baumstumpf aus, blickt verzaubert in diese ferne, unerforschte Welt, die ihn anzieht und schreckt zugleich. Sätze beginnen in seinem Kopf zu klingen. Zehn Jahre später wird er sie zu Papier bringen. Mit dem Bild jenes Föhntages während seiner Heimkehr aus der Fremde vor dem geistigen Auge setzt er die Feder zum ersten Kapitel seines Buches an:

Aus dem Staube der baumlosen Fruchtfelder Schwabens und denen des Elsasses, in den Ebenen und auf den Hügeln um Basel und von den Vorbergen des Juras im Aargau, ereilt mit Wohlgefallen das forschende Auge, im Hintergrunde eines mannigfaltig ausgerüsteten Landschaftsteppichs, die weissbesaumte Mauer der Alpen. (...) Castellähnlich und wie eine verlassene Burg nicht mehr schaffender Naturgeister, schauerlich wie alles, dem der Mensch in Einöden nicht beykommen mag, ragt aus derselben ein grauer Felsencoloss empor, welcher auf der abgerundeten Kuppe seinen ewigen Firn in die Lüfte trägt, und dessen starre Wände selbst den alleinigen Freund der Unwirthbarkeit in jenen Höhen, den Schnee, von sich abstossen. Diess ist der Felsenzwilling Rusein und Tödi.

Vielleicht hat er sich in diesem Augenblick auf dem Randen, beim Anblick der Alpen im Föhnlicht, entschlossen, den Versuch zu wagen, in dieses unbekannte Reich der Naturgeister vorzustossen, die Burg zu bezwingen, ihre Geheimnisse zu enträtseln. Würde es ihm gelingen, hätte er Haller nicht nur erreicht, sondern übertroffen.

2. September 1839. *Den Unglauben zu bekämpfen*
Johannes Hegetschweiler hatte sich von Anfang an gegen die Berufung von Strauss gestellt. Denn sollte eine Reform nötig sein, *so schien mir eine solche mehr nach der gemüthlichen und gläubigen Richtung, als nach derjenigen des Verstandes nöthig zu sein. Allerdings gebricht es unserer Kirche zuweilen an Wärme und Theilnahme; aber diess wird nicht gebracht durch Zweifel und durch Vernunftreligion; im Gegenteil sollten die Herzen mehr angespornt werden und noch mehr Nahrung finden.*

Der Widerstand gegen die Regierung nahm nach der Sommerpause weiter zu. Das Zentralkomitee löste sich nicht auf, sondern gebärdete sich mit der Zeit als eine Art Gegenregierung. *Seid mannhaft und stark!* unterschrieb es eine seiner vielen Verlautbarungen, was die Regierung als Anstiftung zum Aufruhr deutete. Der Staatsanwalt erhob beim Kriminalgericht Klage gegen führende Mitglieder wie Hürlimann-Landis und Rahn-Escher.

Am 2. September, einem Montag, bot das Zentralkomitee seine Anhänger zu einer Kundgebung nach Kloten auf. Zwischen 8000 und 20 000 Männer, je nach Schätzung, harrten im strömenden Regen aus, während Hürlimann-Landis in der Kirche eine Rede hielt. *Im Namen Gottes, der das Weltall regiert (...) vor dessen unaussprechlicher Weisheit der ausgezeichnetste menschliche Verstand in Nichts zerfällt (...) und im Namen des uns zum Vater vorangegangenen göttlichen Erlösers und Heilandes, der uns gegeben ward zur Erlösung von der Sünde ...*

Eine Brandrede nicht nur gegen die «Straussen» und die liberale Regierung war das, sondern eine Kampfansage gegen die Aufklärung. Man habe sich zusammengefunden um ... *in jubelnder Übereinstimmung den Unglauben zu bekämpfen, der seit bald einem Jahrhundert mächtiger als je sich ausbreite.*

Dann verabschiedete die Versammlung Petitionen, die obligatorischen Religionsunterricht forderten und den Rückzug der Strafklagen gegen das Komitee. Das Seminar müsse eine *Pflanzschule religiöser und gläubiger Jugendlehre* ... werden, auf dem Fundament der heiligen Schriften des alten und neuen Testamentes.

Während die Abgesandten der Kirchgemeinden in der Kirche Kloten tagten, verlas Pfarrer Bernhard Hirzel die Rede des Präsidenten auf dem Balkon des Wirtshauses zum «Löwen» und liess sich anschliessend zu einer eigenen, *feurigen Ansprache* hinreissen, in der er zum Sturz der Regierung aufrief.

Eine Delegation überbrachte die Petitionen am Nachmittag der Regierung, die ausweichend antwortete. Vor allem Hegetschweiler zögerte durchzugreifen, das Zentralkomitee aufzulösen, die Aufrührer zu bestrafen. *Wäre man des Erfolges sicher, so würde auch er dabei sein, allein er bezweifle dieses.* Zu seinem Kollegen Weiss bemerkte er, die Regierung sollte den Forderungen des Zentralkomitees ein Stück weit entgegen kommen. *«Mein Gott, es wäre um ein geringes Opfer zu thun, alles wieder in's Gleise zu bringen! Könnten sich diese drei, vier Männer, um die es sich handelt, denn nicht entschliessen, das Opfer zu bringen? Versprechen Sie, wenigstens Scherr fallen zu lassen.»*

Weiss ist empört und beschimpft Hegetschweiler, dass es eine Schande für den Kanton wäre, Leute mit so grossen Verdiensten wie Seminardirektor Scherr zu opfern.

«Nun, wenn man nicht will, in Gottes Namen», gibt Hegetschweiler zurück, zuckt die Achseln und lässt seinen radikalen Widersacher im Rat stehen.

Vier Tage nach der Kundgebung in Kloten läuten die Kirchenglocken im Zürcher Oberland zum Sturm auf die Stadt. An der Spitze des Landsturms marschiert Pfarrer Bernhard Hirzel. Er rechtfertigte seine Rolle in der Schrift *«Mein Antheil an den Ereignissen des 6. Septembers 1839. Ein Wort der Wahrheit an die Schweizerbrüder in der Nähe und Ferne»*, die er noch im gleichen Jahr drucken liess, weil es ihn drängte, *offen vor Gott und Menschen auszusprechen, warum, was und wie ich gehandelt an jenem verhängnissvollen Tage.*

Die Regierung habe sich durch die Berufung von Strauss in Opposition zum Volk gesetzt, doch Strauss sollte bloss als Werkzeug gebraucht werden zur Unterdrückung des Volkswillens, der sich in mehreren Petitionen geäussert habe, letztmals in Kloten. Sie habe versucht, die Zensur wieder einzuführen und damit die Verfassung gebrochen. *Die Führer des grossen Rathes überschütteten in ihren Voten das Volk in Einem fort mit Hohn und Spott und Beleidigungen.* Das Volk wünsche nicht eine andere Verfassung, sondern eine andere Regierung. *So war denn allerdings die dem Zwecke nach rein religiöse Bewegung durch die Opposition der Staatsbehörden auf politische Mittel hingezwungen worden.*

Juli 1814. *In die Zahl geschickter Ärzte*

Dass er ins Doktorhaus in Stäfa einzog, im Juli 1814, war vielleicht Zufall, vielleicht Vorsehung – Schicksal jedenfalls. Die Bürger von Stäfa, dem Handelsplatz und Hafen am Zürichsee, lehnten sich schon früher als andere gegen die Vorherrschaft der Stadt auf. Kurz nach der französischen Revolution verlangten die Mitglieder der Lesegesellschaft in einem Memorial die Abschaffung der alten Vorrechte der Stadt: Eine einheitliche Kantonsverfassung, freies Gewerbe, freien Handel. Die Stadt schickte Truppen, man legte Johann Jakob Bodmer und andere Stäfner Bürger in Kettenhaft, verbot die Lesegesellschaft. Die Obrigkeit verurteilt Bodmer zum Tod, begnadigt ihn dank der Fürsprache des Gelehrten Johann Caspar Lavater, allerdings erst nach einer schändlichen, symbolischen Hinrichtung. Der Revolutionär und Patriot ist der Grossvater von Hegetschweilers Ehefrau Anna Katharina Bodmer, ihr Vater, Chirurgus Bodmer, ist kürzlich verstorben. Hegetschweiler übernimmt seine Praxis im Kehlhof, einem hablichen Haus am Seeufer.

Eine gute Partie also, arrangiert über Beziehungen unter den Notabeln der Landschaft. Der Rifferswiler Pfarrer, Dekan Hans Kaspar Fäsi, hat den jungen Doktor der Familie Bodmer empfohlen: *Alles, was ich von ihm weiss, ist so schön, gut und empfehlenswert, dass es mich mehr Mühe kosten würde, von demselben mit kalter Behutsamkeit, als mit warmem Ruhm zu reden. Er hat (...) eine treffliche Erziehung genossen, welcher der gute Erfolg aufs rühmlichste entsprochen hat. Er gehört nicht nur in die Zahl geschickter Ärzte, dergleichen unser Canton viele aufzuweisen hat, sondern er zeichnet sich durch gründliche Gelehrsamkeit nicht nur in seinem Fache, sondern noch in manchem andern, das den gebildeten Arzt charakterisiert, rühmlich aus.*

Das Paar lässt sich in Windisch trauen, von Hegetschweilers einstigem Religionslehrer Ludwig Rahn. Hegetschweiler führt die Praxis des Schwiegervaters weiter, wird ein hoch geachteter Bürger, Arzt und Apotheker und findet genügend Zeit, sich ausgiebig der botanischen Forschung zu widmen.

Anna Katharina ist gescheit, politisch wach, eine gepflegte und selbstbewusste Frau. Würdige Nachfahrin ihres Grossvaters. Sie führt das Haus, in dem auch Patienten logieren, die Hegetschweiler betreut. Eine Klinik für Wohlhabende, die schon bald floriert.

Hegetschweiler wird aufgenommen in den Kreis der liberalen Notabeln, die bei Wein, Tabak und Kaffee in der «Krone» Bücher und Zeitungen studieren und ihre Vision einer freien und aufgeklärten Eidgenossenschaft diskutieren, in der alle Bürger vor dem Gesetze gleich sind.

6. September 1839. *Heiliger Krieg*

Pfäffikon im Oberland ist das Zentrum des Aufruhrs. Pfarrer Bernhard Hirzel hat am Vorabend um sechs Uhr Sturm läuten lassen, vier Stunden lang. Die Glocken von Russikon, Illnau, Hinwil und andere haben eingestimmt in den aufrührerischen Chor. Männer sammeln sich, marschieren los, jeder mit der Waffe, die er gerade zur Hand hat. *Der junge Pfarrverweser von Bauma segnete beim Fackelschein in der Kirche Waffen und Mannschaft zum Heiligen Krieg*, berichtet jemand.

Das Gerücht geht, die Regierung habe Truppen aus andern Kantonen zu Hilfe gerufen. Regierungstreue Liberale und Radikale wollten sich in Zürich sammeln, die Zeughäuser besetzen, sich gegen den Landsturm bewaffnen. Keine Zeit sei zu verlieren, denn *die Radikalen haben, sagte man, ein Register derjenigen Köpfe entworfen, die fallen müssen und zu dem Ende einen Scharfrichter aus Colmar und zwei Guillotinen, weil vorhandene nicht hingereicht hätte, aus Cöln verschrieben.*

Bauern, Knechte, Fabrikler, Heimarbeiter und Handwerker marschieren in einem gespenstischen Zug durch die Nacht gegen Zürich. Viertausend Mann mit Flinten, Stöcken, Dreschflegeln, Heugabeln auf den Schultern. In dumpfer Wut nähern sie sich der Stadt, Pfarrer Hirzel an der Spitze. Von Dorf zu Dorf wächst der Zug, Fackeln spenden spärliches Licht, Laternen irren wie Glühwürmer durch die Dunkelheit. Der Mond steht als schmale Sichel über dem Pfannenstiel, als sei auch er eine Waffe im heiligen Kampf. Boten auf Pferden sprengen her und hin. Monotoner Gesang klingt auf im Rhythmus der Schritte, erstirbt wieder. *Kein Geschrei, kein Ruf, kein lautes Wort; entweder feierliche Stille, nur in der Nähe der Dörfer unterbrochen von schauerlichem Sturmgeläute, oder tausendstimmiger Gesang frommer Lieder aus Herzensgrund.*

In Volketswil stösst ein Harst aus dem Kellenland dazu, aus dem Tösstal, von Sternenberg und Hinwil. Ein paar Burschen sprengen die Tür der Kirche auf, deren Glocken schweigen, dringen ein, hängen sich an die Stränge in wildem Übermut. Kurz darauf, in Dübendorf, überreicht ein Reiter Pfarrer Hirzel einen Brief mit einer rätselhaften Botschaft. Hans-Konrad Rahn-Escher, Vizepräsident des Zentralkomitees der Religiös-Konservativen, hat sie um Mitternacht abgefasst. *Teure Freunde! Ich eile Euch zu bitten, ruhig zu bleiben. In der Stadt ist Alles ruhig, aber bereit, gegen die Radikalen, die wie es sich herausstellt, einen Handstreich im Sinne hatten, der aber durch Euch glücklich abgewendet scheint. Ich bitte Euch daher entweder ruhig zu bleiben und nach Hause zu gehen, oder, wenn Ihr nach der Stadt kommt, nichts anderes zu sagen, Ihr kommt, um zu wissen, ob Spöndlin und ich wohl seien. Mit Treue und Freundschaft Euer Rahn-Escher.*

Hirzel fragt sich, was der Sinn des Schreibens sein könnte. Umkehren? Die Volksmasse in seinem Rücken ist durch nichts aufzuhalten.

«In Gottes Namen also weiter!», befiehlt er mit fester Stimme. *Das Volk forderte laut, vorwärts geführt zu werden, und umso leichter willigte ich ein, als ich im Rückwärts nicht nur für mich, sondern für die Volkssache selbst, nichts sah als Verderben.* So wird er später seine Hände in Unschuld waschen.

Gegen sechs Uhr rückt der Landsturm von Norden, von Schwamendingen her, in Oberstrass ein. Die Stadt liegt unter ihnen, grau die Dächer im fahlen Morgenlicht, Rauch steigt aus Kaminen. Hirzel hebt die Hand. Rast, eine kurze Ruhe vor dem Sturm. Die Männer sind müde und hungrig. Der Pfarrer setzt sich mit seinen Getreuen in die «Linde» zum Frühstück.

6. September 1839. *Um Blutvergiessen zu verhüten*

Vor der Polizeiwache trifft Hegetschweiler auf seinen Kollegen Weiss, es kommt zum Wortwechsel. Weiss will die Bürgerwache der Stadt bewaffnen und dem Kommando des Kriegsrats unterstellen, die Polizei in Alarm setzen. Die Militärschule und die Dragoner aus der Kaserne haben ihre Posten bezogen, die Gewehre sind geladen.

«Gegen Ihre Landsleute und Brüder?», stellt ihn Hegetschweiler zur Rede.

«Gegen die Gewalthaufen der Reaktion», entgegnet Weiss. «Der Pöbel ist aufgehetzt von Glaubensfanatikern wie Pfarrer Hirzel und Rahn-Escher.»

«Kein Grund zu schiessen», beharrt Hegetschweiler.

«Der Landsturm ist bewaffnet und entschlossen.»

«Gerüchte sind das, nichts als Gerüchte.»

«Das werden wir ja sehen.» Weiss wendet sich ab.

In diesem Augenblick stürzt ihnen über die Rathausbrücke ein Bauernbursche entgegen, die Leinenkutte nass unter den Armen, nach Kuhstall und Schweiss stinkend. Er faselt ausser Atem, ein

Dragoner sei durch Schwamendingen gesprengt, woher er jetzt gelaufen komme, habe gerufen, der Haufe, der sich im Oberland zusammengerottet, sei schon auf der Dübendorfer Brücke, mit Stöcken und allerlei Werkzeug bewaffnet.

«Glauben Sie nun, Herr Kollega?», wendet sich Weiss an Hegetschweiler. Der beginnt, den Bauernburschen zu verhören: «*Wer seid ihr? Wie heisst ihr? Was wollt ihr hier? Wer hat euch geschickt?*»

Weiss verliert die Geduld, er schreit Hegetschweiler an: «Mein Gott, sind Sie schwer von Begriff? Das ist ein Aufstand! Das ist die Konterrevolution!»

Immer mehr Leute treffen ein mit Berichten und Gerüchten. Johann Jakob Steffan aus Wädenswil, ein radikaler Wortführer, der zu den Konservativen übergelaufen ist, wendet sich an Weiss: «Woher wissen Sie, dass die Oberländer im Anmarsch sind? Ich glaube das erst, wenn ich es mit eigenen Augen gesehen habe.»

Weiss putzt ihn ab: «Dann gehen Sie doch hin und überzeugen sich. Pfarrer Hirzel stürmt an der Spitze des Pöbels die Stadt.»

«So soll ihn der Teufel holen!» Steffan eilt davon.

Weiss wendet sich einem Landjäger zu, der vor der Hauptwache steht, beide Daumen in den Gürtel geklemmt. Seine Stimme schnarrt, der Polizist nimmt Haltung an.

«Sie haben hier nichts zu befehlen», fährt Hegetschweiler dazwischen. «Fürs Landjägerkorps ist nicht der Kriegsrat zuständig, sondern ich als Vizepräsident des Polizeirates!» Er packt Weiss am Arm, doch der schüttelt ihn ab.

«Haben Sie endgültig den Verstand verloren?»

Weiss dreht sich um, verschwindet ohne Gruss in der Nacht. Der Landjäger marschiert davon, seine Stiefel hallen auf dem Pflaster. Hegetschweiler ist allein. Schweiss perlt über seine Stirn.

So hatte Hegetschweiler während dieser Nacht sein möglichstes getan, um Blutvergiessen zu verhüten, wird sich ein Zeitgenosse erinnern. Die Freitagszeitung, Sprachrohr der Konservativen, schreibt: *Massregeln des Schreckens wurden durch die Entschlossenheit des wür-*

digen Herrn Staatsrath Hegetschweiler verhindert, der von Anfang an in dieser ungemütlichen Sache zur Mässigung rieth, so sehr man seine Warnung ihm auch missdeutete.

27. August 1820. *Grässliche Wildnis*

Hegetschweiler sitzt mit Thut, seinem Führer am Berg, am Rand des Bifertenfirns auf gelben Felsplatten. Es ist der 27. August 1820, sein zweiter Versuch, den Tödi zu bezwingen. Durch eine höllische Eiskehle hat Thut eine Himmelsleiter gehackt, Stufe um Stufe, ein Hanfseil gespannt. Hat die Schneerunse, den Schlüssel zum Aufstieg entdeckt. Jetzt kaut er ein Stück Speck, brauner Saft tropft ihm in den Bart. Der Gämsjäger und Senn Hans Thut ist ein exzellenter Führer, verwegen und vorsichtig zugleich. Auf dem Kopf sitzt ihm die spitze Zipfelmütze, nach der sie einen Eisturm im Gletscherbruch benannt haben: «Thuts Zipfelkappe». Sein Hund, der Galepp, kauert neben den Nagelschuhen, hechelt mit hängender Zunge. Die Gletscherwüste ängstigt das Tier. Rundum starren die Wände vor Eis. *Eine grässlichere Wildniss mag es im Alpengebirg kaum geben, als die unter uns, neben und über uns war.*

Thut spuckt in den Schnee. Fragt: «Ist es wahr, Herr Doktor, dass der Mensch in den letzten Augenblicken sein ganzes Leben nochmals an sich vorbeiziehen sieht wie im Traum?»

Hegetschweiler greift nach der Flasche mit dem Kümmelwasser. Der Hals brennt, ist entzündet von der kalten Luft.

«Warum fragt Ihr, Thut?»

«Weils mich halt wundernimmt, Herr Doktor.»

Tags zuvor haben sie den Tödi von Westen versucht, vom Sandpass her. Ein Felsblock löste sich, schmetterte einen der Begleiter um ein Haar in die Tiefe. Sie glaubten ihn schon tot. Doch mit letzter Kraft konnte sich der Mann festklammern, die Füsse über dem Abgrund baumelnd, in den sein Alpenstock mit einer Steinlawine entschwunden war. Thut rettete ihn aus seiner misslichen Lage. Der Mann habe dann behauptet, im Angesicht des Todes sei sein Leben in Sekundenschnelle nochmals durch sein Hirn gerast, Bild an Bild in wilder Folge.

Dunkles Gewölk ballt sich über dem Grat, Wind kommt auf, Graupelkörner perlen über den Fels, stechen ins Gesicht. Hegetschweiler zieht die Bändel der Fusseisen fest.

«Wer weiss, Thut», sagt er. «Es ist noch niemand zurückgekommen von drüben und hat berichtet.»

Er gibt das Zeichen zur Umkehr. Wieder gescheitert. *Wir hatten zwar bewiesen, dass, was gewöhnlich für unmöglich gehalten wurde, zwischen dem Biferten und dem Tödi gegen Graubündten vorzudringen, überhaupt eine Ersteigung des Eismeers hinter dem Rusein (…) eben so wohl möglich sey, als von Graubündten aus; aber die Hauptsache: die Ersteigung selbst, blieb unvollendet.*

6. September 1839. *Mitten im Hader*

Er schreitet hin und her auf der Brücke über die Limmat, die beim Rathaus die Kleine Stadt mit der Grossen Stadt verbindet. Noch ist Nacht, doch kündet am Himmel schon ein heller Schimmer den Tag. Die Dächer der Häuser am Lindenhof erscheinen als gezackter Berggrat mit Scharten und Felstürmen. Darüber leuchten die Sterne matt. Das Gefühl der Ungewissheit wie vor einer Expedition in unerforschte Gebirge lastet auf Hegetschweiler. Warten auf den Morgen, warten was kommt.

Albrecht von Haller fällt ihm ein, das Idol seiner Jugend. Unerreicht und unerreichbar. Er hat ihm nachgeeifert, schon als Kantonsschüler in Aarau, war oft um fünf Uhr morgens unterwegs, wenn noch alles schlief, um Pflanzen zu sammeln, zu bestimmen und zu pressen. Er betete, las, führte Tagebuch, übersetzte griechische Texte, spielte Flöte. Ein Musterschüler, auch in Zürich, wo er im Herbst 1808 ein Medizinstudium begann, das er ein Jahr später in Tübingen fortsetzte. Am 30. Mai 1809 schrieb der Student ins Tagebuch: *Heute las ich Hallers Leben wieder einmal. So oft ich lese, wünsche ich zu sterben, da ich verzweifle, auch nur einen der grossen*

Männer zu erreichen (…). Hadern möchte ich mit dem Geschick, dass ich so wenig und so flüchtige Anlagen erhielt, aber mitten im Hader tritt eine Thräne mir ins Auge, nicht die des Gefühls, dass ich jetzt das noch nicht sei, was ich von mir sehe, sondern die des Schmerzes über meine Schwäche, die mir gezeigt, wie ich nicht einmal, was ich empfangen, gut anwende …

Was bin ich geworden, fragt er sich. Regierungsrat einer Regierung, die am Ende ist. Staatsrat eines Staates, der sich auflöst. War alles umsonst, alles Ringen um Wissen und Wahrheit?

Aus der Hosentasche zieht er ein Tuch und wischt sich Tränen aus dem Gesicht. Schneuzt sich, steckt das Tuch wieder ein.

Alles wäre anders gekommen, denkt er oft, wenn er nicht umgekehrt wäre, damals am Tödi, mit dem Gipfel in Reichweite. Hätte er auf die wissenschaftlichen Experimente verzichtet, die ihm jetzt so sinnlos erscheinen. Hätte er auf Thut gehört. Wären sie eine Stunde früher aufgebrochen oder schneller marschiert, der Gipfel wäre sein gewesen. Sein Name untrennbar mit dem Berg verbunden, für alle Ewigkeit. Wie De Saussures Name zum Montblanc gehört, jener Petrarcas zum Mont Ventoux und die Namen der Brüder Johann Rudolf und Hieronymus Meyer zur Jungfrau. Als Entdecker und Eroberer des Tödi wäre er einem Haller ebenbürtig. Vielleicht ist das ewige Leben nur jenen geschenkt, die bleibende Spuren hinterlassen in dieser Welt.

Hegetschweiler hadert mit seinem Schicksal in dieser bangen Stunde. Damals stand er am höchsten Punkt seines Lebens, 9202 Fuss über dem Meeresspiegel, so hoch wie nur wenige Menschen vor ihm. Er hatte einen Höhepunkt erreicht, aber nicht das Ziel. Was folgte? Er war nur noch geschoben, in Ämter gedrängt worden, die er nie gesucht hatte. In Sachzwänge, in unlösbare Konflikte gestossen. Fand sich schliesslich zwischen den Fronten wieder, taumelnd nach links, nach rechts. Jeden Augenblick kann er fallen.

Hegetschweiler klammert sich an ein Geländer, starrt ins Wasser, das um die hölzernen Brückenpfeiler wirbelt und gurgelt. Wasser der Limmat, Wasser der Linth, Wasser vom Tödi. Sein ganzes Leben hat er versucht, Hallers Spuren zu folgen: Medizinstudium in Tübingen wie Haller. Arzt, Botaniker, Naturforscher, Staatsmann, Dichter: in allem hat er Haller nachgeeifert, bewusst oder unbewusst. Erreicht hat er ihn nie, niemals. Mit seinem Gedicht «Die Alpen» hat Albrecht von Haller den aufgeklärten Geistern seiner Zeit die Augen geöffnet, einen Weg gezeigt aus der verweichlichten Zivilisation in die kraftvolle Natur- und Menschenwelt des Hochgebirges. Er hat die Alpen und ihre Bewohner verherrlicht, die Sennen, die Schäfer, die Jäger. Ihr einfaches und freies Leben, ihre unbekümmerten Sitten, ihre Kraft. Vor hundert Jahren schon. Vielleicht allzu romantisch, allzu schön und unversehrt. Hallers Verse klingen in seinem Kopf, und es kommt Hegetschweiler vor, als ob sein Vorbild in dieser dunkeln Stunde zu ihm spreche:

> *Zwar die Natur bedeckt dein hartes Land mit Steinen.*
> *Allein dein Pflug geht durch, und deine Saat Zerrinnt.*
> *Sie warf die Alpen auf, dich von der Welt zu zäunen,*
> *weil sich die Menschen selbst die grössten Plagen sind.*

Sommer 1819. *Berge sind Festungen*

In Stäfa ist ihm der Tödi näher als in Rifferswil, doch verstecken sich die Glarner Berge hinter den Hügelzügen von Albis und Etzel auf der andern Seeseite. Vom Glärnisch lugt gerade der östlichste Zipfel des Vrenelisgärtli über die Vorberge. Doch der Glärnisch interessiert ihn nicht, der Tödi ist es, von dem er noch immer träumt. Von Süden, von der Surselva her hat ihn schon im vergangenen Jahrhundert ein Benediktinerpater aus Truns versucht: Placidus a Spescha, ein hoch gebildeter Theologe, Naturforscher, ein aufgeklärter Republikaner und Freund der Revolution. Er hat mehrere Gipfel im Kranz der Berge erstiegen, die den Tödi im Süden umgeben wie eine Ringmauer: den Piz Urlaun, den Stoc Grond. Im Jahr der französischen Revolution 1789 erklimmt er als erster das Rheinwaldhorn. So wie die Revolutionäre die Bastille stürmen, so bezwingen die Naturforscher die höchsten Zinnen der Alpen, und ihr Antrieb hat die gleichen Wurzeln: neue Welten entdecken, erforschen, erschaffen, erkämpfen. *Berge sind Festungen, hart einzunehmen. Nur Kunst und Beharrlichkeit kann sie bezehmen.* Das ist ein Wort von Pater Spescha.

«Gottloser Jakobiner», schleudern ihm konservative Kleriker entgegen, weil er sich für die Abschaffung des Zölibates eingesetzt hat. «Il curios pader», nennt man ihn auch. Die Kriegswirren haben ihn von weiteren Expeditionen ins Gebirge abgehalten, die Österreicher verbannten den Franzosenfreund nach Innsbruck. Nach seiner Rückkehr zieht er als Kaplan hinaus in die Dörfer, wo es ihm wohler ist als hinter Klostermauern. Alt ist er geworden, bald siebzig, aber noch immer rüstig, wie es heisst.

Hegetschweiler hat Pater Spescha geschrieben, freundliche Antwort bekommen. Der Tödi könne seiner Meinung nach, wenn überhaupt, nur von Süden angegangen werden, die Schutthalden und Gletscher erscheinen weniger abweisend als die senkrechten Fels- und Eiswände im Norden. Auch später, in seiner «Beschreibung der Alpen», wird er an seiner Meinung festhalten. *Der Tödi aber ist erst im Jahre 1822 vom Herrn J. Hegetschweiler, Medicinae Doctor von Stäfa im Kanton Zürich, versucht worden zu überflügeln, aber fruchtlos, denn meiner Meinung nach kann er nicht anderst als vom Rusein aus erstiegen werden.* Mit Rusein meint er das Ruseintal, das sich von Süden der Westwand des Tödi entlang bis zum Sandpass zieht, einem alten Übergang zwischen dem Tal der Linth und der Surselva.

Hegetschweiler lässt sich nicht beirren. Allmählich gewinnt in seinem Kopf der Plan Gestalt. Den Berg versuchen, als erster von Norden. Auch wenn die Felswände noch so abweisend starren, die er mit dem Fernrohr vom Pfannenstiel aus immer wieder durchforscht. Es muss einen Weg geben. Wo ein Wille ist, wie man sagt, und der Wille fehlt ihm nicht. Auch wenn Pater Spescha nicht an diesen Weg glaubt. Er kennt den Tödi nur von Süden, doch ein Berg hat viele Seiten, viele Gesichter.

In dem Jahr, in dem ihr drittes Kind, das Kätherli, zur Welt kommt, bricht Hegetschweiler auf. Mit seinem Knecht Hans Pfenninger marschiert er zu Fuss bis Jona bei Rapperswil, von dort lassen sie sich über den See nach Lachen rudern, wandern durchs Wägital, über den Schweinalppass ins Klöntal und vorbei an den gewaltigen Nordabstürzen des Glärnisch nach Glarus. Es ist nicht der direkte Weg, doch kommt er dabei in die Übung, die er brauchen wird, um den grossen Aufstieg zu meistern. Nach zwei Tagen Fussmarsch, unterbrochen von botanischen Forschungen, nehmen sie in Linthal im Wirtshaus im Seggen Quartier, zu dem die Schwefelquelle im Stachelberg gehört. Der brave Pfenninger, ein geistig etwas beschränkter Mann, leistet ihm gute Dienste. Sorgsam trägt er den zerbrechlichen Barometer und hilft beim Trocknen, Pressen und Aufbewahren der Pflanzen, die sie unterwegs sammeln.

Die Ausrüstung fürs Hochgebirge hat Hegetschweiler mit Bedacht ausgewählt. Alpenstöcke aus Eschenholz, doppelt besohlte und mit Kopfnägeln beschlagene Bergschuhe, vierzackige, geschmiedete Fusseisen, die man anschnallt, wenn der Gletscher hart und steil wird. Den Barometer gurtet sein Knecht für den Transport an einen Pfosten seines Tragräfs, damit sich die Quecksilbersäule stets in senkrechter Lage befindet. An den zweiten Pfosten hängt er den Regenschirm. Aufs Räf getürmt und in Ledersäcken vor Nässe geschützt sind ihre Kleider, die Flaschen und weiteres Zubehör für die wissenschaftlichen Experimente, die Notizbücher und eine handliche Pflanzenpresse.

Der Seggenwirt Legler empfiehlt ihm als Führer Johannes Thut, einen Gämsjäger, der die Berge kenne wie seinen Hosensack. Thut sei nebenbei auch ein Wunderdoktor, raunt ihm Legler zu, ein Naturheiler, der mit Wasser alle möglichen Krankheiten kuriere. «Den Wasserdoktor» nennt man ihn im Dorf.

«Hans», stellt er sich vor. Sie geben sich die Hand, Thut drückt kräftig und dabei knittert ein feines Lachen Falten in sein Gesicht. Zweimal Johannes also, denkt Hegetschweiler. Da kanns ja nicht fehlen. Zwei Doktoren, jeder auf seine Art. Zwei, die den Tödi bezwingen wollen, um alles in der Welt. Er spürt auch bei Thut diesen Willen, der sich durch nichts aufhalten lässt. Es heisst, mit den Behörden liege er ständig in Fehde wegen seiner Quacksalberei.

Hegetschweiler erkundigt sich, Thut bestätigt. Er stammt aus dem gleichen Familienstamm wie der legendäre Riese Melchior aus dem Tierfehd, der als Kammertürke am Hof des Erzherzogs Karl von Württemberg diente. Der Zürcher Gelehrte Johann Caspar Lavater hat ihn untersucht für seine 1778 erschienen *Physiognomischen Fragmente zur Beförderung der Menschenkenntnis*, und dort seinen Charakter gelobt: *zuverlässig und gut; warhaftig fromm und Stille suchend*.

Einen solchen Eindruck macht ihm auch dieser Hans Thut, wenn auch nicht gar so fromm, und er sollte sich nicht täuschen. Nicht nur ein exzellenter Führer, sondern auch ein Philosoph ist er. Ein Denker und Sucher. Einer, der nicht die ausgetretenen Wege geht und deshalb gelegentlich in Konflikt gerät mit Behörden und Mitmenschen. Und der einmal aus heiterem Himmel die Frage stellen wird: «Ist es wahr, Herr Doktor, dass der Mensch in den letzten Augenblicken sein ganzes Leben nochmals an sich vorbeiziehen sieht wie im Traum?»

Ist diese Neugier nicht die treibende Kraft aller Philosophie, die schliesslich zur Aufklärung geführt hat? Zu Voltaire, zu Haller, zu Rousseau, zu Pestalozzi?

In diesem Sommer erkundet er mit Thut den Tödi von verschiedenen Seiten, doch für einen ernsthaften Versuch, zur Gipfelregion vorzustossen, sind die Verhältnisse zu schlecht. Die Gletscher sind zerrissen und zerschrundet. Hegetschweiler fühlt sich noch zu wenig vertraut mit dem Hochgebirge, so dass er bald aufgibt, mit Thut jedoch vereinbart, im kommenden Sommer wiederzukehren.

6. September 1839. *Der Übergang zu rasch*
Vier Uhr schlagen die Glocken von St. Peter. Der Kriegsrat tagt in der Post. Heinrich Weiss stellt den Antrag, unverzüglich Gewehre an die Bürgerwache auszuteilen, fünfhundert Stück.

«Die Stadt soll gegen das Landvolk schiessen?», gibt Amtsbürgermeister Hess zu bedenken. Falten ziehen sich durch sein weiches Gesicht, vom schmalen Mund bis zum Doppelkinn. Seine Finger klammern sich auf dem Bauch über dem seidenen Gilet zusammen, seine Lippen beben, als bete er unablässig. «Können Sie das verantworten? Sie, als Mann der Landschaft?» Er wendet sich an Heinrich Weiss.

Wie alle andern ist Hess übernächtigt und überfordert. Nur Weiss wirkt noch frisch, geradezu aufgekratzt. Er stammt aus Fehraltorf, einem Nachbardorf von Pfäffikon, war ein fortschrittlicher Lehrer, bevor er in die Politik geriet. Fehraltorf ist nicht Pfäffikon, Fehraltorf bleibt ruhig, hat nicht Sturm geläutet, haben Boten berichtet. So sind nun einmal die Verhältnisse auf dem Land, jedes Dorf ist eine eigene Welt mit eigener Geschichte und Gesetzen.

«Das ist nicht Landvolk», schnaubt Weiss. «Das ist die Canaille. Abschaum, verführt von Pfaffen und Anhängern der alten Ordnung. Das ist das Ende der liberalen Vision.»

«Wenn wir die Bürgerwache bewaffnen, schiesst sie vielleicht gegen uns.»

Die Bürgerwache untersteht dem Stadtpräsidenten Oberst Paul Eduard Ziegler, ehemals Berufsoffizier in Holland, der stramm konservativ gesinnt ist. Ein Gegner der Regeneration seit Anbeginn. Weiss will also seine politischen Gegner bewaffnen.

«Haben Sie das wirklich bedacht?», fragt Hess.

Weiss nickt. «Der Befehl lautet, nur zu schiessen, wenn die Zeughäuser angegriffen werden. Ziegler wird sich an die Order halten.»

Dann setzt er zu einer politischen Analyse an: «*Das Experiment, ein Volk, das aus dem Zustand der Apathie so eben hervorgegangen, schnell zu dem Ideal des Staates, eines republikanischen Staates, em-*

porzuheben, war zu gewagt, der Übergang zu rasch, zu kurz.» Die Regeneration habe alte Privilegien verletzt, die Gemeinden auf der Landschaft mit Gesetzen und Steuern, Strassen und Schulhausbauten überfordert. Die Liberalisierung habe man zu rasch vorangetrieben. Der Geistlichkeit sei durch die Volksschule Konkurrenz erwachsen, eifersüchtig beobachteten und bekämpften die Pfarrherren die liberalen Lehrer, die unter Anleitung des deutschstämmigen Seminardirektors Ignaz Thomas Scherr einen Unterricht ohne Bibel und Gebet führten. Das Volk habe nicht verstanden, was die Aufklärung und ihre geistigen Väter wollten, *Beförderung und Hebung der Wissenschaft und wissenschaftlicher Forschungen, nicht Zerstörung des Glaubens, das wollten sie.*

«Genug!»

Bürgermeister Hess unterbricht den selbstkritischen Vortrag von Weiss. Man müsse handeln, nicht palavern.

Weiss wird zu den Zeughäusern «In Gassen» beordert mit dem Befehl an die Kantonstruppen, sie unter allen Umständen zu halten. Hegetschweiler und Melchior Sulzer dagegen sollen den Aufständischen entgegengehen, ihre Absichten erkunden, sie beruhigen und verhandeln. Sulzer ist der Vertrauensmann des Zentralkomitees der Religiös-Konservativen im Regierungsrat. Ein Weibel in den Standesfarben Blau und Weiss soll sie begleiten und ihrer Mission einen offiziellen Charakter verleihen. Hegetschweiler und Sulzer, so die Meinung im Rat, würden von den Aufständischen am ehesten angehört.

Am Rathausquai begegnen sie einer Abteilung der Bürgerwache, die Männer stehen herum, rauchen und schwatzen. «Die sehen nicht aus, als wollten sie die Stadt verteidigen», murmelt Sulzer.

Hegetschweiler antwortet nicht. Er schaut über den schwarzen Fluss zur Schipfe, sieht Licht in einem Fenster des Hauses «Fortuna». Denkt an seine Familie. Ob all der politischen Sorgen hat er sie vernachlässigt. Die Erziehung der Kinder Katharina überlassen, nun sind die Söhne auf schlechten Wegen, Bummelstudenten, die lieber im Café sitzen als in der Vorlesung. Die Tochter, sein Kätherli, einst der Sonnenschein der Familie, von eigenartiger Schwermut erfasst. Die Melancholie, in die er selber immer wieder versinkt.

Im Januar hat er auf Drängen seiner Frau den Rücktritt aus der Regierung eingereicht, fest entschlossen, sein Leben zu ändern. Reisen unternehmen, den Horizont erweitern, forschen, schreiben, sein botanisches Werk vollenden, das er sich neben der politischen Arbeit abringt. Doch dann hat er sich nötigen lassen, sein Amt trotzdem weiterzuführen, nicht vor den Schwierigkeiten der Zeit zu kapitulieren. Nicht aufgeben, bevor das Ziel erreicht ist. Er hat sich drängen lassen, wie so oft im Leben.

An diesem grauen Morgen bereut er es. Zu spät, denkt er, während er hinter dem Standesweibel schwer atmend den steilen Weg durchs «Halseisen» nach Oberstrass hinaufsteigt.

August 1820. *An den Rand des Grabes*

Ein Ungewitter mit Schnee und Schlossen, die ein reissender Wind uns heulend zuwarf, beflügelte unsere Schritte, tiefer begleitete uns der Regen. Die Schlucht war wieder glücklich passirt, der unbewegliche Thut leitete unsere zagenden Schritte. Nun gings pfeilschnell auf dem Firn durchs Ungewitter hinab. Galepp fährtete genau die sichere Bahn, auf der wir angestiegen. Es ist der zweite Versuch am Tödi, im August 1820. Thut hat die Schneerunse entdeckt, den möglichen Aufstieg, eine steile und vereiste Schlucht unter Hängegletschern. Das aufkommende Unwetter vereitelt den Weiterweg.

Auf der «Röthe» am Nordfuss des Tödi haben sie auf dem Abstieg kurze Rast gemacht. Ein eigenartiger Ort. Die Gesteinsbrocken, vom Berg gestürzt, sind von starkem Rot, das in der Nässe des Regens schimmert wie Rost. Eisenhaltiger Kalkstein von dem Felsband, das sich rings um den Gebirgsstock zieht. Ein Stück ist vor langer Zeit abgestürzt auf den Grat, den Übergang zwischen der Sandalp und dem Bifertenfirn. Moos und Flechten wachsen auf dem Stein. Der

Berg ist geschichtet wie die Seiten eines Buches. Einmal wird man auch die Sprache der Steine verstehen, denkt Hegetschweiler, in ihren Schichten Geschichte lesen. Versteinerte Urtiere finden sich hier, ähnlich denen, die Gessner im Glarner Schiefer entdeckt hat, doch bleibt keine Zeit, weiter zu forschen. Es regnet, fliegendes Gewölk zerrt am Tödigipfel, die Rast ist kurz.

Thut kauert neben ihm, in seine Kutte gehüllt, die Zipfelmütze über beide Ohren gezogen. Galepp drängt sich an seine Seite, leckt Wasser aus einer Pfütze.

«Einmal habe ich geglaubt, meine letzte Stunde habe geschlagen», sagt Hegetschweiler, fast mehr zu sich selber als zum Führer. «Krank an Typhus lag ich, von Fiebern geschüttelt. In der Tat ist damals mein Leben an mir vorübergezogen. Mehrere Tage lag ich im Delirium, betäubt von höllischem Schmerz. Meine Gedanken trieben durch mein Inneres wie ein Schiff ohne Steuermann durch einen Meeressturm. In lichten Momenten, wenn der Sturm sich legte, fragte ich mich, ob ich wohl jemals wieder ein Ufer erreichen würde. Ob ich noch auf Zukunft hoffen könne.»

«Hoffnung ist immer», murmelt Thut, hält die Augen geschlossen, atmet tief.

«Hören Sie mir eigentlich zu, Thut?»

«Aber gewiss, Herr Doktor.»

Hegetschweiler erzählt weiter. Als jungen Arzt hatten ihn die Behörden nach Rheinau geschickt, wo man im «Weiberhaus» des Klosters ein Militärlazarett eingerichtet hatte für hunderte von typhuskranken Soldaten der österreichischen Truppen, die durch die Schweiz gegen Frankreich marschierten. Ein Drittel der Patienten starben, wurden nachts in Massengräbern bestattet. Ärzte und Pfleger erkrankten, andere verliessen ihre Stellen aus Angst vor Ansteckung. «Lazarettfieber» nannte man die Krankheit, die das Militär aus Russland eingeschleppt hatte.

«Vom schlechten Wasser kommt das», knurrt Thut.

«Vom Schmutz und den Fäkalien, die überall herumlagen.»

Hegetschweiler ekelte es, doch er harrte aus, forschte nach den Ursachen des Typhus, kämpfte und erreichte, dass die Sterblichkeit in seinem Lazarett geringer war als in andern. Schliesslich erkrankte er selber, schwebte wochenlang zwischen Leben und Tod. Erhielt nach seiner Genesung aber auch öffentliche Anerkennung. *Bey der gefährlichen Krankheit, welche ihn neulich an den Rand des Grabes gebracht, intressirten sich sehr viele Leute zu Stadt und Land für ihn,* schrieb der Rifferswiler Pfarrer Fäsi.

Thut nickt, steht auf, schultert sein Räf. «Weiter», sagt er. Hat er zugehört?, fragt sich Hegetschweiler. Dann beeilt er sich, der Zipfelkappe zu folgen, die tänzelnd in Regen und Nebel verschwindet.

6. September 1839. *Sind dort hinten auch noch Leute?*

Bei der «Linde» stehen Männer im Dämmerlicht des erwachenden Tags, lehnen am Zaun, hocken auf den Treppenstufen oder auf dem Boden. Pfeifenrauch schwebt in der Luft. Stumm starren die grauen Gestalten den Herren der Regierung entgegen, die Hände in den Taschen ihrer Bundhosen vergraben, machen dem Standesweibel widerstrebend Platz. Ihre Gesichter sind bleich, Stoppelbärte auf der faltigen Haut. Einige tragen abgewetzte grüne oder blaue Uniformen oder auch nur den Rock oder die Mütze des Militärs. Ein wahrer Saubannerzug, geht Hegetschweiler durch den Kopf. Er bleibt stehen, sieht sich um. Ein Alter zieht seinen Hut, murmelt einen Gruss.

«*Sind dort hinten auch noch Leute?*», fragt Hegetschweiler, wundert sich, dass sich nicht mehr Landstürmer blicken lassen. Von einem Gewalthaufen hat man gesprochen, von tausenden von zornigen Bauern und Arbeitern. Jetzt starren ihm paar Dutzend Jammergestalten mit gierigen Augen entgegen, als wären sie am Verhungern. Stöcke sieht er in ihren Fäusten, da und dort eine Flinte. Doch wie eine Armee entschlossener Aufständischer sieht dieser Haufe nicht aus.

«Wo sind eure Führer? So ihr überhaupt habt.»

Der Alte deutet mit dem Daumen zur «Linde». Der Wirt Ziegler, ein Radikaler, tritt unter die Tür, wischt sich die Hände an der Schürze, deutet eine Verbeugung an. «Meine Herren Regierungsräte, Pfarrer Hirzel erwartet Sie.»

Er schnuppert in den Morgen, rümpft die Nase, als widere ihn der Geruch der Landleute an, die vor seinem Gasthaus herumlungern. Als Hegetschweiler an ihm vorbeigeht, zupft ihn Ziegler am Ärmel, raunt ihm zu, er habe einen Buben in die Stadt geschickt, um der Regierung zu melden, der Landsturm sei nur schlecht bewaffnet, man habe nichts zu befürchten von dem Pack.

Hegetschweiler tritt hinter Sulzer in die Gaststube. Pfarrer Hirzel empfängt sie am Tisch sitzend. In Kacheln dampft Kaffee, ein zerbröseltes Brot und Käsestücke liegen auf einem Brett. Um den Pfarrer drängen sich seine Getreuen, reissen das Brot von Hand, schneiden sich mit Messern vom Käse, kauen und rauchen. Einige trinken Bier aus Krügen, wischen sich den Schaum von den Bärten. Keiner erhebt sich.

Hirzel lässt mit einer Handbewegung Stühle rücken, dann sitzen sie sich gegenüber. Hegetschweiler, vor neun Jahren als erster Vertreter der Landschaft in die Regierung gewählt. Hirzel, der Stadtbürger, den das Schicksal aufs Land verschlagen und zum Anführer der Aufständischen gemacht hat. Schweigend blicken sie sich in die Augen. Verkehrte Welt, denkt Hegetschweiler.

August 1820. *Propagierung von Wunderkuren*

Bei den Hütten der Sandalp, spät am Abend schon, rät Thut, weiter abzusteigen bis ins Tal. Die Ställe und das Obdach der Sennen sind verlassen, kein Vorrat zu finden und nicht einmal Heu für die Nacht. Der Führer schreitet voraus, eine schwankende Papierlaterne in der Hand, die der Sturm immer wieder auszulöschen droht. Seit dem frühen Morgen haben sie nur wenig gegessen, Gletscherwasser getrunken und Thuts Kümmelflasche bis zum Grund geleert.

Schwer und drohend steht die Felspyramide des Selbsanft über ihnen, von Blitzen umwettert. Der Limmernbach, der auf halbem Weg in die junge Linth mündet, überschüttet sie mit Gischt. Über die Panthenbrücke wankt Hegetschweiler mit schmerzenden Knien, beinahe übermannt vor Müdigkeit, in der Tiefe der Klamm tobt und tost die Flut.

Gegen Mitternacht treffen sie in Linthal ein, holen den Wirt aus dem Bett, der ihnen einen Imbiss zubereitet und Wein aufträgt.

Wie recht Thut gehabt hat, sogleich abzusteigen, zeigt sich am andern Morgen. Windböen peitschen Regengüsse gegen die Fenster, die feuchten Kleider wollen kaum trocknen am Ofen, den Legler eingeheizt hat.

«Auf den Berg steigen ist keine Kunst, Herr Doktor», hat Thut auf dem langen Marsch durch die Nacht gesagt. «Kunst ist, wieder heil ins Tal zu kommen.»

Beim späten Frühstück mit Glarner Alpkäse, Schabzieger, Kaffee und Brot, trägt der Wirt den Wunsch vor, der Doktor Hegetschweiler möge doch eine Schrift verfassen über die Heilkraft des Schwefelwassers im Stachelberg. Doktor Marti aus Glarus habe schon vor Jahren *eine durch Schlagfluss gelähmte Patientin* durch Stachelbergwasser geheilt. Gegen vielerlei andere Leiden habe das Wasser, das tief im Berg entspringe, Wunder gewirkt.

Hegetschweiler scherzt: «Könnte nicht der Thut so ein Schriftchen verfassen? Ihr nennt ihn doch Wasserdoktor.»

«Der Thut mag ein guter Jäger und Führer sein und ein Naturdoktor vielleicht auch, aber die Feder liegt ihm nicht so gut in der Hand wie die Eisaxt und die Flinte.»

Man lacht. Greift tüchtig zu. Später fült Hegetschweiler ein paar Flaschen des Wunderwassers ab, das er zu Hause in aller Ruhe analysieren will. Er erinnert sich, dass schon sein Tübinger Doktorvater Kielmeyer über das Stachelberger Wasser publiziert hat.

Bald darauf erscheint seine Schrift «*Kurze Nachricht vom Gebrauche und der Wirkung des Stachelbergerwassers bei Braunwald im Can-*

ton Glarus». Rasch hingeworfen, um dem Wirt einen Gefallen zu erweisen. Kein Meisterwerk. Der grössere Teil ist aus einer Publikation des verstorbenen Doktor Marti übernommen, der an Beispielen zeigt, wie Trink- und Badekuren mit Stachelberger Schwefelwasser helfen gegen Magenübersäuerung, Verdauungsstörungen, Menstruationsbeschwerden, Lungentuberkulose, Hämorrhoiden und Kröpfe. Ja selbst Melancholie und Hysterie soll das Wunderwasser heilen, welches sich durch *Reichhaltigkeit der Bestandteile, durch ungemeine Leichtigkeit und Penetrabilität* auszeichnet.

«*Charlatanerie*», «*Propagierung von Wunderkuren*», urteilen Fachkollegen über Hegetschweilers Schrift. Der Doktor aus Stäfa empfiehlt als Gegenmittel gegen Kröpfe auch den Genuss reinen Gletscherwassers, da er beobachtet hat, dass die Sennen auf den Alpen weniger unter dieser Volkskrankheit leiden als die Menschen im Flachland. *Ich möchte daher gerade umgekehrt behaupten, dass das Gletscherwasser ein Gegenmittel gegen die Kröpfe sey, und dass, wie sonst öfters, die Natur auch hier Krankheit und Mittel neben einander gestellt habe.*

Ist auch er ein Wasserdoktor und Naturarzt wie der Thut? Schliesslich hat auch die heilige Verena, die Schutzpatronin von Stäfa, nach der Legende Aussätzige mit heilendem Wasser behandelt. Die Heilbäder in Zurzach und in Baden tragen ihren Namen. In einer Glarner Sage taucht Verena als aufmüpfige Sennerin auf, die auf den Glärnisch kletterte und dort oben in Fels und Eis einen Garten anlegen wollte, obwohl sie die Leute im Tal warnten: «Das ist Gott versucht!» Sie stieg trotzdem hinauf, wurde von einem Schneesturm zugedeckt und verschwand im Firn.

Wenn Hegetschweiler in seiner Studierstube in Stäfa von seinen Papieren aufblickt, sieht er im Südosten, neben dem Etzel, ein Stück des Glärnischmassivs hervorlugen: das viereckige Firnfeld des Vrenelisgärtli, verzaubert im Abendlicht, als sei es tatsächlich ein Garten voll roter Rosen.

6. September 1839. *Und schwur zur Rache*
Die Kleider der Männer, die sich auf Bänken und Stühlen drängen, stinken säuerlich nach Schweiss, vom langen Marsch durch die Nacht, vielleicht auch von der Angst. Sie starren den Vertretern der Regierung eher ratlos als feindselig entgegen. Hirzel umklammert mit beiden Händen eine Kachel Kaffee. Fein geschnittene Gesichtszüge verschwimmen hinter einem Schleier aus Dampf. Er stellt die Kachel auf den Tisch.

Das Volk sei in friedlicher Absicht gekommen, ist das erste, was der schmächtige Pfarrer mit belegter Stimme äussert. Es klingt unsicher, als bitte er um Verzeihung für einen Bubenstreich. Mit schwarzen Locken, vorspringender Nase, Mandelaugen und einem schmalen Mund gleicht er eher einem schüchternen Gigolo als einem Revolutionsführer. Dem schönen Geschlecht sei der Pfarrherr sehr zugetan, geht das Gerücht, obwohl er verheiratet ist und einen kleinen Sohn hat.

Was treibt ihn?, fragt sich Hegetschweiler. Glaubt in den dunklen Augen die Flamme des Fanatismus zu erkennen, religiösen Fundamentalismus. Kämpft er für seinen Glauben, den Buchstaben der Bibel, die er kennt wie kein zweiter? Oder treibt ihn Rache?

«Das Volk?», fragt Hegetschweiler. «Sie vertreten also das Volk? Mit welchem Recht?»

Hirzel nickt. «Wir vertreten das Volk nicht. Wir sind das Volk.»

Bernhard Hirzel, das Volk? Hegetschweiler glaubt, er habe nicht richtig gehört. Hirzel ist in der Gemeinde Enge am Rand der Stadt aufgewachsen, hat Theologie studiert, dann in Berlin und Paris Sanskrit, Geografie und Grammatik. In Göttingen hat er den Doktortitel erworben mit einer Arbeit über *einen der schwierigsten Gegenstände der Sanscrit-Grammatik*. Aus dem Sanskrit hat er die *Sakuntala* übersetzt, ein altes indisches Liebesdrama. Die 1833 gegründete Universität Zürich hat Dr. phil. Bernhard Hirzel nur widerstrebend als Privatdozent für *Chaldäische-, Arabische- und Sanskrit-Grammatik* zugelassen, und für seine gelehrten Vorlesungen fand er während zehn Semestern als einzigen Hörer einen Glarner Studenten. Ein Boykott vielleicht, ist doch dem Regierungsrat zu Ohren gekommen, bei der Bewerbung um eine Stelle als ordentlicher Professor für Sanskrit und Orientalistik habe sich Hirzel zurückgesetzt gefühlt, und *fasste daher gegen das damalige Regiment einen glühenden Hass, und schwur zur Rache nichts weniger als den Sturz derselben.*

Es ist Hirzel nicht gelungen, im liberalen Bildungssystem Fuss zu fassen. Schliesslich zwangen die wirtschaftlichen Umstände den jungen Gelehrten und Familienvater, das Landpfarramt in Pfäffikon anzutreten, woher das Geschlecht Hirzel ursprünglich stammte. Als er am 14. Februar 1838 eintraf, mit Frau und dem vierjährigen Sohn, war Pfäffikon durch ein Brandunglück verwüstet, 18 Häuser niedergebrannt. Manche der hundert Bewohner konnten nur ihr nacktes Leben retten. Hirzel setzte sich für die Opfer ein, *mit beinah übermenschlicher Körper- wie Geisteskraft.* Rasch gewann er das Zutrauen seiner Gemeinde.

Als der Erziehungsrat im Jahr darauf den deutschen Theologen David Friedrich Strauss an die Universität berufen wollte, wurde Bernhard Hirzel einer der erbittertsten Gegner. *Er leugnet ja gänzlich die Erscheinung Jesu als des Christus auf Erden.* Ein Gotteslästerer soll führender Theologe im Kanton werden?

Auch Hegetschweiler stimmte gegen Strauss. *Ich fürchte, die Berufung von Strauss hat fatale Folgen. An meinem Orte werde ich alles thun, damit die Ruhe und Ordnung im Lande bleibe,* rechtfertigte er sich in einem Brief. Er wollte schlichten. Brücken bauen. Nichts überstürzen.

Hirzel streckt ihm die Hand über den Tisch entgegen. Hegetschweiler übersieht sie. Man sei gekommen, um die Wünsche des Volkes zu vernehmen.

Der Pfarrer lässt seine Hand sinken. Erhebt sich und trägt die Forderungen der Landleute vor, als predige er von der Kanzel. Am Montag habe eine Volksversammlung in Kloten die Begehren formuliert.

Hegetschweiler nickt, er weiss, eine Delegation hat sie der Regierung überbracht. Sie soll das Versammlungsverbot zurücknehmen, das sie verfügt hat, ebenso die Gerichtsklagen gegen das Zentralkomitee und die Führung der religiös-konservativen Bewegung. Der Religionsunterricht am Lehrerseminar und an den Volksschulen soll garantiert werden. Hirzel ergänzt die Beschlüsse von Kloten durch weitere Ansinnen. Zürich soll sich vom Siebnerkonkordat der liberalen Kantone lösen, von dieser «Achse des Bösen», wie er sagt, und sich verpflichten, kein fremdes Militär zu Hilfe zu rufen.

«Fremd?», fragt Hegetschweiler. «Es sind doch freundeidgenössische Kantone.»

«Das sind die Forderungen des Volkes», entgegnet Hirzel, ohne auf den Einwand einzugehen. «Bitte überbringen Sie diese der Regierung.»

Hegetschweiler nickt zerstreut. Die Kaffeekachel, die jemand vor ihn hingeschoben hat, lässt er unberührt. Er spürt einen bohrenden Schmerz hinter der rechten Schläfe nach der durchwachten Nacht. Föhn vielleicht, Föhn über den Alpen. Nach kühlen Regentagen hat das Wetter umgeschlagen.

Er fasst sich, murmelt, man wolle die Anliegen prüfen, ein Bote werde die Antwort nach Oberstrass bringen.

«Zwei Stunden», sagt Hirzel.

Hegetschweiler steht auf. Man werde das Möglichste tun, die Regierung zu überzeugen. In zwei Stunden habe er Bescheid.

«Noch etwas», sagt Hirzel, «es heisst, die Truppen aus andern Kantonen seien schon im Anmarsch. Wenn uns die Regierung in eine Falle lockt, dann ...»

«Was dann?» Hegetschweiler beisst sich auf die Lippen.

«Ihr Ehrenwort?»

Hegetschweiler nickt, dreht sich zur Tür, unter die ein hoch gewachsener Mann mit schmalem Gesicht getreten ist. Hans-Konrad Rahn-Escher, Vizepräsident des Zentralkomitees. Ein ärztlicher Kollege. Man kennt sich, grüsst sich mit Handschlag.

«Auf ein Wort, Herr Regierungsrat», sagt Rahn-Escher halblaut. Im Korridor hören nur wenige, was er Hegetschweiler ins Ohr sagt. «Das Landvolk vertraut Ihnen noch immer. Sie sind einer der unsern, haben in Uster für die Interessen der Landschaft geredet. Wenn die Regierung stürzt, was ich nicht bezweifle, werden Sie im Amt bleiben.» Er macht eine Pause, sieht Hegetschweiler ins Gesicht. «Werden Sie?»

Hegetschweiler lässt seine Arme sinken. Bleiben? Ein Verräter werden an der liberalen Sache? Oder war er ein Verräter, als er mit der Regierung die Reformen vorantrieb, die das Landvolk überforderten? Politik, das hat er erfahren, ist keine Wissenschaft. Was gestern Wahrheit war, ist heute Lüge, was gestern richtig war, ist heute falsch. Als er vor neun Jahren auf der grossen Volksversammlung in Uster redete, hatte er sich Veränderungen gewünscht, aber niemals so schnell und so tiefgreifend, wie sie die Radikalen schliesslich durchgepeitscht haben. Der Strom der Regeneration riss ihn mit, auch wenn er immer wieder versuchte, die Gegensätze zu überbrücken, das Schlimmste zu verhindern. Stets hat er nach links und nach rechts geblickt. Und nun steht er allein zwischen allen Fronten.

Man sei in Eile, sagt er zu Rahn-Escher, drängt an ihm vorbei ins Freie. Bleibt auf der Treppe stehen und ringt nach Luft wie nach einem beschwerlichen Aufstieg. Die Männer treten zur Seite. Er hört, dass sie ihm etwas nachrufen. Versteht ihre Worte nicht. Er eilt zur Stadt hinab wie damals vom Berg, als der Gewittersturm sie ins Tal jagte.

11. August 1822. *Geister der Urwelt*

Im August 1822 sitzen sie wieder einmal um den Tisch der Sennhütte auf Alp Obersand, Ratsherr Dietrich Schindler aus Mollis ist mit von der Partie, der liberale Glarner Freund, und der Zoologe Isidore Geoffrey St. Hilaire aus Paris. Landschaftsmaler Wüst aus Zürich begleitet sie und muss sich wegen seines Namens und seiner

Kunst manchen Scherz gefallen lassen. Es ist ein warmer Sommer, die Gletscher zeigen sich freundlich, der Schnee ist trittfest, die Stimmung gehoben.

Die Herren politisieren, den Kopf in die eine Hand gestützt, die Pfeife in der andern. Napoleon ist tot, ein Jahr zuvor verstorben in der Verbannung auf der Insel St. Helena. Vergiftet, so geht das Gerücht. Nun greifen die alten Häupter wieder nach der Macht, packen die Gelegenheit, das Rad der Geschichte zurückzudrehen. Restauration des Ancien Régime? Nein danke! Aber was ist zu tun?

Die Sennen drängen sich im Halbdunkel ums Feuer, kauen auf ihren Pfeifen und grummeln unter sich in ihrer singenden Mundart. Ihr Tabak, den sie mit föhngetrockneter Erde strecken, verbreitet ätzenden Gestank. Auf der offenen Feuerstelle glimmen verkohlte Scheiter.

Thut tritt herein, hat in der Dämmerung noch ein Stück Weg erkundet: «Morgen wird der Berg fallen. Die Verhältnisse sind bestens, der Weg ist frei. Nach der Schneerunse sind bloss noch ein paar Gletscherhänge zu ersteigen, zwei oder drei Stunden vielleicht. Wenn es nur dem Herrn Doktor nicht wieder in den Sinn kommt, mit seinen Experimenten Zeit zu verplempern.»

Die Sennen glotzen mit glasigen Augen in die Glut. Einer spuckt hinein, dass es zischt, die andern grinsen.

«Was treibt uns auf den Berg? Der Gipfel oder die Erkenntnis?», fragt Hegetschweiler. Der ewige Zwiespalt. Niemand antwortet, und so fährt er fort, dass es wohl möglich sein müsste, beide Ziele gleichzeitig zu erreichen. *Ich zweifelte einerseits kaum an der völligen Erreichung des Zweckes, und hoffte anderseits, dieselbe durch einige wissenschaftliche Versuche bemerklich zu machen.* Der Naturforscher steigt auf den Berg, um die Grenzen von Raum und Zeit, von Geist und Glauben zu überwinden. «Die Idee ist die treibende Kraft», sagt er schliesslich, «die Vernunft wird uns die Geheimnisse der Welt erschliessen, wenn wir nur beharrlich unseren Weg gehen. Raison et Nature. Das ist das eigentliche, das grosse Ziel.»

Thut schabt mit dem Messer den Schimmel von einem Stück Bergkäse, schiebt es in den Mund. «Steht nicht in der Bibel, man soll nicht zwei Herren dienen?»

«Was meinen Sie damit, mein guter Thut?»

«Entweder man will auf den Berg und die freie Luft atmen. Oder man will Gletscherluft in Flaschen abfüllen, Herr Doktor.» Er spielt auf die Glasbehälter an, die ihm Hegetschweiler aufs Räf gebürdet hat.

«Was ist denn Ihr Ziel, Thut?»

Der Führer kaut, spült mit einem Schluck Kaffee den Käse hinunter. «Ich diene Ihnen, Herr Doktor.»

«Eine kluge Antwort», anerkennt Schindler, zupft seinen buschigen Backenbart. Als Thut schweigt, verbreitet er sich über den Genfer Gelehrten Horace-Bénédict De Saussure, dem man allgemein die Ehre als Erstbesteiger des Montblanc gebe. Dabei hätten der Strahler Jacques Balmat und der Arzt Michel-Gabriel Paccard aus Chamonix schon ein Jahr zuvor den Gipfel erreicht. Doch der Geologe, Physiker und Botaniker De Saussure habe bei seiner Expedition 1787 aufschlussreiche wissenschaftliche Experimente durchgeführt. Die dunkle Färbung des Himmels in den Hochalpen habe er anhand von Farbtafeln untersucht und mit den Resultaten gleichzeitiger Beobachtung im Flachland verglichen. Leonardo Da Vincis stratosphärisches Schwarz habe er allerdings nicht nachweisen können.

«Das beweist doch, dass nur eine Bergbesteigung, die unser Wissen über die Natur und ihre Geheimnisse erweitert, von der Gesellschaft anerkannt wird», meint Hegetschweiler. «Und das ist auch richtig so. Denn ohne Forschung wäre die Eroberung eines Gipfels nutzlos.»

Thut lächelt versunken vor sich hin.

Sie treten vor die Hütte, verrichten ihre Notdurft schweigend, lauschen in die Nacht. Der Himmel ist klar, die Sterne blinken wässrig, als seien sie Leuchtfische am Grund eines schwarzen Meeres.

Fernes Grollen webt durch die Dunkelheit, dass man meint, die Luft erzittern zu spüren. Eine Eislawine hat sich am Hängegletscher auf der Ostseite des Tödi gelöst, donnert über die Wand. Es ist warm, der Berg unruhig, als sei er ein lebendes Wesen, das die Unrast der Zeit verspürt. Hegetschweiler denkt an das Buch, in dem er seine Expeditionen ins Hochgebirge dokumentieren will. Sätze formen sich in seinem Kopf. *Wir wurden still in diesem Grab der Natur. Die Nacht schlich unbeachtet heran; wie Geister der Urwelt zogen einzelne Nebel durchs Grau. Jubelnd waren wir ausgezogen, aber immer mehr ergriff uns der Ernst dieser Umgebung. Das einsame Geläute der Herde, die melancholische Sennhütte, in der, in Rauch und Schmutz, wie Menschen aus einer andern Welt, die rauhe Versammlung der Sennen unser harrte, und der Gedanke nach Hause, gaben unseren Empfindungen nur noch eine dunklere Einfassung.*

In der Nacht fröstelt er im Heu. Das Schnarchen der Führer lässt ihn nicht zur Ruhe kommen. Im Stall wälzen sich die Schweine im Kot, ihr Grunzen begleitet als Bass den Chor der Schläfer. Eis und Steine krachen in der Bergwand über der Alp. Er wühlt sich tiefer ins Wildheu, drückt die Hände zwischen die Schenkel, um sie zu wärmen. *So wenig bedarf der Mensch zu seinem Glücke, wenn ihn eine Idee beherrscht,* geht ihm durch den Kopf, bevor er in unruhigen Schlummer fällt.

Irgendwann hört er Holzpantoffeln über Steinfliesen klappern. Der Morgen ist nah. Aufbruch!

12. August 1822. *Zur Besiegung des ungeheuren Colosses*

Jedes Leben findet seine Höhepunkte. Am 12. August 1822 macht Johannes Hegetschweiler eine letzte Messung: 9202 Fuss über dem Meeresspiegel zeigt die Quecksilbersäule des Barometers, der höchste Punkt, den er am Tödi erreicht hat. Es ist halb drei am Nachmittag, ein Gewitter kündet sich an. *Wir lagerten uns auf einer, gegen Felsen und Gletscherbrüche durch überragende Felsen beschütz-*

ten Steinplatte. Der Aufstieg ist mühsam gewesen, die Karawane schwerfällig, die Herren, die ihn diesmal begleiten, stolpern, rutschen und schnauben vor Anstrengung. Erst um neun Uhr, fünf Stunden nach dem Aufbruch, haben sie das grüne Horn erreicht, sind über brüchige Felsen auf den Bifertenfirn hinuntergeklettert, einer hinter dem andern, während sie Thut mit einem Seil sichert. Immer wieder lösen sich Steine unter ihren Tritten, fliegen den andern um die Köpfe. Der Ruf: «Stein! Achtung!», hallt unablässig durch die Einöde. Das Krachen des Steinschlags mischt sich in das Rauschen des Schmelzwassers in den Wänden und auf dem Gletscher. Thut muss sich mit einem gewaltigen Sprung vor einem stürzenden Felsblock retten, er schwankt, kippt beinahe kopfüber, kann sich festklammern, bevor ihn das schwere Räf in die Tiefe reisst. Er schimpft vor sich hin, sein Hund jault, als spüre er den Unwillen des Meisters. Hegetschweilers Zuversicht weicht allmählich der Gewissheit, dass sie an diesem Tag den Gipfel niemals erreichen werden.

Thut hat wieder einmal recht gehabt. Er hat Hegetschweiler am Abend zuvor insgeheim vorgeschlagen, er allein und zwei Führer, mit leichtem Gepäck, ohne all das «Gschirr», wie er das wissenschaftliche Gerät nennt, würden den Gipfel ohne jeden Zweifel schaffen. Sie könnten schon am Abend aufbrechen und die Nacht am grünen Horn verbringen, Holz hinauftragen, ein Feuer machen. Wie recht er hatte! Doch Hegetschweiler lehnte ab, er fühlt sich seinen Freunden verpflichtet, Schindler und St. Hilaire, die er zur Expedition eingeladen hat. Jetzt bereut er den Entschluss. Viel zu spät, erst im frühen Nachmittag und nach unendlicher Mühsal erreichen sie die Felsplatte am oberen Rand der Schneerunse. *Wie gering und verwegen hätte einem Zuschauer aus der Tiefe unser Mühen und unsere Arbeit an dieser schauerlichen, fast senkrecht abgerissenen Felswand erscheinen müssen, und wie ohnmächtig diese kleinen wandernden Punkte, zur Besiegung des ungeheuren Colosses! Aber wir kletterten muthig vorwärts. Uns trug die Idee über diese Massen hinaus.* Erschöpft lassen sie sich auf die Geröllbrocken fallen, die herumliegen, und rasten. Thut greift nach der Flasche. Recht hat er gehabt, denkt Hegetschweiler. Man kann nicht zwei Herren dienen oder sogar dreien: Der Wissenschaft, dem Gipfelruhm und den Freunden.

Später versuchen Hegetschweiler und Thut, den Felsen entlang gegen den Gipfel vorzudringen, von wo ihnen der Gletscher in steilen Stufen entgegenfliesst, ein gewaltiger erstarrter Eisstrom, zerschrundet und zerrissen, voller Spalten und Spitzen. Thut stapft missmutig durch aufgeweichten Neuschnee, sinkt bis zu den Knien ein. Schliesslich bleibt er stehen, rammt seinen Alpenstock in den Schnee. «Wir könnten jetzt auch hier sein, Herr Doktor. Aber auf dem Abstieg, ohne die schweren Lasten und Ihre schwerfälligen Begleiter.»

Hegetschweiler blickt in die Höhe, schirmt die Augen mit der Hand gegen das gleissende Licht und die Sonne im dunklen Himmel über der Gletscherwelt. Das Bild brennt sich ein in seiner Erinnerung, für immer. *Überirdisch ist der Anblick des schwarzblauen Himmelszeltes, wie es über die weissen und blauen Firnen ausgespannt ist.* In meiner letzten Stunde, glaubt er, werde ich dies alles nochmals sehen. Diese Grenze zwischen Himmel und Erde, das Tor zum Paradies.

«Umkehren», ordnet er an. Thut pfeift seinem Galepp, der sich im weichen Schnee wälzt. Die Begleiter, die auf der Felsplatte ruhen, scheinen erleichtert ob dem Entscheid. Auf den Gipfel hätten sie es ohnehin nicht geschafft. Eine Nacht in einem Biwakzelt zuzubringen, und am andern Morgen die zerrissenen Gletscherhänge zum Gipfel zu erklettern, darauf haben sie keinen Appetit. Mehr Hunger weckt der Proviant, den die Führer auf ihre Räfe gebunden haben: Käse, Braten, Brot und Wein. Während sie sich die Köstlichkeiten munden lassen und ihre wunden Füsse an der Sonne trocknen, widmet sich Hegetschweiler seinen Experimenten. *Über das Einwirken der Luft auf den Menschen, und über die Beschaffenheit derselben in bedeutenden Höhen* hat er mehrere Versuche vorbereitet. Er zündet genau abgewogene Stücke von Schwefel und Phosphor an, misst die Zeit, die sie zum Verbrennen brauchen, und vergleicht sie mit Resultaten aus geringeren Höhen. Dann füllt er Luft in zwei Flaschen mit Kalkwasser, wird ihre Reaktion mit zwei identischen Flaschen zu Hause vergleichen, und glaubt dadurch, auf einen geringeren Anteil von Kohlensäure in der Höhe schliessen zu können.

Andere Alpenforscher wie De Saussure oder Professor Rudolf Meyer aus Aarau haben Theorien über das Verhalten des Menschen in grossen Höhen aufgestellt, Gründe gesucht für Atemnot und Erschöpfung, Durst, Appetitlosigkeit, Kopfschmerzen. Phänomene, die noch immer einer wissenschaftlichen Erklärung harren. Schliesslich folgt ein Versuch mit Pistolenschüssen, der Aufschluss über die Ausbreitung des Schalls in der dünnen Luft geben soll. Thut schaut zu, wie Hegetschweiler Pulver stöpselt, das Zündhütchen aufsteckt, den Lauf gegen den Gletscher richtet und schiesst. Der Knall ist heftig. *Die schwache Fortpflanzung des Schalls erregte ein eigenes Gefühl von Leere,* wird Hegetschweiler in seinem Buch schreiben. Den archaischen Jauchzer, den Thut den Schüssen hinterherschmettert, wird er nicht erwähnen, auch dieser Urschrei kehrt seltsam verfremdet aus der eisstarrenden Wildnis zurück, das Echo klingt wie ein langgezogenes leises Wehklagen.

Schindler und St. Hilaire drängen zum Rückzug, da die Eiswände und Grate schon blaue Schatten über den Gletscher werfen und die Sonne hinter Gewitterwolken abtaucht. Ein kalter Windstoss fegt vom Gipfel herab. Jeder kritzelt mit klammen Fingern seinen Namen auf einen Zettel, Hegetschweiler steckt ihn in eine leere Weinflasche, stopft den Korken drauf und schiebt die Flaschenpost unter einen Felsvorsprung. Dann schultern die Führer ihre Lasten, steigen voran durch die Schneerunse hinab. Mit den Absätzen treten sie Stufen in den steilen Firn.

An der gefährlichsten Stelle über dem Schrund schlingt Thut ein Seil um einen Felsblock. Mit dem Gesicht gegen den Schnee hangelt sich Hegetschweiler in die Tiefe, klammert sich mit beiden Händen an den groben Hanfstrick, als ein Schrei gellt: «Eis!» Gleichzeitig ein Krachen und Bersten hoch über ihm, tosend und brausend überrollt ihn eine Lawine, verfinstert für Augenblicke den Himmel, will ihn in die Tiefe fegen, doch er klammert sich mit aller Kraft ans Seil. Eisstücke schlagen ihm auf den Kopf, auf Arme und Hände. Die grössten Brocken sind zum Glück höher oben zersplittert. Ein orkanartiger Eiswind fegt die Schlucht herab, der kalte Staub raubt ihm den Atem. Dann ist plötzlich Stille, Rufe von oben, von unten. Alle sind wohlauf, ein Wunder.

Blitze durchleuchten die Dämmerung, als sie weiter absteigen, Donner rollt über die Wände. Dann fällt Regen. Durchnässt, durchfroren und übermüdet erreichen sie die Hütten der Sandalp, erleichtert, all die Abenteuer und Gefahren überstanden und überlebt zu haben.

Nach einer kalten Nacht im Heu trennen sie sich, etwas wehmütig, denn *in solch grosser Natur schliessen sich die kleinen Menschen in wenig Tagen näher an, als im Thale in Jahren.*

6. September 1839. *Ich werde den Abend nicht erleben*

«Ich werde den heutigen Abend nicht erleben», soll Hegetschweiler im Laufe des Morgens des 6. Septembers 1839 hingeworfen haben. Sein Schüler und Freund, der Glarner Botaniker Oswald Heer, erinnert sich, Hegetschweiler sei, von Oberstrass kommend, für einige Augenblicke nach Hause zurückgekehrt. Eine Ruhepause. Ruhe vor dem Sturm.

Frau Katharina hat die Magd geweckt, in die Küche geschickt, um Kaffee zu kochen, Milch zu wärmen, Brot und Butter aufzutischen. Der Herr ist erschöpft, bedarf einer Stärkung. Er sitzt am Tisch im Haus «Fortuna» an der Schipfe, stützt den Kopf in beide Hände, übermüdet sinkt er in kurzen Schlummer. Schreckt aus einem Traumbild, blickt hinaus auf die Limmat, die sich träg und finster vorbeiwälzt. Wasser vom Tödi. Einst bedeckte das Eis des Linthgletschers den Ort, wo später die Römer eine «Stationis Turicensis» errichteten, der Gletscher schmolz, liess die Moränenzüge des Üetlibergs und des Pfannenstiels zurück. Ohne das Eis vom Tödi gäbe es kein Zürich.

Das Bild, das er im Traum vor sich gesehen hat, ist eine Zeichnung, die ihm sein Freund Oswald Heer einmal gezeigt hat: «Zürich zur Gletscherzeit». Rentiere und Mammuts traben durch eine zerklüftete Eis- und Felslandschaft, der See ist ein gewaltiger Gletscherstrom. Längst ausgestorbene oder aus diesen Gegenden vertriebene Tiere tummeln sich, wo sich heute der Mensch niedergelassen hat. Ewiger Kreislauf, ein Werden, ein Vergehen, ein Kommen und Gehen. *In der grossen Werkstätte der Natur scheint alles Werkzeug zu langsamer, furchtbarer Zerstörung.*

Todesahnung umklammert seine Brust, sein Atem geht schwer, als steige er in dünner Luft. Er glaubt, Thut zu hören, fern im Stimmengewirr draussen an der Schipfe und über dem Fluss in den Gassen der grossen Stadt. «Ist es wahr, Herr Doktor, dass der Mensch in den letzten Augenblicken sein ganzes Leben nochmals an sich vorbeiziehen sieht wie im Traum?»

Es ist wahr, denkt Hegetschweiler. Während er durch den Alptraum der Gegenwart schreitet, flackern unablässig Bilder aus seinem Leben durch seinen Kopf, als sei sein Gehirn ein Panoptikum, wie man es auf Jahrmärkten sieht.

Hart klopft es an die Tür. Ein Bote von der Regierung, der Herr Staatsrat soll unverzüglich zur Berichterstattung im Postgebäude erscheinen. Schwerfällig stemmt er sich hoch, vor Erschöpfung schwankend stützt er sich am Türpfosten.

Katharina steht vor ihm, bleich und schmal, die Augen gerötet. Eine Haube verhüllt ihre streng gescheitelten Haare, unter dem Mantel, den sie übergeworfen hat, raschelt der Saum ihres Nachtkleids über den Boden.

Sie halten sich an den Händen, umarmen sich. «Alles wird gut», sagt er leise. Fährt ihr mit dem Handrücken über die Wange. «Ach, Katharina.» Mutige Frau. Starke Frau. Sorgt sich neben der Arbeit im Haus um notleidende Frauen in den Gefängnissen der Stadt. Eine Wohltäterin. Manchmal, in schlaflosen Nächten, hat er mit ihr über seinen Wunsch gesprochen, seinem Leben eine andere Richtung zu geben. Einen Neubeginn zu wagen. *Eine grössere Reise zum Frommen der Wissenschaften zu unternehmen, oder gar seinen Wohnsitz nach einem andern, wärmeren Himmelsstrich zu verlegen.*

«Wohin du auch gehst, Johannes, ich bin bei dir.»

Anfang Jahr hat er seinen Rücktritt aus der Regierung eingereicht. «Endlich», hat sie gesagt.

Doch dann hat er sich überreden lassen, im Amt auszuharren, wider seine bösen Ahnungen. Denn er sah voraus, *es werde eine Bewegung folgen, wie sie der Canton Zürich noch nie erlebt habe, eine Bewegung, welche das ganze Land erschüttern und den meisten Mitgliedern der obersten Landesbehörde alles Zutrauen rauben werde.*

Ach, wäre ich mir doch treu geblieben. Hätte ich auf meine innere Stimme gehört und Nein gesagt. Und auf Katharina. Auch jetzt könnte er Nein sagen. Einfach nicht hingehen. Sitzen bleiben, Kaffee trinken mit seiner Frau, noch ein Butterbrot streichen. Aus dem Fenster blicken und der Sonne zuschauen, wie sie über den Zürichberg steigt und sich in den Wellen und Wirbeln des Flusses spiegelt.

Doch er windet sich los, murmelt: «Ich werde den heutigen Abend nicht erleben.» Katharina erbleicht. Dreht sich um. Er soll keine Tränen sehen. Ihre Hand klammert sich an seinen Rockärmel, als wolle sie ihn zurückhalten.

Es geht gegen acht Uhr, als er das Haus «Fortuna» verlässt, dessen Name ihm plötzlich wie Hohn erscheint. Das Glück hat er hier nicht gefunden. Er eilt der Schipfe entlang zum Münsterhof. Menschen drängen sich auf der Brücke und dem Platz. Marktfahrer sind in die Stadt gekommen, allen Ereignissen zum Trotz, schieben ihre schwer beladenen Karren vor sich her, bauen ihre Stände auf. Körbe mit den ersten Äpfeln, Birnen, Kartoffeln, Kohlraben, Mangold und Wirz. Der Duft des Herbstes. Er greift sich einen Apfel aus einem Korb.

«Wieviel?», fragt er die Frau, die hinter der Auslage steht, eingehüllt in Tücher und Röcke.

«Ein Geschenk, Herr Regierungsrat.»

Er dankt mit einem Nicken, blickt in ein rundes rosiges Gesicht, lachende Augen. Vielleicht ist noch Hoffnung.

1. September 1824. *Schneefunken ins Gesicht*

Der Tödi gefallen! Die Nachricht traf ihn im Herbst 1824. Ein Brief, versiegelt, eine alte Handschrift auf bleichem Papier, er glaubt sie zu kennen. Buchstaben mit Schnörkeln, die sich wie Kuhschwänze über die Wörter schwingen. Verehrtester Herr Doctor ... Atemlos überfliegt er das Schreiben. Der Piz Rusein sei bestiegen, schreibt der Kaplan von Truns, Pater Placidus a Spescha, zwei Gämsjäger aus der Surselva hätten die höchste Spitze des Tödimassivs erreicht und eine halbe Stunde dort oben verweilt.

Hegetschweiler lässt den Brief sinken. Ein Zeitungsausschnitt, der im Umschlag steckt, fällt zu Boden, er bückt sich, hebt ihn auf.

Den 1. September dieses Jahres ist der Piz Russein, eine der drei höchsten Bergspitzen unseres Kantons, von zwei Gemsjägern aus dem Hochgericht Disentis, Placi Curschellas von Truns und Augustin Bisquolm von Disentis erstiegen worden. Zwei glaubwürdige Männer von Truns, welche die Reise mitmachen wollten, das Ziel derselben aber nicht gänzlich zu erreichen vermochten, waren Augenzeugen davon.

Der Zeitungsartikel stammt aus der Feder von Spescha, obwohl er seinen Namen verschweigt und der Redaktor schreibt, die Nachricht sei von unbekannter Seite zugeschickt worden. Hegetschweiler faltet die Hände im Nacken, lehnt sich zurück und lässt seinen Blick aus dem Fenster seines Arbeitszimmers schweifen. Herbst. Graues Gewölk schleicht über den See, auf dem ein einsamer Nachen der Stadt zutreibt. Gischt fliegt um den stumpfen Bug, der Wind zerrt am Segel. Selbst der Etzel am jenseitigen Ufer trägt eine Wolkenkappe. Oft hat er es bedauert, dass ihm dieser Hügel den Blick auf die Alpen verstellt. Doch jetzt wäre ihm der Anblick des Tödi im ersten Schnee bloss ein Vorwurf. Warum hast du aufgegeben vor zwei Jahren? Warum keinen weitern Versuch gewagt? Jetzt ist die Burg gefallen, der Traum ist dahin.

Wenn es denn wahr ist, was der Pater berichtet. Spescha ist alt geworden, er hat sich vielleicht getäuscht, als er glaubte, die zwei Gämsjäger auf dem Tödigipfel zu erblicken. Sein Geist scheint noch wach, doch seinen Augen ist kaum mehr zu trauen. Und den Erzählungen der ungebildeten Naturburschen schon gar nicht. Hegetschweiler hat seine Erfahrungen mit solchem Volk.

Schliesslich beugt er sich nochmals über den Brief. Fünfmal habe der Pater den Tödi versucht, schreibt er, fünfmal sei er gescheitert. So wie der Herr Doctor ja auch. Im Herbst, Placidus a Spescha ist jetzt 72 Jahre alt, will er den Berg ein letztes Mal angreifen. Doch *auch der sechste Versuch, den Russein zu ersteigen, lief fruchtlos ab; allein mein Ziel ist dennoch erreicht worden, und ich danke Gott dafür.*

Hegetschweiler kann sich des Eindrucks nicht erwehren, die Einheimischen hätten den alten Kaplan hintergangen. *Die Gemsjäger aber, die zur Mitersteigung bestellt waren, konnten nicht zeitlich genug versammelt werden, folglich musste das Nachtlager, welches unter dem Crap Glaruna hätte eingenommen werden sollen, um den Aufstieg zu verkürzen, bei der unteren Hütte der Alp Russein von Trons, wo das Vieh lagerte, eingenommen werden.* Weil sie ihm die Strapazen des Aufstiegs bis zum Gipfel nicht zutrauten, ihm jedoch nicht zu widersprechen wagten, haben sie sich angeblich verspätet. Am Morgen schien ihm der Aufstieg dann allzu zu kraftraubend für seine alten Knochen. Er schickte die beiden Jäger allein los auf die Route, die er längst erkundet und als die beste befunden hatte.

Bei der oberen Hütte der Alp entschloss ich mich zu verbleiben; denn die Ersteigung des Bergs schien mir zu beschwerlich. Demnach schickte ich die Jäger: Placi Curschellas von Trons und Augustin Bisquolm von Disentis dahin und beobachtete ihre Hinreise. Wir – mit mir Carli Cagenard von Trons, mein Diener – sahen ihre Auf- und Abfahrt mit an. Nächst dem Fussglätscher westlich stiegen sie über die Mitte der

Felsen des Bergs hinaus, lenkten zur Linken, um dessen westlichen beschneiten Rücken zu erreichen und so gelangten sie auf den Berggiebel um 11 Uhr.

Der Tödi gefallen! Zwei Gämsjäger haben die Krone geraubt vom Königsthron. Zwei Alpenbewohner, wohl kaum des Lesens und Schreibens kundig. Und der Herr Doktor Hegetschweiler thront derweil behäbig hinter seinem Schreibpult, lässt den Blick schweifen über den See, sieht den plumpen Barken zu, die im Herbstregen treiben und im Nebel verschwinden.

«Der Tödi gefallen», murmelt er, den Kopf auf die Hände gestützt. Eine peinliche Geschichte. Sein Buch liegt bei Orell und Füssli im Druck, seine *Reisen in den Gebirgsstock zwischen Glarus und Graubünden*. Paul Usteri hat das Manuskript gelesen, hoch gelobt und im Sommer dem Verleger Johann Heinrich Füssli anempfohlen. Nun ist es überholt von der schnellen Zeit, noch bevor es erscheint. Entthront der Pionier, der den Schlüssel zum Aufstieg gefunden, aber den Gipfel verpasst hat, weil er sich mit Pistolenschiessen und Barometerkunde beschäftigte, statt mit dem eigentlichen Ziel. Hätte man auf Thut gehört! Er liest weiter.

Als sie den Gipfel erreichten, blies ein sanfter Südwestwind und trieb die Schneefunken ins Gesicht. Einer sass auf seiner Kappe und der andere auf seinem Grabinstrument; so verzehrten sie ihren mitgenommenen geräucherten Speck, und zum Zeichen ihres Daseyns liessen sie dessen Schwarte dort liegen, da sie weit und breit keine Steine fanden, um einen Steinmann aufzurichten. Sie versicherten aber einmüthig, einer allein würde den Berg nicht erstiegen haben; denn sie mussten einander helfen und Muth einflössen.

Speschas Schilderung weckt Hegetschweilers Misstrauen, schreibt er doch, er selber sei an der gegenüberliegenden Bergflanke hoch hinaufgestiegen, habe die zwei Gipfelstürmer mit einem Fernrohr beobachtet. Habe ihre Fussstapfen im frischen Schnee gesehen. Doch wie hoch muss man steigen, um eine Spur im Schnee auf dem Piz Rusein zu erkennen, der doch im Süden und Westen von Felsbarrieren und Wänden umschlossen ist? So hoch wie der Gipfel selbst müsste man wohl steigen, und das erscheint ihm vollkommen unmöglich.

Fragen, Fragen! Wie zuverlässig sind die Berichte von zwei ungebildeten Berglern, die erzählen, sie hätten bis nach Frankreich gesehen, ins Elsass und ins Badische. Im Glarnerland hätten sie mehrere Ortschaften erkannt, in einer eine ansehnliche Kirche, auf der andern Seite das Medelser Tal und den Lukmanier. Unmöglich, dass zwei Einheimische, die kaum je ihr Tal verlassen haben, über genügend geografische Kenntnisse verfügen. Spescha hat ihnen offensichtlich die Worte eingeflüstert.

Näher gegen Westen ragte ein sehr hoher und beschneiter Berggiebel empor, vermuthlich der Montblanc; sie stellten ihn aber ins Piemont. Sie bewunderten die ungeheure Tiefe der nächstgelegenen Thäler: Sandalp und Russein und die umliegenden Schneefelder und Glätscher. Einen Theil des Vierwaldstätter Sees glaubten sie auch gesehen zu haben – und dies ist leicht möglich. Sie hielten sich nur 30 Minuten auf dem Gipfel auf; sie beklagten sich sehr über das Athemholen, Verfinsterung der Augen und Schwindel; und ihre Gesichter waren von dem neuen Schnee, der nicht selten unhaltbar war, entflammt.

Gegen vier Uhr kehrten die zwei vom Berg zurück, trafen den Pater bei den Alphütten und erzählten. Spescha schloss seinen Brief mit den Worten: *So endigten meine 40 und mehrjährigen Bergreisen unbeschädigt. Gott sey Dank!*

Hegetschweiler greift nach einem Bogen Papier, taucht den Kiel ins Tintenfass und beginnt zu schreiben. Fasst all seine Zweifel am Bericht des Paters in Worte. *Wie wenig im Ganzen auf die blosse Aussage der Führer zu trauen sey, habe ich selbst mehr als einmal erfahren.* Auf seiner dritten Reise hatte er zwei Einheimische zur Erkundung auf den Sandpass geschickt. Als sie zurückkehrten, hatten sie behauptet, *den Tödi erstiegen zu haben,* doch ihr Bericht war derart wirr und widersprüchlich, dass ein kurzer Augenschein sie der Schwindelei überführte.

Hegetschweiler zieht die Beobachtungen des alten Placidus a Spescha in Zweifel, den er gleichzeitig lobt als *einen warmen Freund der Naturkunde: Für den der Gegend Unkundigen muss jedoch bemerkt werden, dass wegen den sehr hoch und steil ansteigenden Wänden des Tödi die zwey Spitzen desselben nur in beträchtlicher Entfernung könnten gesehen werden, aus welcher ich mir bey etwas schwachem Gesicht auch mit einem guten Fernrohr kaum einen Menschen zu unterscheiden getraute.* Kaum einen Menschen, geschweige denn Fussspuren im Schnee! Je länger er darüber nachdenkt, desto grösser wird seine Gewissheit: Spescha muss sich getäuscht haben.

Gegen Abend schickt er einen Boten mit dem Text nach Zürich zu Verleger Füssli, damit er ihn als *Nachschrift* in sein Buch einrücke.

Sommer 1839. *Um die Zürcherbewegung zur Ruhe zu leiten*

Der Sommer 1839 ist heiss, wer es sich leisten kann, verlässt die Stadt, zieht in die aufstrebenden Touristenorte in den Bergen, spaziert, wandert, pflegt sich in einem Heilbad oder geniesst eine der modischen Molkekuren auf einer Alp. Retour à la nature! Die Landleute sind derweil auf den Feldern beschäftigt mit Heuen und Ernten. Die Politik ruht.

Alexander Schweizer, Vikar am Grossmünster, ist in den Engadiner Bergen unterwegs. Der Theologe ist in Guttannen am Grimselpass und im Emmental aufgewachsen, ein rüstiger Wanderer und Bergsteiger. Seit einem Jahr sitzt er in Zürich im Grossen Rat als gemässigter Liberaler, der im Straussenhandel zu vermitteln sucht. *Mir war die Stellung in dieser Sache gegeben, weder bei der radikalen Politik, die alle Weisheit verleugnete, noch bei den stürmischen Glaubensmännern, die alle freie theologische Wissenschaft eingedämmt hätten.*

Der Zufall will es, dass er in einem St. Moritzer Gasthaus Bürgermeister Conrad Melchior Hirzel antrifft. «Welche Überraschung!

Da kommt doch tatsächlich unser Herr Grossrat und Vikar!», ruft Hirzel durch den Speisesaal. Alles blickt auf Schweizer, der stehen bleibt und sich überlegt, ob er gleich wieder umkehren soll. Hirzel steht auf, verbeugt sich, bittet ihn an den Tisch. Wie der Riese Gulliver aus der Satire von Jonathan Swift kommt er Schweizer vor. Ein Mann, dem jeder Anzug zu eng ist. Man kennt sich, obwohl die Konservativen *den schwärmerisch für Strauss eingenommenen* Melchior Hirzel einen Antichristen schelten, besucht er regelmässig den Gottesdienst im Grossmünster, wo seine Tenorstimme alle andern bei weitem übertönt. Einmal hat er sich gar als Vorsänger angeboten.

Die lautstarke Begrüssung ist dem in sich gekehrten Schweizer peinlich, doch er setzt sich zur Gesellschaft. Rasch wird ein weiteres Gedeck aufgetragen, Wein eingeschenkt. Hirzels Gattin versichert dem Vikar, dass ihr Mann selbst im Urlaub *täglich in der Bibel* lese, auch wenn seine Gegner behaupteten, er sei ein gottloser Radikaler. «Nicht wahr, Conrad?»

Der Riese nickt beflissen, kaut mit vollen Backen weiter. Die Pizokel schmecken ausgezeichnet, eine Bündner Spezialität aus Buchenweizenmehl mit gerösteten Zwiebeln und Butter. Man unterhält sich über das Wetter, lobt die währschafte Küche und geniesst den Veltliner aus dem Sonnental im Süden Graubündens, «… das heute noch zur Schweiz gehören würde, hätten unsere Gesandten am Wiener Kongress nicht so tölpelhaft verhandelt», ruft Hirzel aus, dass sich die Köpfe im Speisesaal ihm zuwenden.

«Sag das nicht zu laut hier», warnt seine Frau.

«Der Zürcher Bürgermeister Hans von Reinhard hat die Verhandlungen verkachelt», lässt sich eine Stimme aus einer Ecke des Speisesaals vernehmen. «Einer Ihrer ehrenwerten Vorgänger, Herr Bürgermeister …»

«Wollen Sie damit andeuten, Herr Präsident», gibt Hirzel zurück, «wir Stadtzürcher seien miserable Diplomaten?» Er hebt das Glas in Richtung des Mannes, der in Zürcher Mundart gesprochen hat.

«Der Veltliner mundet trotzdem, ob Bündner oder Italiener. Jedenfalls besser als Ihr säuerlicher Richterswiler.»

Welch ein Zusammentreffen! fährt Schweizer durch den Kopf. Wenige Tische von ihnen sitzt Hürlimann-Landis, der Präsident des Zentralkomitees der Glaubensbewegung, Hirzels schärfster Gegner. Der beugt sich vor, sagt halblaut: «Reiner Zufall, dass wir im gleichen Hotel logieren. Die Presse wird gewiss eine Konspiration wittern.» Tatsächlich wird eine Zeitung schreiben, *die drei hätten dieses Rendez-vous verabredet, um die Zürcherbewegung zur Ruhe zu leiten.*

Beim Kaffee sitzt man an einem gemeinsamen Tisch auf der Terrasse. Ein lauer Wind weht vom Malojapass her, kräuselt den Spiegel des Sees. Auf den Bergspitzen glitzert Schnee. Alexander Schweizer hat man neben Rosine komplimentiert, die einzige Tochter von Hürlimann-Landis. Der dreissigjährige Junggeselle fühlt sich unbehaglich neben der herausgeputzten Jungfer. Um nicht stumm dazusitzen, erklärt er ihr die Berge rundum, Corvatsch, Piz Nair, Piz Lagrev, vermeidet dabei den Blick ihrer kornblauen Augen. Sie nickt eifrig, schüttelt ihre Zapfenlocken, Lavendelduft verwirrt ihn.

Man hat ihn vorgestellt als einen der begabtesten Theologen der neuen Zeit, Kandidat für das Pfarramt am Grossmünster, dazu Naturliebhaber, ein starker Turner und Bergsteiger. Wäre sein Gesicht nicht braun gebrannt und schon etwas faltig, könnte man sehen, dass er errötet, wenn sein Blick den der Jungfer Rosine findet.

Im Gespräch vermeiden die Herren die politischen Zänkereien, man wolle sich nicht die reine Luft der Berge mit den Schmutzgeschäften der Niederungen verderben, meint Hirzel, lässt den Kellner eine Schachtel mit Zigarren herumreichen. Auch Schweizer greift zu, der Tabakduft ist ihm vertrauter als Lavendel.

Hürlimann-Landis wirft ein, dass er im Grunde genommen gar kein Politiker sei, sondern ein Unternehmer mit Leib und Seele. Im Komitee vertrete er bloss seinen Vater, der politisch dezidiertere Ansichten habe, aber im Moment unpässlich sei. Vor neun Jahren habe der alte Herr bekanntlich zu den liberalen Vorkämpfern von Uster gehört. «Wir stehen also durchaus zu *den Errungenschaften der Dreissigerjahre, der Rechtsgleichheit von Stadt und Landschaft, der Gewissens-, Glaubens- und Gewerbefreiheit,* nur der Verlotterung der Sitten, dem antichristlichen Geist der Radikalen wollen wir Einhalt gebieten.»

«Jetzt redest du doch wie ein Politiker.» Seine Frau legt ihm die Hand auf den Arm. «Hans-Jakob sollte sich schonen. Die Fabrik belastet ihn, eine Wirtschaftskrise stehe vor der Tür, sagt man. Und dazu noch diese unselige Straussengeschichte.»

«Die ist ja ausgestanden», sagt Hirzel. «Strauss ist pensioniert und weg vom Fenster. Blicken wir doch nach vorn.»

Hürlimann-Landis presst seine schmalen Lippen zusammen, wiegt den Kopf. «Herr Vikar Schweizer hat in verdienstvoller Weise zwischen den Parteien zu vermitteln versucht. Hätten wir mehr so besonnene Männer, wäre es besser bestellt um unsern Kanton.»

Alexander Schweizer spürt wieder die Blicke der jungen Rosine, räuspert sich irritiert, berichtet dann über seinen Briefwechsel mit Strauss, da man offensichtlich ein Wort von ihm erwartet. Als Theologen und Philosophen schätze er Strauss, bewundere *die meisterhafte Form und Darstellung des hochbegabten Gelehrten, meines Jahrgängers.* Er habe ihm geraten, wegen des Widerstandes aus dem Volk auf seine Berufung zu verzichten. Leider vergeblich. Er, Schweizer, habe es jedoch abgelehnt, dezidierter gegen den *Vorboten des Antichrist* Stellung zu beziehen, wie ihn eine anonyme Schrift aufgefordert habe.

«Strauss ist gleich alt wie Sie? Die dreissig Jahre sieht man Ihnen aber nicht an», meint Hürlimann-Landis.

«Herr Schweizer ist ein Turner. Die neumodischen Leibesübungen sollen den Menschen jung erhalten.» Hirzel tätschelt sich den Bauch. Dann fragt er: «Was halten Sie denn als Theologe von meinem Namensvetter, der von seiner Kanzel in Pfäffikon weiterhin Dreck auf Strauss und die Regierung schleudert?»

«Wir haben zusammen am Collegium humanitatis und dann am Carolinum studiert.» Schweizer berichtet etwas verlegen, wie er und Bernhard Hirzel während Jahren um die Position des Klassenbesten wetteiferten. Hirzel habe schliesslich triumphiert, *unstreitig der fähigste und vorgerückteste, nur zu hastig und vorschnell aus übertriebener Selbstüberschätzung.*

«Genau so kommt er mir auch heute noch vor», wirft der Bürgermeister ein. «Man sagt, theologisch sei er gar nicht so weit von Strauss entfernt. Nur verbittert und verbohrt, weil man den Lehrstuhl nicht ihm angeboten hat.»

«Mag sein. Hirzel ist ein hervorragender Gelehrter, ein aufgeklärter Rationalist eigentlich, aber er hat sich, so meine ich, in eine Position drängen lassen, die ihm eigentlich gar nicht zusagt ...»

«Wollten die Herren nicht das Thema der Politik vermeiden?», unterbricht die Gattin des Bürgermeisters.

«Richtig!», ruft Hirzel aus, tritt ans Geländer der Terrasse, hält beide Hände trichterförmig neben den Mund und beginnt eine eigenartige Melodie zu singen. Zuerst leise, dann immer lauter schallt seine hohe Stimme ins Engadinertal hinaus, ein Kuhreihen hallt von den Berghängen. Den melancholischen Gesang beendet der Bürgermeister mit einem lang gezogenen Jauchzer. Aus der Weite des Engadins kommt eine leise Antwort, vielleicht ein Echo.

Alexander Schweizer und die andern Gäste hören zu, etwas betreten und belustigt über die volkstümliche Darbietung des radikalen Politikers.

Hirzel wischt sich mit einem Tüchlein den Schweiss von der Stirn, sagt zu Hürlimann-Landis: «Wo man singt, da lass dich ruhig nieder. Böse Menschen haben keine Lieder. Nicht wahr, Herr Präsident?»

Hürlimann-Landis nickt flüchtig, steht auf, dann verabschiedet man sich kurz und kühl.

Während Schweizer seine Gebirgswanderung allein fortsetzt, fragt er sich immer wieder, ob er nicht wirkungsvoller hätte vermitteln können bei diesem unerwarteten Zusammentreffen «auf hoher Ebene», fünftausend Fuss über dem Meeresspiegel. Denn trotz aller Freundlichkeit ahnt er, dass der wahre Konflikt noch nicht gelöst ist, dass ein *Gegenschlag sich unausbleiblich entwickelte*. Und er sinnt auch nach über Zapfenlocken, Lavendelduft und verstohlene Blicke aus blauen Augen.

6. September 1839. *Den Bündel vor die Füsse geworfen*

Der Mann, der ihm aus dem Schatten einer Gasse entgegentritt, trägt die Uniform eines Soldaten der Bürgerwache. Schlank, mit Schnauz und modischem Backenbart, den Daumen in den Riemen des Gewehrs gehängt: Oberst Paul Eduard Ziegler, Zürichs Stadtpräsident. «Herr Staatsrat?» Seine Stimme kratzt militärisch knapp. «Was will die Regierung?»

Hegetschweiler verschränkt die Hände auf dem Rücken. «Weiss Gott ...» Er blickt an Ziegler vorbei, sieht hinter ihm Männer der Bürgerwache in Viererkolonne, Gewehre bei Fuss, die Säbel aufgepflanzt. Die Formation ist schlecht ausgerichtet, die Männer schwatzen, Pfeifenrauch steigt auf. Bürger in Uniform, eben eingerückt und ohne militärische Zucht.

«Weiss Gott ... Und was wissen Sie?»

«Wir verhandeln mit Pfarrer Hirzel und seinen Leuten.»

«Ich habe Befehl gegeben, nicht auf den Landsturm zu schiessen, so lange wir nicht angegriffen werden, Herr Staatsrat», sagt Ziegler in scharfem Ton, der weder Widerspruch noch Frage duldet. Ein Berufsoffizier, Sohn eines Generalmajors in niederländischen Diensten, Oberst, Stadtpräsident, konservativ bis auf die Knochen. Freund oder Feind? Sein Gesicht ist wie Stein, der gedrungene Körper gespannt, das Kinn gehoben, so dass er grösser scheint, als er ist.

«Es soll nicht geschossen werden», murmelt Hegetschweiler. «Niemand darf schiessen.»

«Ruhe und Ordnung bewahren in der Stadt ist unsere Aufgabe, Herr Staatsrat.»

«Und die Regierung? Sie stehen doch unter ihrem Befehl.»

Ziegler gibt keine Antwort, wendet den Kopf, bellt der Truppe ein Kommando zu. Die Männer gehen in Achtungstellung, Absätze schlagen zusammen in unregelmässigem Takt. Selbst die Offiziere folgen dem Befehl des Soldaten.

Das ist also die Abrechnung, denkt Hegetschweiler. Ziegler hat 1832, zwei Jahre nach der liberalen Volksversammlung in Uster, der Regierung *den Bündel vor die Füsse geworfen,* zusammen mit mehreren Offizieren aus der Stadt. Der Grosse Rat beschloss, Bürger der Landschaft müssten ihren Kasernendienst nicht mehr in der Stadt leisten. Die konservativen Militärköpfe begriffen das als Angriff auf ihre Macht und ihre Pfründe. Ziegler liess sich als gemeiner Infanterist bei der Bürgerwache seines Stadtquartiers einteilen, die Schiffleutenzunft wählte ihn in den Grossen Rat. Im Stadtrat sass er in der Funktion eines «Ofengschauers», bis ihn vor zwei Jahren die Gemeindeversammlung zum Stadtpräsidenten wählte. Der Ustertag, der Hegetschweiler in Amt und Würde hob, hatte Zieglers militärische Karriere geknickt.

Freund oder Feind? Jedenfalls ist zwischen ihnen noch eine Rechnung offen. Wenn er nicht aufs Landvolk schiessen lässt, auf wen dann? Auf die Truppen der Regierung? Bürgerkrieg also?

«Ich bin auf dem Weg zur Sitzung», sagt Hegetschweiler. «Man wird Beschlüsse fassen.»

Ziegler wirft ihm einen Blick zu, fragt leise: «Auf welcher Seite stehen Sie, Herr Regierungsrat?»

Wo steht er wirklich? Weiss Gott … Er möchte irgendwo stehen, nur nicht hier. Vielleicht erinnert sich Ziegler, dass er am 19. Dezember 1837 mit ihm gegen den radikalen Verfassungsentwurf stimmte, der die politischen Vorrechte der Zünfte beseitigte und ein Wahlrecht einführte, das jedem Bürger eine Stimme gab nach dem Grundsatz der Revolution, der Gleichheit aller Bürger vor dem Gesetz. Hegetschweiler hatte mit den Konservativen gestimmt. Hatte sich von den raschen Veränderungen überfordert gefühlt, den radikalen Wortführern zunehmend misstraut. Ziegler dürfte sich erinnern. Ziegler muss sich erinnern.

Auch Rahn-Escher hat sich erinnert am Morgen in der «Linde» in Oberstrass. Sie sind einer der Unsern. Wenn die Regierung stürzt, werden Sie im Amt bleiben. Hegetschweiler beisst sich auf die Lippen.

«Die Regierung wird stürzen», wirft Zieger hin. «Überlegen Sie sich gut, wo Sie stehen, Herr Staatsrat.»

«Ich stehe dazwischen, Herr Stadtpräsident. Jemand muss vermitteln ...»

«Zwischen den Fronten ist es im Krieg am gefährlichsten. Man gerät ins Kreuzfeuer.»

Ziegler macht auf den Absätzen seiner Stiefel rechtsumkehrt, ein Kommando schallt. Die Soldaten schultern ihre Gewehre. Die Kolonne tritt an Ort, bis alle im Takt sind, macht dann eine Wendung, wird vom Schatten der Gasse verschluckt.

Hegetschweiler hebt die Hand zum Rand seines Hutes, doch niemand erwidert seinen Gruss.

19. November 1830. *Bey den Haaren zugezogen*

Er konnte nicht Nein sagen. Freunde aus Stäfa drängten. Hegetschweiler ist der Mann der Stunde. Wider Willen lässt er sich überreden, an jenem 22. November 1830 in Uster ans Rednerpult zu treten, als sich fünfzehntausend Männer aus der Landschaft versammeln, um ihre Gleichstellung mit den Bürgern der Stadt zu fordern. *Gleichsam bey den Haaren zugezogen* hat man ihn, wie ein Zeitzeuge bemerkt.

Es gärte in der Landschaft, Zölle, Steuern und der verhasste Zunftzwang behinderten die Entfaltung des Gewerbes und der aufkommenden Industrie. Die Mechanisierung des Spinnens und Webens hatte rund um Zürich eine industrielle Revolution in Gang gesetzt. In Uster, in Wetzikon und Rüti waren Fabriken aus dem Boden gewachsen, Arbeiterinnen und Arbeiter wohnten in Kosthäusern zusammengepfercht, schufteten 14 Stunden am Tag. Selbst ihre Kinder holten sich in den stickigen und staubigen Maschinensälen die Schwindsucht. Derweil hockten die Regierenden und Notabeln der führenden Familien auf ihren Pfründen und dicken Hinterteilen, investierten weder in Strassen noch in Schulen und hielten die Zeitungen mit scharfer Zensur im Zaum. Die Räte tagten geheim, ihre Verhandlungen durften nicht an die Öffentlichkeit. Wo war die Freiheit, für die man gekämpft und gelitten hatte? Die Demokratie? Die Volksherrschaft? Die Gleichheit, die Brüderlichkeit? Was war von den grossen Ideen der Aufklärung geblieben?

Wie schon vierzig Jahre zuvor kam der Anstoss zur Wende aus Frankreich. Die Pariser Julirevolution stürzte den verhassten König Karl X. und brachte den «Bürgerkönig» Louis Philippe an die Macht. Das gab den Liberalen in ganz Europa neuen Schub. Eine Missernte im Herbst verschärfte die Spannungen. Die Armen auf dem Land sahen einem Hungerwinter entgegen. Das verheerende Jahr 1817 war unvergessen, Tausende waren verhungert, erfroren, an Krankheiten zu Grunde gegangen, während die Wohlhabenden die Restauration der alten Ordnung feierten, die sie auf den Bällen und Banketten des Wiener Kongresses beschlossen hatten.

Bezirksarzt Hegetschweiler aus Stäfa hat sich abseits gehalten, hat die Versammlungen der Stäfner Lesegesellschaft nur selten besucht, wo fortschrittlich gesinnte Bürger bei Tabak und Wein diskutieren und politisieren. Er meidet auch die Zusammenkünfte der Radikalen, die unter der Führung von Ludwig Snell in Küsnacht ein Memorial verfasst haben, das eine gerechte Verteilung der Grossratsmandate zwischen Stadt und Land fordert. Der Philosoph und Schriftsteller Snell ist ein politischer Flüchtling aus Nassau in Preussen, ein deutscher Kopf mit scharfer Zunge und spitzer Feder. Nicht einmal auf der Versammlung unzufriedener Bürger vom See am Freitagabend des 19. November in der Stäfner «Krone» mag sich Hegetschweiler blicken lassen, wo man beschliesst, auf den Dienstag eine grosse Volksversammlung in Uster einzuberufen: *Wir müssen eine Landsgemeinde haben!* So schallt der Ruf. Jetzt oder nie!

Hegetschweiler ist mit seinen botanischen Studien beschäftigt, der Arbeit an der grossen Pflanzenkunde, seinem Lebenswerk. Daneben betreut er betuchte Patienten rund um den See, geht sogar im Kloster Einsiedeln ein und aus und speist mit dem Abt. *Ein Modearzt* ist er geworden. Einundvierzig Jahre alt, ein stattlicher und satter Bürger der Landschaft mit guten Verbindungen zur Stadt, wo er als Wissenschaftler und Mediziner mehr Beachtung findet als unter seinen eigenen Leuten. Zu seinen Freunden zählen liberale Staatsmänner wie Paul Usteri, Arzt und Redaktor der Neuen Zürcher Zeitung, und Staatsrat Ludwig Meyer von Knonau. Hegetschweiler ist Freimaurer, Mitglied der Loge «Modestia cum Libertate». Fühlt sich über den Parteien und ihrem Gezänk stehend und schweigt zu den politischen Tagesfragen. Die Aufnahme als Freimaurer hat er sich erworben *durch einen tadellosen Ruf, eine weise benützte Jugendzeit, durch Bescheydenheit bei schönen Talenten und gründlicher Wissenschaft, durch edelmütige Selbstaufopferung im Dienste der Menschheit ohne verlangten Dank, ja selbst bey Todesgefahr.*

Als Hegetschweiler Wind bekommt von der geplanten Kundgebung in Uster, eilt er sogleich in die Stadt, wo ihm Freund Usteri rät, sich besonnen zu verhalten. Er erinnert ihn an Johann Jakob Bodmer, den Grossvater seiner Frau, den die Teilnahme am Stäfner Aufstand gegen die Stadt beinahe den Kopf gekostet hat. Die alten Häupter haben die mittelalterlichen Formen der Gerichtsbarkeit wieder eingeführt: Folter, Hinrichtung durch Schwert und Strang und sogar das Rädern und Verscharren, diese schrecklichste aller Strafen.

6. September 1839. *Voran 20 Scharfschützen*

Zwei Stunden hat Pfarrer Hirzel der Regierung Zeit gegeben, doch noch bevor sein Ultimatum abgelaufen ist, beginnen die Glocken von Neumünster zu schlagen. *Friede sei ihr erstes Geläute,* lautet die Inschrift auf einer der Glocken der neuen Kirche, die nun den Heiligen Krieg verkünden. Jetzt stimmt auch St. Peter ein. Und dann Kirchglocken von beiden Seeufern. Als mächtige Woge rollt der metallene Klang über die Stadt hinweg, lässt die Menschen erschauern und die Fenster erzittern.

Atemlos trifft ein Läufer aus der Stadt bei der «Linde» in Oberstrass ein, ruft schon von weitem: «Die Bürgerwache steht auf unserer Seite!». Stadtpräsident Ziegler habe versichert, *dass das Zeughaus in den Händen der Stadt sei, und dass kein Angriff gegen uns werde gemacht werden, wenn wir nicht selber zuvor angriffen.*

Hirzel und Rahn-Escher nicken sich zu. Dann treten sie vor die Tür der Wirtschaft ins Licht. Die ersten Sonnenstrahlen gleiten über die Dächer der Stadt, Rauch kringelt aus den Schornsteinen in den hellen Morgen. Die Landstürmer wenden sich ihren Anführern zu, verstummen und warten auf ein Zeichen. Tausende drängen sich zwischen den Häusern und Obstgärten von Oberstrass, heben ihre Fäuste, schwenken Stecken, recken Flinten in die Luft. Hungrig und durstig sind sie, die «Linde» und die umliegenden Wirtshäuser konnten bei weitem nicht genug Speise und Trank herbeischaffen. In der Stadt werde man verpflegt, verspricht Hirzel. Jesus hat die Seinen noch nie hungern lassen, hat fünftausend Menschen mit fünf Broten und zwei Fischen gespeist. So wird er auch seine Gotteskrieger sättigen.

Rahn-Escher ordnet an, *dass man sich in Viererreihe sammeln wolle, voran 20 Scharfschützen, dann die Infanteristen und irgendwie Bewaffneten, etwa zu 100 Mann, zuletzt das Volk, gegen 2000 Mann.* Er und Hirzel stellen sich an die Spitze, entschlossen schreiten sie der Stadt zu. Der Pfarrer stimmt einen Psalm an, wie um sich selber in Mut zu singen. Die Männer hinter ihm fallen ein, schleppend im Takt ihrer Schritte.

Dies ist der Tag, den Gott gemacht;
Sein werd' in aller Welt gedacht;
Ich preise, was durch Jesum Christ
Im Himmel und auf Erden ist!

Ein eigentümlicher Chor begleitet das Trampeln des groben Schuhwerks auf dem Weg und den Klang des Glockengeläutes. *Es lag darin ein Ernst und eine Freudigkeit, deren Erkenntnis ich nicht um ein Leben vertauschen würde*, wird sich Hirzel erinnern. Jeder Schritt stärkt seine Entschlossenheit, die Stadt zu stürmen, die ihm so viel Leid zugefügt und ihn verstossen hat. Bei der Blindenschule macht man einen kurzen Halt, die Flinten und Stutzer werden geladen, gestöpselt, die Zündschlösser gespannt. Neugierige aus der Stadt sind dem Zug entgegengelaufen, darunter der Urner Tagsatzungsgesandte Franz Martin Schmid, der weiss, *dass geladene Gewehre, mit denen ein aufgeregter Volkshaufe daherkommt, die Eigentümlichkeit haben, loszugehen*. Er macht sich aus dem Staub, sollen die Zürcher ihren Hosenlupf selber austragen.

Pfarrer Hirzel führt den Zug durch ein steiles Strässchen hinab, das «Halseisen», zum ehemaligen Kronentor, wo die Schanze geschliffen ist. Der Landsturm kann ungehindert in die Grosse Stadt einmarschieren, wie Rahn-Escher einst gewarnt hatte. Jetzt hat ihn eine Ironie der Geschichte selber an die Spitze von Aufständischen gestellt. Keine Mauer und kein Graben hindert ihren Sturm. Singend marschieren sie durch den Rindermarkt gegen die Limmat, die Stadtleute haben sich in ihre Häuser zurückgezogen, die Türen verriegelt. Frauen lehnen sich aus den Fenstern in der Höhe, einige klatschen, andere kreischen. Jemand leert einen Nachttopf in die Gosse. Flüche aus der Menge antworten. Buben rennen barfuss dem Zug voraus: «Sie kommen! Sie kommen!» Militär zeigt sich nirgends.

Beim Rathaus am Fluss hält Hirzel inne. Die Tagsatzung tagt hier, das höchste Parlament des Landes. Polizisten bewachen das Eingangstor, von den obersten Volksvertretern lässt sich keiner blicken. Die Gesandten sitzen noch in ihren Hotels beim Frühstück. Abwarten und Kaffee trinken, lautet ihre Strategie.

Hirzel schlägt vor, anzuhalten und eine Delegation zum Regierungsrat ins Postgebäude abzuordnen. Rahn-Escher jedoch drängt weiter, was Hirzel erstaunt, denn noch am Abend zuvor hat er in seinem Brief nach Dübendorf Zurückhaltung empfohlen. *Ich eile Euch zu bitten, ruhig zu bleiben.* Taktik vielleicht, um sich aus der Verantwortung zu stehlen, falls etwas schief laufen sollte.

Ein altgedienter Söldner mischt sich in die Diskussion, schlägt vor, man solle sich in zwei Detachemente aufteilen und über die beiden Brücken in die Kleine Stadt und zum Postgebäude vorrücken. Rahn-Escher stimmt zu, er will erfahren haben, dass das Militär nur die Zeughäuser schütze. Hirzel bleibt skeptisch, doch er fügt sich. *Auf dem Rathausplatze machte mir Hr. Dr. Rahn-Escher den Vorschlag, mit den Bewaffneten über die untere Brücke durch die Storchengasse nach dem Fraumünster zu ziehen; er selbst wolle den unbewaffneten Zug den rechten Quai hinauf über die obere Brücke an denselben Ort führen, woselbst dann die Stadt für die nöthigen Erfrischungen sorgen werde.*

Rahn-Escher wählt also die weniger gefährliche Route, lässt den Pfarrer allein an der Spitze der Bewaffneten über die Rathausbrücke vorstossen zum Weinplatz. Gegen das Café Littéraire im Roten Turm werden Flüche und Drohungen geschleudert, es ist Treffpunkt und Sitz der Radikalen in der Stadt, die sich zu einem Schutzverein zusammengeschlossen haben. Doch keiner der radikalen Führer lässt sich blicken, die Tür bleibt verschlossen. Der Zug biegt um den Roten Turm in die schmale Storchengasse gegen den Münsterhof.

Ein flaues Gefühl zieht durch Hirzels Magen. Er ist Theologe, Schriftgelehrter, er ist ein Denker, kein Krieger oder gar Feldherr. Ein historischer Zufall hat ihn an die Spitze dieser zusammengewürfelten Armee gestellt. Doch er fasst es als Auftrag auf, sein theologisches Weltbild lässt keine Zufälle gelten: Alles ist Gottes Wille. Steht nicht im Evangelium geschrieben, ohne das Wissen des Herrn falle kein Sperling vom Himmel? Und so stimmt er wieder einen Psalm an, der Kraft verspricht.

Gott ist mein Lied! Er ist der Gott der Stärke;
Hehr ist sein Nam, und gross sind seine Werke;
Und alle Himmel sein Gebiet?

22. November 1830. *Der Mensch ist frei geschaffen*

Am Sonntagnachmittag, den 21. November 1830, besucht ihn eine Abordnung von Stäfner Freunden und Gemeinderäten und fordert ihn auf, am Montag in Uster zu reden. Vor Usteri rechtfertigt sich Hegetschweiler später in einem Brief. *Ich musste in Uster auftretten, weil 1 Gesandtschaft von 4 Gemeinderäthen von Stäfa mich dazu aufforderte und es in dieser Zeit keine leichte Sache ist sich ganz zu entziehen. Man glaubte nämlich meine Worte etc. könnten etwas zur Beruhigung des sehr aufgebrachten Volkes beitragen.*

Nicht in erster Linie die Forderungen des Volkes und seiner Führer, sondern Ruhe und Ordnung hat Hegetschweiler im Sinn, als er mit den Stäfner Freunden nach Uster aufbricht. Ein milder Herbsttag, feine Zirruswolken über den Alpen, der See grünlich schimmernd, glatt und unergründlich. Man wandert auf Fusswegen über den Pfannenstiel nach Maur zur Schifflände. Hegetschweiler trägt in der Tasche seines Rocks einen gefalteten Zettel mit Stichworten für seine Rede. Er will mässigen, er will ermahnen, er will die Versammlung auf den Kompromiss einschwören, den eine Kommission des Grossrats vorgelegt hat: Drei Fünftel der Parlamentssitze für die Landschaft samt der Stadt Winterthur, nicht zwei Drittel wie das Küsnachter Memorial fordert. Die Differenz ist gering. Doch viele kleine Schritte führen oft schneller zum Ziel als ein zu grosser. Das hat er von Thut gelernt.

Auf dem Pfannenstiel schaut er zurück, sieht die Berge vor sich im milden Herbstlicht, die Gletscher glänzen, als seien sie platiniert. Einen Augenblick bleibt er stehen, doch die Freunde drängen weiter. In Maur lassen sie sich über den Greifensee rudern, schon von weitem sehen sie die Menge auf dem «Riediker» am Burghügel von Uster versammelt. Glocken klingen.

Die Kirche kann das Meer der Männer nicht fassen, deshalb hat man im Freien ein Rednerpult aufgebaut. Die Stimmung ist heiter wie das Wetter.

Drei Redner sind angesagt: Heinrich Gujer aus Bauma im Tösstal, den man den «klugen Müller» nennt, Hegetschweiler aus Stäfa und Johann Jakob Steffan aus Wädenswil von der andern Seeseite. Statt zur freundschaftlichen Begrüssung kommt es zum Wortwechsel zwischen dem radikalen Steffan und dem gemässigten Hegetschweiler. Gujer schweigt, er hat gegen die Landsgemeinde gestimmt in Stäfa, sich nun doch herbeigelassen, als Vertreter des Oberlandes zu sprechen. Schliesslich einigt man sich angesichts der Menge, die Hegetschweiler auf fünfzehntausend Männer schätzt, auf die Reihenfolge.

Gujer spricht als erster, liest seine Rede mit unbewegter Miene vom Blatt. Den Text hat er mit Freunden redigiert, das Volk applaudiert. Gujer hat als Müller gegen das Monopol der Stadt gekämpft, die es nur dem Zürcher Kornhaus erlaubt, Getreide einzuführen. Er hat die Vorschrift umgangen, ist dafür bestraft worden. Hat sich vorgenommen, diesen unsinnigen Bann brechen zu helfen.

Hegetschweiler spricht frei, ohne das Blatt Papier in seiner Rechten zu entfalten. *Seine Worte, sein ganzer Vortrag war würdevoll und einem jeden ächten Eidsgenossen aus der Tiefe der Seele entnommen*, wird Ludwig Snell im radikalen «Republikaner» kommentieren.

«Der Mensch ist frei geschaffen, ist frei, und würd er in Ketten geboren ...», hebt Hegetschweiler an und ahnt, während er dieses Wort Friedrich Schillers zitiert, über den Köpfen der Menge im blauen Alpenbogen die ferne Burg, die ihm getrotzt hat, 1819, 1820 und 1822. Herrgott, ich würde jetzt lieber dort oben stehen, blitzt ihm durch den Kopf. Auf jenem riesigen Podium der Natur. Der Mensch ist frei geschaffen und doch nicht frei in seinem Tun und Lassen. Acht Jahre sind verflossen seit dem letzten Versuch mit Thut. Acht bewegte Jahre. Statt auf dem Gipfel des Tödi steht er nun am Rednerpult und versucht, eine aufgebrachte Menschenmenge zu be-

schwichtigen, zu vermitteln im Streit zwischen Land und Stadt. Er spricht über die Notwendigkeit, die Verfassung zu ändern, so dass sie echte Freiheit für alle garantiere, versichert gleichzeitig die Regierung seiner Achtung und seines Vertrauens. Brücken bauen über Abgründe will er. Den Vorschlag der Grossratskommission, den er eigentlich unterstützen wollte, erwähnt er nicht. *Da ich damit nur Tumult veranlasst hätte,* wie er sich anderntags in einem Brief bei Usteri entschuldigt.

In diesem historischen Augenblick hat ihn wohl die *allmähliche Verfertigung der Gedanken beim Reden* gelenkt, die der deutsche Dichter Heinrich von Kleist in einem berühmten Essay beschrieben hat. Die freie Rede hat ihm andere Worte in den Mund gelegt, als er eigentlich im Sinn hatte. Kleist glaubte, *dass mancher grosse Redner in dem Augenblicke, da er den Mund aufmachte, noch nicht wusste, was er sagen würde* ... So wird Hegetschweiler in diesen Minuten zu einem wahrhaft grossen Redner, dessen Worte aus der Seele kommen und nicht von einem Blatt Papier.

Während er spricht, bleibt es still, besonnene Stimmung macht sich breit, ruhig hört ihm die Versammlung zu. Seine Persönlichkeit und seine Ehrlichkeit überzeugen. Als er vom Podium steigt, ist er ein anderer Mensch. Seine Rede ist zum Aufbruch in ein neues Leben geraten. Er ist ein Politiker geworden, auf dem Weg zur Macht. Mit einem Zettel in der Hand. Mit einem Zettel in der Hand wird er diesen Weg dereinst zu Ende gehen.

Sein Nachredner Steffan bringt die Steuerfrage ins Spiel, verlangt die Entlastung des einfachen Volkes. Rufe werden laut: «Die Webmaschinen abschaffen! Sie fressen unser Brot!» Die Wut der Oberländer Heimarbeiter beginnt sich zu entladen. Von England aus erobert die neue Technik den Kontinent und die Schweiz, Mechanisierung und Massenproduktion in den Fabriken stehlen den einen die Arbeit, schaffen für die andern unerträgliche Arbeitsbedingungen. Der Zorn flaut erst ab, als die Führer der Kundgebung nach einigen Diskussionen ein Memorial zu Handen der Regierung verabschieden lassen und versprechen, Sorgen und Nöte des Volkes würden ernst genommen und gelöst werden.

Während Hegetschweiler Steffans wilder und wirrer Rede zuhört, ahnt er schon Unheil. *Hegetschweiler stand, man sah es ihm an, halb und halb unentschlossen, verdutzt, vielleicht begriff er da zum ersten Mal, dass er geholfen hatte, für sich und andere eine Eisbrücke zu bauen.* Eine Eisbrücke über eine abgründige Kluft, schmal und zerbrechlich. Doch er betritt sie, zunehmend selbstbewusster und mutiger, er schreitet hinüber und weiter.

Gegen Abend wandert die Stäfner Delegation über den Pfannenstiel zurück. Die Hänge am Greifensee liegen schon im Schatten, die Buchenwälder auf der Höhe stehen golden im Laub. Kräftig greift er aus mit seinem Stock, geht wie über Wolken. Stäfa empfängt die Männer mit Jubel. Mitten unter den Leuten erwartet ihn Chirurgus Johann Kaspar Pfenninger, ein Freiheitsheld aus der Zeit des Stäfner Handels, ein Berufskollege und Konkurrent. Er umarmt Hegetschweiler, lobt ihn für die Rede, die sich wie Lauffeuer auf der Landschaft verbreitet hat. Unter Küssen schliessen sie einen ewigen Freundschaftsbund. Pfenninger sagt: «*Mit solchen Männern wie Sie muss unsere Freyheit gerettet sein und fortan erhalten bleiben.*»

6. September 1839. *In Gottes Namen, vorwärts!*

In der Schlüsselgasse, die rechts von der Storchengasse abgeht, steht ein Kordon von kantonalem Militär in dunkelblauer Uniform mit dem Gewehr im Anschlag, Infanteriekadetten, ihre Gesichter in Angst erstarrt. Kinder sind es noch, von einigen marschiert der Vater auf der andern Seite. Rahn-Escher hat also nicht die Wahrheit gesagt, als er beteuerte, das Militär habe sich in die Zeughäuser zurückgezogen. Hat er Hirzel und seine Leute bewusst in die Falle geschickt? Die Menge johlt, überschüttet die Kadetten mit Verwünschungen. Sie versuchen Haltung zu bewahren, zitternd umklammern sie ihre Waffen. Der alte Söldner bleibt zurück, er weiss, wie gefährlich ängstliche Krieger sind.

Pfarrer Hirzel schreitet weiter, getragen von einer plötzlichen Kraft, die wie Feuer durch seinen Körper wallt. Es gibt kein Zurück mehr. In den Gesang und das Geschrei seiner Leute mischt sich ein Geräusch, wie wenn Hagelkörner auf harten Grund rieseln. Hufgeklapper vom Münsterhof, von dem jetzt Kavallerie heransprengt, direkt auf den Landsturm los. Die Vordersten erstarren, hinten weichen einige zurück. Hirzel dreht sich seinen Leuten zu und ruft: «*Um Gottes Willen, schiesst nicht. Schiesst erst, wenn zwei von uns tot sind. So haben wenigstens wir nicht den Bürgerkrieg begonnen!*»

Die Dragoner reissen ihre Pferde zurück, ihre blanken Degen blitzen im Licht. Die Kämme ihrer Bürstenhelme scheinen sich zu sträuben, als seien sie wütende Kampfhähne, golden blinken die Messingbeschläge auf dem schwarzen Leder. Auf einem Rappen erkennt Hirzel den Kommandanten, Major Bruno Übel, einen preussischen Haudegen und Berufsmilitär, der in Afrika gekämpft hat. Hebt die Hand und ruft ihm zu: «*Wir kommen bloss, um unsere friedliche Unterhandlung mit dem Regierungsrathe fortzusetzen. Ich beschwöre Sie, beginnen Sie keinen Bürgerkrieg!*»

Hirzel erkennt keine Bewegung im Gesicht unter dem Schild des Offiziershuts, vernimmt in all dem Lärm die Antwort nicht, die Übel schreit, wie er sich später erinnert: «*Ja wohl Friede, aber der Münsterhof muss frei bleiben, ihr dürft nicht vorrücken.*»

Die Pferde wiehern, weichen zurück, ihre Hufe schleifen über das Pflaster, die Eisen werfen Funken. Nochmals sprengen sie heran, doch der Landsturm steckt eingekeilt in der Gasse. Von hinten drängen sie nach, vorn gehen Gewehre und Flinten in Anschlag. «Vorwärts! Vorwärts!»

Panik erfasst Hirzel, doch die Männer rund um ihn sind zum Kampf entschlossen. Ein drittes Mal prescht die Kavallerie heran, näher kommen die Pferde als zuvor, Schaum spritzt von ihren Lefzen, ihr Wiehern übertönt die Angstschreie der Menschen, das Dröhnen der Glocken vom Fraumünster und von St. Peter, den Gesang der über die Brücke Drängenden. Dann fällt ein Schuss, irgendwo hinter Pfarrer Hirzel oder über ihm aus einem Fenster ist er losgegangen und über die Köpfe hinweggezischt.

Die Pferde bäumen sich auf, drehen ab. Ein einzelner Dragoner presst seinem Pferd die Sporen in die Flanke, galoppiert mit erhobenem Säbel auf Hirzel zu, der sich duckt, die Arme über dem Kopf verschränkt. Ein zweiter Schuss peitscht, das Pferd sinkt in die Knie, überrollt sich, der Dragoner stürzt direkt vor Hirzels Füsse, der schwere Körper des Pferdes wälzt sich über ihn. Major Übel zieht sich mit der Kavallerie auf den Münsterhof zurück.

Von dort schallt der Gesang des zweiten Zuges, der vom Helmhaus über die Münsterbrücke auf den Platz drängt.

Kein Sperling, Herr, fällt ohne deinen Willen;
Sollt' ich mein Herz nicht mit dem Troste stillen,
Dass deine Hand mein Leben hält.

Die Kavallerie sammelt sich vor dem Fraumünster, ein Kommando gellt. Wieder sprengen sie los, reissen die Pferde unvermittelt nach rechts herum, galoppieren gegen den Zug der Unbewaffneten, deren Reihen sich auflösen, in wilder Flucht über die Brücke zum Helmhaus zurückdrängen. Hirzel steht neben dem Dragoner, der mit zerschundenen Händen und blutender Nase unter dem toten Pferd hervorkriecht. Der Pfarrer dreht sich um, hebt beide Arme, als wolle er den Himmel anrufen, und kommandiert: «*Nun denn, in Gottes Namen, vorwärts!*» Es ist der Schlachtruf zum *heiligen Kampf*, wie Hirzel die Ereignisse später bezeichnet.

Major Übel hört den Ruf auch, trotz des Getümmels, erinnert sich aber an andere Worte: «*Nun denn im Namen Gottes schiesst.*»

April 1832. *Nicht fähig, die Stelle eines Bürgermeisters anzunehmen*

«*Ich fühle mich nicht fähig, die Stelle eines Bürgermeisters anzunehmen.*» Vielleicht war dieser Satz ein Fehler gewesen. Denn wer A sagt, muss auch B sagen. Und wenn A schon falsch war? Hegetschweiler hatte gezögert, war zurückgeschreckt vor der Verantwortung, hatte sich noch nicht reif gefühlt für das höchste Amt im Staat.

Wenn man die Zeit zurückdrehen könnte ... Vieles wäre anders gekommen, manche Katastrophe verhindert worden, hätte ein so redlicher Mann wie der Doktor, Naturforscher und Alpenpionier an der Spitze der Regierung des Kantons und im Turnus auch des Landes gestanden. Nach dem Bundesvertrag von 1815 wechselte der Vorort der Eidgenossenschaft alle zwei Jahre zwischen Zürich, Bern und Luzern. Den Amtsbürgermeister des Vororts nannte man gelegentlich auch schon «Bundespräsident», auch wenn er über wenig Macht verfügte.

Doch Hegetschweiler war ein Politiker wider Willen. Zwei Mal hatte ihn im Frühling 1832 der Grosse Rat ins Bürgermeisteramt gewählt. Zwei Mal hatte er abgelehnt. Es war eine ungute Zeit, der Aufschwung, der in den liberalen Köpfen begonnen hatte, war ins Stocken geraten, die Regeneration in eine erste grosse Krise gestürzt.

Dabei hatte nach der Wende von Uster alles einen hoffnungsvollen Anfang genommen. Das Volk stimmte am 20. März 1831 mit grosser Mehrheit einer fortschrittlichen Verfassung zu, die mit dem autoritären, durch Gnade und Ungnade regierten Staat aufräumte und ihn dem *Gesetz der Wissenschaft* unterstellte. Der radikalliberale Stadtzürcher Paul Usteri, den man auch auf der Landschaft verehrte, wurde Regierungsrat und schob auch Hegetschweiler in dieses Amt. Seit seiner Rede in Uster war er weit herum bekannt und beliebt. Er hatte Ja gesagt, obwohl er sich lieber seiner wissenschaftlichen und medizinischen Arbeit gewidmet hätte. Dem Ruf des Freundes und Mentors konnte er sich nicht verweigern.

Acht Tage später lässt sich Usteri zum Präsidenten des Grossen Rates wählen. Zwei Tage darauf, am 30. März, befällt ihn nach der Eröffnung der Sitzung ein Unwohlsein. Man trägt ihn in einer Sänfte in sein Haus in den Seidenhöfen, Hegetschweiler begleitet und umsorgt ihn. Die Schmerzen auf der Brust nehmen zu, der Puls flackert in unregelmässigem Rhythmus, wird schwächer. Die Wirren der Politik und die Arbeit als Redaktor der Neuen Zürcher Zeitung haben den 63-jährigen aufgerieben.

Hegetschweiler wacht während der letzten Stunden am Sterbebett des bedeutenden Mannes, betrachtet das Gesicht, das wie aus Wachs geformt scheint. Eine stattliche Nase über dem schmalen Mund, von dem sich tiefe Falten ins Kinn graben. Mit einem Tuch tupft er seinem Freund Schweisstropfen von der Stirn, fährt ihm zärtlich übers schüttere Haar. Mehr kann er nicht tun, hilflos sieht der Arzt dem Sterben des Freundes zu. Gelegentlich schlägt Usteri die Augen auf, er ist selber Arzt und weiss, dass seine Zeit zu Ende geht. Sie wechseln wenige Worte, tauschen letzte Erinnerungen aus. Beinahe jedes Manuskript, das Hegetschweiler verfasst hat, hat Usteri geprüft und begutachtet. Ob es um Wissenschaft oder Politik ging, stets holte Hegetschweiler seinen Rat. Schon 1815 führte Usteri seinen Zögling in die Naturforschende Gesellschaft ein, seit seinen Expeditionen zum Tödi ist Hegetschweiler Ehrenmitglied der hochgelehrten Vereinigung von Wissenschaftlern.

Nun sinkt Usteri in die aufgetürmten Kissen zurück, sein Atem rasselt. Mit der Hand drückt er aufs Brustbein, versucht den bohrenden Schmerz zu lindern. Mit schwacher Stimme erkundigt er sich nach Hegetschweilers Arbeit an den *Beyträgen zu einer kritischen Aufzählung der Schweizerpflanzen,* einem wissenschaftlichen Werk, das er dem *hochwohlgeborenen hochgeachteten um Wissenschaft und Staat hochverdienten Herrn Staatsrath Usteri als schwaches Zeichen unbegrenzter Hochachtung* widmen will. Dieses vierfache Hoch sendet er dem Freund nach, mit dem er selbst in der Stunde des Abschieds beim distanzierten Sie bleibt.

Paul Usteri stirbt am Morgen des 9. April 1831 *sanft und ruhig, würdig eines solchen Lebens. Die Kenntnisse eines Christen zierten ihn während desselben und die Ruhe und Ergebung des Christus mit dem er starb, machten seinen Tod erbaulich.*

Am Sterbebett des würdevollen Usteri wird Hegetschweiler bewusst, dass der Mensch so in den Tod geht, wie er gelebt hat. Im Sterben blickt er wie in einen Spiegel und erkennt sein wahres Wesen. Der Mutige stirbt aufrecht in Würde, der Zaghafte zitternd in Angst, der Draufgänger in den Abgrund stürzend. Jeder erlebt in den letzten Augenblicken sein Leben auf geheimnisvolle Weise nochmals, wie Thut meinte. Hegetschweiler fragt sich: Und wie werde ich dereinst sterben? Bin ich eines so sanften und grossen Todes wert?

Die Liberalen hatten ihre Leitfigur verloren, ihre Lichtgestalt war erloschen, der Autor der fortschrittlichen Verfassung, deren alltägliche Umsetzung er nun der Nachwelt überliess. Der «Republikaner» schrieb: *Wer in diesen Tagen auf der Landschaft gewesen war, konnte Männer, obschon an harte Schicksale gewöhnt, dennoch weinen sehen, als habe ihnen die Natur eines der theuersten Bande gelöst; jeder glaubte in dem Verstorbenen einen Vater verloren zu haben.*

Verlassen fühlte sich auch Hegetschweiler: Politisch vaterlos, orientierungslos, verwaist. Das geplante Fest zur neuen Verfassung geriet zur Trauerfeier. Hegetschweiler hielt die Totenrede auf Usteri in der Kirche von Wädenswil, lobte seine Bescheidenheit, seinen Glauben an den Fortschritt, seine Verdienste als Arzt, Wissenschaftler und Politiker, der *das lecke Staatsschiffchen über die stürmischen Wellen des Sees durch umsichtige Leitung glücklich in den Hafen geführt.* Erwähnte aber auch, wie Usteri in seiner Grösse begeisternd und beengend zugleich habe wirken können. Ein Übervater eher denn ein Vater.

Als Usteris Nachfolger zum Redaktor der Neuen Zürcher Zeitung berief Verleger Füssli den fortschrittlichen Pädagogen Ignaz Thomas Scherr, der aus Württemberg stammte, in Zürich die Schule für Blinde und Taubstumme leitete und Mitglied des Erziehungsrates war. Hegetschweiler schrieb gelegentlich Artikel für die liberale Neue Zürcher Zeitung, lehnte es aber ein Jahr später ab, die Redaktion zu übernehmen, als Scherr Direktor des neu gegründeten Lehrerseminars Küsnacht wurde.

Anfang 1832 war die Regierung des Kantons Zürich noch immer konservativ dominiert. Im Grossen Rat stellten die Liberalen und Radikalen die Mehrheit, Legislative und Exekutive blockierten sich gegenseitig. Der liberale Wortführer Friedrich Ludwig Keller konnte jeden Regierungsbeschluss verhindern, der ihm missfiel. «Tyrann von Zürich», nannten seine Gegner den Juristen, Sohn des «reichen Keller von Goldbach». Keller war ein stadtbekannter Schürzenjäger und Modegeck, seine *zur Schau getragene Unsittlichkeit* gab den Konservativen und religiösen Fundamentalisten immer wieder Anlass, die Radikalen als gott- und sittenlose Gesellen zu brandmarken. Im März traten die konservativen Regierungsräte und Bürgermeister zurück. Der Grosse Rat wählte als Amtsbürgermeister Conrad Melchior Hirzel, Stadtbürger und Oberamtmann in Knonau, dazu fünf Landschäftler in die Regierung. Das Bürgermeisteramt war doppelt besetzt, jedes Jahr wechselte der Amtsbürgermeister. Im zweiten Wahlgang erreichte Hegetschweiler am meisten Stimmen als zweiter Bürgermeister.

Es war die Stunde, in der Hegetschweiler vor dem Gipfel seiner politischen Laufbahn stand. Noch nie war ein Bürger der Landschaft in ein so hohes Amt gelangt. Doch er hatte gezögert, wie am Tödi. Und schliesslich verzichtet. Vielleicht weil er den kommenden Sturm ahnte. Weil er sich, ohne seinen Mentor Usteri, wie ein Alpinist am Berg ohne Führer fühlte. Am Tödi ohne Thut? Unvorstellbar! *In diesem Augenblick sollen höhere Rücksichten uns leiten; dieses sind das Misstrauen in meine Leistungen, welches durch meine bisherige Erfahrung erhöht wurde; ich fühle nicht die Kraft des Geistes, die sich über den Partheyen erhalten soll; ich fühle, dass mir die nöthige Weltkenntnis abgeht; ich weiss, dass Männer vorhanden sind, welche zu der Stelle eines Bürgermeisters weit besser passen.*

Trotz dieser Selbstkritik, diesem Ausdruck eines schwachen Selbstbewusstseins, wählte ihn der Grosse Rat in einem zweiten Wahlgang mit noch mehr Stimmen. Hegetschweiler lehnte nochmals ab. Ein unerhörter Vorgang: Noch nie hatte ein Gewählter das hohe Amt abgelehnt, dazu mit fadenscheiniger Begründung. Nach chaotischer Sitzung fiel die Wahl schliesslich auf den Juristen Johann Jakob Hess, *Sohn eines der privilegierten Metzger der Stadt.*

Mit seinem Entscheid, so hatte Hegetschweiler später das Gefühl, hatte sein Abstieg begonnen. Sein Rückzug angesichts des Gipfels in greifbarer Nähe. Thuts Stimme mahnte: «Auf den Berg steigen ist keine Kunst, Herr Doktor. Kunst ist, wieder heil ins Tal zu kommen.»

Sieben Jahre später ist es so weit, er befindet sich auf dem Weg ins Tal, ohne je einen Gipfel erreicht zu haben. Hätte er den Lauf der Geschichte ändern können, wenn er die Wahl zum Bürgermeister angenommen hätte? Hätte ein Bürgermeister Hegetschweiler schon die erste Katastrophe, den Brand von Uster, verhindert? Und alle weiteren?

22. November 1832. *Wir leiden keine solchen Maschinen*

Das Volk lässt sich nicht ungestraft belügen. Der Gedanke hat sich in seinem Kopf festgesetzt, seit jenem verhängnisvollen zweiten Jahrestag seiner Rede in Uster. Wieder ist er nach Uster gereist, in einer Kutsche diesmal, seine Exzellenz, der gnädige Herr Regierungs- und Staatsrat Hegetschweiler. Im Gasthof zum «Kreuz» hat man ihn als Ehrengast zum Frühstück empfangen. Wieder hat er eine Rede vorbereitet auf Zetteln, um die Volksversammlung zu würdigen, die sich erneut zusammenfindet, zwei Jahre nachdem sie ihn so unverhofft in Amt und Ehren gehoben hat.

Der Kaffee dampft, das Brot, frisch aus der Backstube, duftet, die Männer unterhalten sich angeregt, als jemand in die Gaststube stürzt: «Die Weberei in Oberuster brennt!»

Stühle fallen um, man reisst die Fenster auf, Rufe draussen und ein Horn, das mit aufgeregten Stössen Feuer kündet. Hinter dem Schlosshügel schleicht Herbstnebel durchs Aathal, der den Rauch niederschlägt und die Flammen verhüllt. Einige Männer eilen davon, andere scharen sich um Hegetschweiler, dem in diesem Augenblick der Satz durch den Kopf fährt: Das Volk lässt sich nicht ungestraft belügen! Er behält ihn für sich, seine Hände klammern sich an die Lehne der Stabelle, unschlüssig tritt er von einem Fuss auf den andern. Mit halbem Ohr hört er dem Boten zu, der berichtet, unterbrochen von Stimmen, die immer neuen Schrecken verkünden: Sieben Uhr morgens seien Männer in Scharen von Wetzikon und Seegräben her durchs Aathal gezogen zur Versammlung, einige Elemente hätten sich vor der mechanischen Weberei der Corrodi und Pfister zusammengerottet, gegen die Fabrikherren und die Regierung die Fäuste erhoben und Drohungen ausgestossen. Man habe vor zwei Jahren im Memorial von Uster ein Verbot der mechanischen Webmaschinen beschlossen, aber die neuen Herren hätten ihr Wort gebrochen. Wenn Petitionen nichts fruchteten, müsse das Volk sich selber helfen. Einer habe geschrien: «*Wir leiden keine solchen Maschinen, das sagen wir euch, und wenn ihr von der Regierung wäret, wir fragen euch nichts nach, wir sind Meister, der Kaib muss hinab!*» Und ein anderer: «*Der Hagel muss Abends verbrannt seyn!*»

Hegetschweiler starrt auf seine Stiefelspitzen, frisch gefettet und poliert das Leder, er spürt die Blicke seiner Begleiter auf sich ruhen, die eine Anordnung erwarten. Truppen aufbieten? Selber aufbrechen und die Brandstifter dingfest machen?

Die Nachricht trifft ein, die Regierungsräte David Bürgi und Johann Jakob Fierz hätten die Verteidigung der Fabrik unter ihrem Kommando, es sei unnötig, dass sich weitere Herren in Gefahr begeben würden. Hegetschweiler setzt sich, man fährt mit dem Frühstück fort, doch ihm ist der Appetit vergangen. Während er lustlos den erkalteten Kaffee schlürft, treffen laufend Boten ein, die den Verlauf des Maschinensturms rapportieren.

Mit Steinwürfen, Stöcken und Knütteln schlagen die zornigen Heimarbeiter die Fenster der Maschinenhalle ein, schleppen Reisig aus dem Wald herbei, um die Fabrik in Brand zu setzen. Todesmutig wirft sich der kräftige Oberst Fierz dazwischen, bewaffnet mit seinem Regenschirm, während Bürgi versucht, die brennenden Reisigbündel aus der Fabrik zu zerren. Gegen hundert Männer, viele betrunken, dreschen schliesslich auf die beiden Regierungsräte ein und bedrohen sie mit dem Tod. *Im gleichen Augenblick brach die erste Flamme aus beyden Eckfenstern des untersten Stockwerkes gegen die Schmiede und die Strasse. Viele waren durch die eingeschlagenen Thüren und Fenster in die Fabrik gedrungen, und beschäftigt die Werke theils zu zerstören, theils in den Bach zu werfen.* Schliesslich steht das fünfstöckige Gebäude in Flammen. Fierz kann eine Spritze auftreiben und verhindern, dass das Feuer auf das Wohnhaus der Corrodi übergreift. Die Herren Prinzipale lassen sich nicht blicken.

Jemand am Tisch sagt: «General Ludd geht jetzt auch bei uns um.» Meint damit den legendären Führer der Maschinenstürmer in England, mehr Sagengestalt als realer Mensch, der die verarmten englischen Arbeiter zum Zerstören der Maschinen aufstachelte, die ihnen Existenz und Würde raubten.

Hegetschweiler hängt einem Satz nach, den er nach einem Besuch im industrialisierten Glarner Tal geschrieben hat. *Während wir Fremdes nachahmen und Fremden dienen, drängt sich selbst in den Alpenthälern die Bevölkerung in Fabriken und Spinnereyen zusammen und lässt das herrliche Kleinod, das uns die Natur verliehen, die Alpen, ohne Veredelung und Liebe.* Die neuzeitliche Maschinenwelt ist wider die Natur des Menschen, seine Auflehnung ein Notschrei.

Doch in Uster wie in England sind die Ludditen eine Minderheit. Zehntausend Männer haben sich zum zweiten Jahrestag der Wende von 1830 eingefunden, zu der ein *Kantonaler Schutzverein* aufgerufen hat, eine liberal-radikale Vereinigung mit dem Ziel, die liberale Verfassung und ihre Institutionen zu schützen. Statt zum Versammlungsort am Fuss des Ustemer Schlosshügels strömen die Männer nun nach Oberuster und nehmen das Gesetz in ihre Hände. Nicht lange dauert die Orgie der Gewalt, dann marschiert Polizei auf, kräftige Bürger unterstützen die Ordnungshüter im Kampf gegen die Anarchie. Derweil brennt die Fabrik nieder bis zum Grund.

Die Brandstifter oder wer wie ein solcher aussieht, weil er Russspuren an Händen und im Gesicht trägt oder armselig gekleidet ist, werden überwältigt, gefesselt und zum Gerichtshaus gezerrt, wo der Bäretswiler Regierungsrat Bürgi die Guten von den Bösen scheidet, da er viele der Oberländer Heimweber kennt. Die meisten stammen aus Bäretswil, Bauma und Hittnau. Schliesslich kauern ihrer 56 in Ketten gelegt am Boden, verspottet und angespuckt von den versammelten Radikalen und gaffendem Volk. Als Anführer bezeichnen Bürgi und Fierz einen Hans Felix Egli, der durch besondere Raserei aufgefallen ist. Als ihn Fierz zurückhalten wollte, hat er ihm entgegengeschleudert: «*Ich weiss, was ich thue, ich bin jetzt 51 Jahre alt, und habe Weib und Kind, und zerstört und verbrannt muss die Fabrik seyn, und wenn es nicht geschieht, so lange ihr hier seyd, so muss es doch geschehen, wir können länger hier warten als ihr!*»

Derweil sitzt Hegetschweiler noch immer im «Kreuz», es geht gegen Mittag, als er sich Tinte, Feder und Papier reichen lässt und eine Depesche an Bürgermeister Hess verfasst. *Die Maschine des H. Corrodi ist von einigen besoffenen Mordbrennern angezündet worden. Die Erbitterung der 10 000 gegen diese ist allgemein. Die gefangenen Mordbrenner werden nach Zürich geführt. Die Feier des Tages ist getrübt aber heilsam.*

Schliesslich begibt er sich zum Gerichtshaus und schaut zu, wie die Brandstifter mit Stockhieben auf offene Fuhrwerke getrieben werden, teils in Lumpen gekleidet, schmutzig und mit leeren Blicken. Wie Hohn hallt ihm dabei der Satz im Kopf, mit dem er vor zwei Jahren seine Rede eröffnet hat. *Der Mensch ist frei geschaffen, ist frei, und würd er in Ketten geboren* ... Er erinnert sich, dass Jean-Jacques Rousseau den Gedanken pessimistischer formuliert hat als Schiller: *Der Mensch ist frei geboren und liegt doch überall in Ketten.*

Am Nachmittag verzichtet er darauf, seine vorbereitete Rede zu halten, überlässt das Podium dem *Held des Tages,* seinem Regierungskollegen Fierz aus Küsnacht. Später wird er in einem Bericht schreiben: *Der Tag von Uster hat schrecklich angefangen aber gut und belehrend geendigt.*

Was ist denn die Lehre aus diesem Tag?, sinniert Hegetschweiler, während er der Versammlung auf dem Riediker beiwohnt, die in gedämpfter Stimmung und besinnlich verläuft, statt in lauter Begeisterung über den politischen Aufbruch, den Siegeszug der Aufklärung. Die Lehre ist, dass man das Volk nicht mit falschen Versprechungen hinhalten oder gar belügen sollte, wie man das zwei Jahre zuvor aus politischem Opportunismus getan hat. Auch er hat sich von der Stimmung leiten lassen, hat der Forderung nach dem Verbot der mechanischen Webmaschinen zugestimmt, obwohl es dem liberalen Grundsatz der Handels- und Gewerbefreiheit widerspricht.

Hat man falsch gehandelt? Oder ist etwa gar dieser Grundsatz falsch? Schafft die neue Freiheit wieder neue Unfreiheit?

Eine Ahnung kommenden Unheils bedrückt ihn, als er gegen Abend in die Stadt zurückfährt, in einer geschlossenen Kutsche, in düsteres Schweigen versunken.

Am Tag darauf stimmt er zu, als die Regierung beschliesst, die Gemeinden Bäretswil, Bauma, Pfäffikon und Hittnau durch ein Infanteriebataillon zu besetzen. Ein paar Tage nur dauert die Strafexpedition, doch alles bleibt ruhig im Oberland.

Wir können länger warten als ihr! Der Aufschrei des Egli, den das Obergericht in der Stadt zum Tode verurteilte und schliesslich zu 24 Jahren Kettenhaft begnadigte, klang wie eine Prophezeiung. Das gedemütigte Volk lässt sich Zeit. Sieben Jahre sollte es dauern, bis es sich erneut erhob, um zurückzuschlagen.

Sommer 1833. *Jetzt fällt die Baracke zusammen*

Im Juli 1833 bemühten sich, wiewohl fruchtlos, einige Hirten aus dem Linththal, den Tödi zu erklettern. Im August verstarb auf der südlichen Seite des Bergs Pater Placidus a Spescha, 81 Jahre alt, müde und friedlich nach seinen langen Wanderungen. «*Ussa dat la baracca ensemen*», seien seine letzten, rätselhaften Worte gewesen. «Jetzt fällt die Baracke zusammen.» Vielleicht meinte er das Land, das in diesen Jahren einen gewaltigen Umbruch erlebte.

Regierungsrat Hegetschweiler ist im Sommer 1833 mit andern Dingen beschäftigt. Der Tödi ist ihm weit weggerückt. Zwei Jahre zuvor ist die Familie von Stäfa nach Zürich gezogen, ins Haus «Fortuna» an der Schipfe in der Kleinen Stadt am linken Limmatufer, unmittelbar unter den Gärten am Lindenhofhügel. Ein Glücksfall, das Eckhaus zwischen Schipfe und Fortunagasse, von dessen Zinne man bei klarem Wetter über den Dächern der Stadt die Alpen erahnen kann. Ferne Erinnerung, unwirklich und unerreichbar. Der Blick auf seinen Sehnsuchtsberg allerdings ist ihm wieder verstellt, die Zwillingstürme des Grossmünsters stehen genau vor dem *Felsenzwilling Rusein und Tödi*. Gelegentlich steigt er am Abend auf den Lindenhofhügel und blickt von der Mauerbrüstung aus in die Ferne. Lässt seine Gedanken wandern, doch schon bald holen ihn die Sorgen des Alltags wieder ein.

Sein Vater ringt mit dem Tod. Hegetschweiler findet wenig Zeit für ihn, wie für alles Private, die Politik nimmt ihn allzu sehr in Beschlag. Regierungsrat, Staatsrat, Gesundheitsrat, Polizeirat und Abgeordneter des Kantons Zürich an der eidgenössischen Tagsatzung ist er, für kurze Zeit auch noch Kirchenrat. Ein aufsteigender Komet am Himmel der Regeneration, die die Schweiz erfasst hat, ein gemässigter Liberaler, dem der Frieden im Land über alles geht. Er hilft bewaffnete Aufstände im Baselbiet, in Schwyz und in Schaffhausen schlichten, wo sich Stadt und Land, Liberal und Konservativ mit Gewehr, Kanone und Flugschriften bekämpfen. Unablässig ist er unterwegs, von Sitzung zu Sitzung, von Bankett zu Bankett. *Die Sitzungen dauern drei bis fünf Stunden, die übrige Zeit des Tages wird dem Essen bestimmt, verbunden mit dem Toasten fürs Wohl des Vaterlandes.* So beschreibt ein Zeitgenosse die Tagsatzung, das schwache Parlament des losen Staatenbundes.

Die Kraft der Erneuerung ist noch ungebrochen. Elf Kantone haben sich moderne Verfassungen gegeben und wirken auf eine

Bundesverfassung hin, den eidgenössischen Bundesstaat, der den Staatsvertrag von 1815 ersetzen soll. Die fortschrittlichen Kantone Zürich, Bern, Luzern, Solothurn, St. Gallen, Aargau und der Thurgau verpflichten sich in einem *Siebnerkonkordat* zur gegenseitigen militärischen Unterstützung gegen die Reaktion. Zürich wird 1833 für zwei Jahre Vorort der Eidgenossenschaft, Hegetschweiler als Regierungsrat Mitglied einer Landesregierung, die nur repräsentiert, nicht regiert. 1833 gründen die katholischen Kantone der Innerschweiz den reaktionären *Sarnerbund* und boykottieren die Tagsatzung. Der Staatenbund droht auseinander zu brechen.

17. Juli 1834. *Zwei Pfeile im Köcher*
Eidgenossen, Waffenbrüder! Auf das freundschaftlichste laden wir Euch alle ein, durch Eure Gegenwart am eidgenössischen Schiessen uns den erfreulichen Beweis zu liefern, dass – wo und wann, gleichviel der Schweizer, namentlich der Schütze, gerne sich zum Schweizer findet.

Der 17. Juli 1834 ist der offizielle Tag des «Eidgenössischen Ehr- und Freischiessens» in Zürich, dreissigtausend Männer haben sich auf dem Festplatz in der Ägerten bei Wiedikon am Fuss des Üetlibergs versammelt, die offene Festhütte, die dreitausend Gäste fasst, ist gerammelt voll. Eine Fahnenburg zelebriert die Namen und Jahreszahlen der siegreichen Schlachten, welche die Schweizer in der Vergangenheit geschlagen haben, unter einem Baldachin steht die Statue eines Schweizer Kriegers. Ein Freiheitsbaum erinnert an die Revolution, am Wipfel flattert die Fahne mit dem weissen Kreuz im roten Feld. *Es weht die Fahn' in weiter Fern; sie leitet euch als guter Stern.*

Bald wird das Land einig und frei sein, vom Rhein bis zur Rhone. Hegetschweiler erinnert sich an die Worte seines Vaters. Im Frack empfängt er vor der Festhütte die Ehrengäste, er ist Zentralpräsident der Schweizer Schützen und verantwortlich für die Organisation. Die Abgeordneten der Tagsatzung treffen ein, das diplomatische Korps in Kutschen und Cabriolets. Händeschütteln, Schulterklopfen, Grüssen und Grüsse überbringen, höfliche Floskeln austauschen. Hegetschweiler badet in der Menge und im Ruhm. Die Stimmung ist vaterländisch aufgeheizt, eine Demonstration der liberalen und radikalen Unitarier, die den Bundesstaat anstreben. Um die Mittagszeit folgt das grosse Bankett mit den offiziellen Reden und Toasts. Die vaterländischen Sprüche täuschen nur dürftig über die Zerrissenheit des Landes hinweg.

Europa ist in Aufruhr. Eine nationale Erhebung in Polen wird blutig niedergeschlagen. In Italien probt Giuseppe Mazzini den Aufstand gegen Adel und Aristokratie. Von Frankreich ausgewiesen, lebt er als Asylant in Genf und zieht seine Fäden über den ganzen Kontinent. In Deutschland erheben sich radikale Studenten gegen die Obrigkeit. Revolutionäre Organisationen wie «Giovane Italia» und «Junges Deutschland» werden von den reaktionären Kräften unter der Führung des österreichischen Staatskanzlers Fürst Metternich verfolgt. Politische Flüchtlinge, Spitzel und Spione suchen in die Schweiz Asyl, agitieren und bereiten den Umsturz in ihren Heimatländern vor. Andere finden Obdach und Arbeit, doch unter den Bürgern steigt die Fremdenfeindlichkeit. Sie fühlen sich vom Fortschritt und von den Asylanten bedroht, in der Mehrzahl aufgeklärte Intellektuelle. Eine ultraradikale Gruppe nennt sich «Junges Europa», will alle nationalen Grenzen niederreissen und den ganzen Kontinent vereinen. Wehret den Anfängen! *Es war eine Zeit der grössten politischen Spannungen. Die abenteuerlichsten Gerüchte gingen vor dem Feste um über einen angeblich geplanten Handstreich der Radikalen, und über die Festtage selbst verstummte nicht für einen Moment das Poltern und Schmähen der radikalen Presse.*

Hegetschweilers Blick wandert über die Gäste, die sich an den langen Tischen das Mahl munden lassen. Damen und Herren in festlicher Kleidung, ein Meer von Rüschen, Röcken, modischen Zylinderhüten, mit goldenen Uhrketten geschmückten Westen und Fräcken. Kellner in weissen Schürzen und rotweiss gestreiften Kappen tragen immer neue Platten und Schüsseln auf. Es dampft, es schmatzt, es schwitzt und schwatzt und schlürft. Rotweiss auch die Fahnen und Girlanden überall, die Farben der Schweiz.

Rotweiss drapiert das Rednerpult, auf dem Hegetschweiler zu den Gästen spricht. Vom Schiessstand her begleitet das helle Knallen und Knattern aus tausend Flinten und Stutzern seine Worte. «Wie weiland Wilhelm Tell», so ruft er aus, sei es stets Sitte des Schweizer Schützen gewesen, *zwei Pfeile in seinem Köcher* zu führen. Den einen, um seine Kunst zu zeigen, den Apfel auf dem Haupte des Sohnes zu treffen, den andern *gegen fremde Anmassung, für Freiheit und Unabhängigkeit des Vaterlandes.* Mit gezieltem Schuss habe Tell das Land vom fremden Vogt, dem Gessler, befreit.

In den Applaus mischen sich unvermittelt Buhrufe, und als anschliessend Bürgermeister Conrad Melchior Hirzel in seiner Rede um Verständnis für die liberale Flüchtlingspolitik der Regierung wirbt, antworten ihm Getrampel und Geschrei: «Abe! Abe!»

Hirzel, als Amtsbürgermeister des Vorortes Zürich auch amtierender «Bundespräsident» der Schweiz, muss seine Rede mehrmals unterbrechen, Schweiss rinnt dem schweren Mann übers Gesicht, durchnässt seine modische Halskrause. Hilflos blickt er auf Hegetschweiler, der an seiner Seite sitzt. Seine Rede stockt.

Der steht auf, hebt seine Arme, will selber das Wort ergreifen, doch niemand hört zu. Die würdige Veranstaltung droht in eine wüste Saalschlacht auszuarten. Gläser fliegen da und dort, zwei packen sich am Kragen. «Bist du Schweizer oder Preusse?» Schon blutet einer aus der Nase, tropfen rote Flecken aufs weisse Tischtuch.

Da gibt Hegetschweiler dem Sängerchor, der auf der Bühne bereitsteht, ein Zeichen. Der Dirigent hebt den Taktstock. Die Stimmen der Sänger übertönen den Tumult, verströmen die Feierlichkeit, die dem Feste angemessen ist, und ersticken die politischen Missklänge in musikalischer Harmonie. Mehrmals wiederholt Hegetschweiler diese Methode, Ruhe zu schaffen und die aufbrechenden Spannungen zu vertuschen. Brücken bauen will er. Die Abgründe zuschütten, mit allen Mitteln.

Die Kritik an dieser Art des Überdröhnens von Meinungsäusserungen lässt nicht auf sich warten, diesmal kommt sie aus den eigenen Reihen. Der «Republikaner» schreibt: *Bei dieser Gelegenheit müssen wir bemerken, dass Hr. Regierungsrath Hegetschweiler sich an den späteren Tagen des Festes, namentlich am Donnerstage, des Sängerchores auf eine Weise als Polizeimittel zu bedienen suchte, die wir durchaus nicht billigen.*

Doch Polizeirat Hegetschweiler ist längst abgereist, als diese Zeilen erscheinen. Wieder einmal ist er unterwegs zum Tödi.

Sommer 1834. *Nach fruchtloser Bemühung*

Der Sommer 1834 ist warm und freundlich, der Herbst wird einen Jahrhundertwein bescheren, den berühmten Vierunddreissiger. Noch während dem Schützenfest hat Hegetschweiler die Nachricht erreicht, die drei Hirten aus Linthal, die den Tödi im Jahr zuvor schon versuchten, hätten den Gipfel erreicht.

Der Zürcher Theologe und Alpinist Melchior Ulrich besucht ihn im Haus «Fortuna» und schiebt ihm einen Ausschnitt aus der Glarner Zeitung zu. *Nach vielen vergeblichen Versuchen ist am 17. Juli der Tödi zum ersten Mal erstiegen worden. Albrecht Stüssi, Jakob Wichser und Jakob Ries, sämmtliche aus Linththal, haben diesen Ruhm davon getragen. Die Nacht davor brachten sie auf der Fürstenalp, sechs Stunden von Linththal, zu. Der hohe lockere Schnee und der ungemein starke Wind hinderten sie am Aufpflanzen einer Fahne.*

«Und das genau am offiziellen Tag des Schützenfestes», stellt Hegetschweiler fest. «Glauben Sie daran, Herr Doktor?»

Ulrich hebt die Schultern. Sein Gesicht ist von der Sonne verbrannt, die Haut schält sich in Fetzen von seiner Geiernase. «Diese Hirten sind Schwätzer und Lügner. Der Wind ist eine fadenscheinige Ausrede, meilenweit waren sie vom Gipfel entfernt.» Er berichtet, er sei soeben von einer Expedition zum Tödi zurückgekehrt, habe mit Zeller-Horner und Hardmeier einen Versuch wagen wollen, als sich die drei Einheimischen mit ihrem «Ruhm» brüsteten.

Wie Pfauen seien sie durch Linthal stolziert, Seile, Leitern und klirrende Fusseisen umgehängt, wie sie Wildheuer benutzen. Trotz des zwiespältigen Eindrucks habe man sie engagiert, doch schon auf dem Sandfirn habe sich gezeigt, dass sie vom Weg keine Ahnung hätten, geschweige denn von der Route zum Gipfel. Sie hätten die Partie dermassen in die Irre geführt, dass er, Ulrich, auf steilem Firn ausgerutscht und in die Tiefe gestürzt sei, einen Hang hinab, der *am besten mit der Fallätsche am Üetliberg verglichen werden kann*. Nur mit grossem Glück habe er sich dabei nicht verletzt.

Anderntags habe es geregnet, so dass man die Behauptungen der drei Prahlhanse nicht habe überprüfen können. Von wissenschaftlichen Beobachtungen oder Fundstücken keine Spur. «Was suchen solche Bauernlümmel überhaupt am Berg? Die hat wohl ein radikaler Übermut erfasst, wenn sie meinen, was ernsthafte Forscher anstreben, könne jeder Simpel ohne Wissen und Bildung nachäffen.»

Ulrichs Expedition stieg in die Surselva ab, wo er versuchte, die angeblichen Erstbesteiger Curschellas und Bisqulm ausfindig zu machen, doch *nach fruchtloser Bemühung, Namen und Wohnort dieser Leute zu erfahren,* wanderten sie weiter. Auch die Besteigung durch die Bündner bleibe also ohne jeden materiellen Beweis. Und Pater Spescha, der einzige glaubwürdige Augenzeuge, sei verstorben.

«Was glauben Sie, ist der Tödi besiegt?», fragt Hegetschweiler.

Ulrich wiegt den Kopf. «Was ich glaube, tut nichts zur Sache. Beweise müsste man finden, Beweise.»

«Sie meinen, die Speckschwarte der zwei Bündner Gämsjäger? Nach zehn Jahren?»

«Warum nicht, Herr Staatsrat? Vielleicht liegt sie konserviert im ewigen Eis. Möglich ist alles. Auch das Undenkbare.»

Juli 1834. *Als Selbstgetäuschte*
Beinahe einer Flucht gleicht diesmal die Reise nach Linthal, Flucht aus der Hitze des Sommers in der Stadt hinaus an die frische Bergluft, Flucht vor den politischen Angriffen und Ränkespielen. Man

reist mit der Kutsche, nicht mehr in beschaulichem Fussmarsch wie einst. Aus dem wanderlustigen jungen Doktor vom Zürichsee ist ein mit Ämtern, Pflichten und Sorgen überlasteter Staatsmann und Politiker geworden, schon etwas schwer und kurzatmig. Das viele Sitzen an Sitzungen, das üppige Essen und der Wein haben angesetzt, er fühlt sich nicht in guter Form. Doch da ist ein Ruf an ihn ergangen. Hegetschweiler, noch immer der beste Kenner des Tödi, soll sich die drei Hirten vorknöpfen, die auf ihrer Behauptung beharren, sie hätten den Gipfel erreicht.

Auch Stachelberg hat sich verändert. Man bezieht Logis im neuen Kurhaus nahe der Schwefelquelle, die Zimmer sind mit feinem Nussbaumholz getäfert, auf dem Waschtisch steht eine Porzellanschüssel mit Goldrand, darin ein Krug mit frischem Wasser. Seggenwirt Legler hat das Hotel bauen lassen, nebenan ein Badehaus, darin zwölf Kabinen mit zwei Wannen, in denen die Gäste in heissem oder kaltem Schwefelwasser oder nach Wunsch auch in klarem Bergwasser ihre Gebresten kurieren. Auch Gesunde können sich entspannen vom aufreibenden Alltag in den Städten und sich von der exzellenten Butterküche verwöhnen lassen. Bouteillen mit dem faulig riechenden, aber heilenden Getränk verschickt das Bad bis ins Ausland. Dem Ratsherrn Legler ist der Aufschwung jedoch nicht zum Glück geraten. Kurz nach der Eröffnung des Bades ist er auf einem Fussmarsch nach Glarus zusammengebrochen und an Herzversagen gestorben.

Beim Diner nach der Ankunft erinnert Hegetschweiler in einer kurzen Tischrede an den Pionier des Tourismus im Glarner Hinterland, der die Zeichen der Zeit erkannt und klug investiert hat.

Denn der Fortschritt wächst auch hier weiter. Gäste aus aller Welt finden sich in Linthal ein, lassen sich von einem Badearzt Kuren verschreiben, wandern, klettern auf Berge und geniessen das gepflegte Essen und die gehobene Gesellschaft. Hegetschweiler wird diesmal begleitet vom Geologen Arnold Escher von der Linth, dem Sohn des berühmten Gelehrten und Politikers Hans Conrad Escher, und vom radikalen Arzt und Staatsrat Jakob Robert Steiger aus Luzern. Sie lassen die drei angeblichen Helden vom Tödi vortraben, verstockte Bauern, die ihre Pfeifen im Mund hängen lassen, wenn sie mit den vornehmen Herren sprechen. Hegetschweiler ist in diesem Jahr immerhin Mitglied der Landesregierung! Aber das scheint diese Urdemokraten aus dem Landsgemeindekanton keinen Deut zu scheren.

Er führt das Verhör, fragt nach Weg und Ausrüstung. Seile hätten sie dabei gehabt, Fusseisen und Alpenstöcke, behaupten die Männer. Sie fallen sich ins Wort, widersprechen sich, ihre wirren Schilderungen geben wenig Aufschluss. *Da ergab sich denn aus dem Verhöre vieles, was den Erfahrungen Hegetschweilers geradezu widersprach, und die prahlerischen Führer standen, ehe man einen Schritt bergaufwärts gethan, wenn nicht als Betrüger, so doch als Selbstgetäuschte da.*

Widerwillig sagen sie zu, die Herren nochmals auf der gleichen Route zum Gipfel zu führen. Das Wetter ist gut, der Neuschnee abgeschmolzen. Vielleicht haben sie ja Recht, geht Hegetschweiler durch den Kopf, bevor er in sein Federbett sinkt. Werden sie uns zum Gipfel führen, so wird die Wissenschaft und die Geschichte dies als erste Besteigung anerkennen. Wie schon bei De Saussure, dessen Vorgänger am Montblanc nicht mehr als Pfadfinder waren, während der wissenschaftliche Ruhm auf den Genfer Gelehrten fiel.

Von der Sandalp schickt man die drei aus, den Weg zu erkunden, damit man anderntags keine Zeit verliere. Sie kehren jedoch bald mit schlechtem Bescheid zurück. Der Weg *sei mit Eis belegt, und schon das Betreten desselben wegen unaufhörlich herabrollender Eisstücke unsicher.* Haben sie angesichts der Herausforderung kalte Füsse bekommen? Oder sind die Verhältnisse wirklich schlechter als wenige Wochen zuvor?

Hegetschweiler drängt zum Aufbruch. Während der Morgenrast auf dem Firn am Sandpass erzählt Escher, wie sein Vater hier im Jahr 1807 auf einer Forschungsreise in einen Gletscherspalt gestürzt sei und nur mit Glück wieder aus dem eisigen Grab befreit werden konnte. Die Anekdote hebt den Mut der Alpenforscher und ihrer Führer nicht besonders. Vorsichtig steigen sie gegen die Ruseinalp ab und kommen zur Stelle, wo Melchior Ulrich ausgerutscht und gestürzt ist. Ein steiler Firnhang, blank und schwarz, der unten ins Geröll mündet. Die Berge erscheinen Hegetschweiler plötzlich wieder feindselig und voller Todesgefahr. Das Horn des kleinen Tödi, des Crap Glaruna, das aus der Westflanke des Piz Rusein ragt, sieht aus wie ein Matterhorn en miniature. *Melancholisch schauen die schwarzen Felsen des Endgrathes und der zerrissene Crap Glaruna aus dem blendenden Firn.*

Tod am Tödi! Wie würde sich das zur Schlagzeile reimen, wenn er hier stürzte. Man würde ihn betrauern in Zürich, und die religiösen Fundamentalisten könnten Dankgebete zum Himmel schreien. Sie glauben noch immer, auf den hohen Bergen wohne Gott und wolle in Ruhe gelassen werden. Ein Frevler und Gotteslästerer, der es wagt, diese heiligen Sphären zu entweihen.

Die Partie klettert vom Ruseintal die jähe Felswand gegen den Stockgron hinauf, einen Felszacken im Kranz des Grates, der den Tödi im Westen und Süden umschliesst. Steil und schwierig wird das Gelände. Wenn Hegetschweiler in die Tiefe blickt, erfasst ihn leichter Schwindel. Sein Atem geht in keuchenden Stössen. Insgeheim ist er erleichtert, als die Führer stehen bleiben, kurz ratschlagen, dann ihre struppigen Häupter schütteln und Pfeifen anzünden. *Als der Stockgron bis zu einer Höhe von 9000 Fuss erstiegen war, gelangte man zu einer sehr abschüssigen Firnhalde, die einer Eisbahn ähnlich von der Höhe des Felsens den Abgründen zulief. Das Überschreiten dieses kurzen Stück Weges wäre ungemein schwierig gewesen.*

Mit Wehmut denkt Hegetschweiler an seine guten Tage und den alten Thut, der mit dem Eisbeil hier furchtlos einen Übergang gehackt hätte, eine bequeme Treppe im Eis, wie damals in der Schneerunse. Die Schwindelbergführer dagegen sehen bleich aus, kratzen ihre struppigen Bärte, kauen mit gelben Zähnen auf ihren Pfeifen und behaupten, vor einer Woche sei das Eis noch mit Trittschnee bedeckt und bequem gangbar gewesen. So ist niemand unglücklich, als über dem Piz Cazarauls im Westen ein paar Wolken mit schwarzen Bäuchen sich auftürmen und man dem Wetter die Schuld am Scheitern der Expedition anlasten kann. Es ist Ende Juli 1834, Hegetschweilers vierter Versuch, den Tödi zu besteigen. Es wird sein letzter bleiben.

6. September 1839. *Die sollen selber für sich sorgen*
Nur den Pfarrer Hirzel habe er angetroffen bei seiner Mission in der «Linde», erklärt Hegetschweiler im Regierungsrat. Von Rahn-Escher kein Wort. Vielleicht habe er *die Drahtzieher* schützen wollen, falls der Putsch misslinge, wird später gemutmasst. Sein Begleiter Melchior Sulzer bestätigt den Bericht über die Forderungen des Landsturms und das Ultimatum. Das Palaver zieht sich dahin, während sich über der Stadt das reaktionäre Gewitter zusammenbraut. Hegetschweiler nickt kurz ein, übermüdet und angewidert von den endlosen Querelen, den scharfen Voten von Weiss und den hilflosen Versuchen von Bürgermeister Hess, einen Ausweg aus der verzweifelten Lage zu finden. Der grosse Rat müsse entscheiden, wird schliesslich beschlossen, Staatsschreiber Hottinger beauftragt, eine Botschaft ans Volk aufzusetzen mit der Beteuerung, die Regierung habe nie beabsichtigt, fremde Truppen herbeizurufen.

Hegetschweilers politischer Mentor, der 70-jährige Ludwig Meyer von Knonau, meldet sich mit dem eigenartigen Vorschlag, man müsse die Volksmasse verpflegen, wenn sie in die Stadt eindringe, damit sie nicht zu marodieren beginne und sich mit Gewalt Speis und Trank verschaffe. Der Greis mit den feinen Gesichtszügen und der kantigen Nase wird von den Radikalen abgeputzt: *«Die sollen selber für sich sorgen. Niemand hat sie gerufen!»*

Melchior Sulzer stellt hastig den Antrag, die Klagen gegen das Zentralkomitee zurückzuziehen. Hess lässt abstimmen.

«Angenommen!»

Nach diesem letzten Beschluss beginnt sich die Regierung aufzulösen. Inzwischen läuten fast alle Kirchen der Stadt Sturm, nur das Grossmünster schweigt noch. Statthalter Hans Caspar Zwingli stürzt in die Sitzung, kreideweiss im Gesicht. Ohne Gruss ruft er: «Der Landsturm ist auf den Brücken!» Also macht Oberst Zieglers Bürgerwache gemeinsame Sache mit den Aufständischen. Die Regierung ist ohne Schutz.

«Es ist Zeit, dass sich die Herren in Sicherheit bringen», meint Staatsschreiber Hottinger. Schlägt vor, sie sollten sich durch ein Fenster im Erdgeschoss in die Kappelergasse absetzen und nach Hause gehen.

Ein Flintenschuss peitscht, nahe schon, bald darauf ein zweiter. Einige Ratsherren stürzen zu den Fenstern, reissen sie auf. Geschrei und Hufgeklapper und Glockenklang brandet herein, so dass der Ruf untergeht, den Hess dem in sich versunkenen Hegetschweiler zuschleudert: «Haben Sie nicht vereinbart, dass der Pöbel zwei Stunden Ruhe bewahrt?»

Hegetschweiler schreckt auf, schüttelt den Kopf.

Meyer von Knonau, der ihm gegenüber sitzt, flüstert ihm zu: «Denken Sie nicht an Hudibras?»

«Ja», murmelt Hegetschweiler, doch seine Gedanken sind nicht beim Epos des englischen Satirikers Samuel Butler, obwohl die Situation in eine wahre Satire gekippt ist. Eine Landesregierung, die sich durch ein Fenster aus ihrer Verantwortung stehlen will ... Die Schüsse haben in ihm Bilder geweckt aus jener anderen Welt, hoch über den Eisströmen. Überirdisch ... Der schwarzblaue Himmel über den Firnen. Wie schön müsste es jetzt sein, in jener *Welt der Einsamkeit, des Todes und der Wiege des Lebens.*

Herbst 1834. *Einen blüthenreichen, duftenden Garten*

Es war die Zeit des Mauerfalls nach der Wende. Zum Zeichen der Öffnung gegenüber der Landschaft schliff Zürich die Stadtmauern mit den Bollwerken, die wie Speerspitzen aus dem Kranz von Ringmauern und Wassergräben ins umliegende Land ragten. Nachts wurden die Tore verschlossen, tagsüber bewacht. Mehr eine Festung denn eine Stadt war Zürich, den mittelalterlichen Burgen nachempfunden. Nun sollten die Stacheln aus dem Fleisch der Landschaft verschwinden.

An einem Abend im Herbst sitzen zwei Freunde auf einer steinernen Brüstung hoch über dem Schanzengraben im Westen der Kleinen Stadt, lassen ihre Beine im Leeren baumeln. Regierungsrat Hegetschweiler und der junge Privatdozent der Botanik Oswald Heer.

Hegetschweiler hatte die Idee ins Gespräch gebracht, auf dem Bollwerk «zur Katz» einen Botanischen Garten anzulegen, jener der Naturforschenden Gesellschaft im Schimmelgut in Wiedikon genügte den Anforderungen moderner Forschung und Lehre nicht mehr. Gewächshäuser stellte er sich vor, dazu einen Hörsaal und eine Bibliothek. Selbstverständlich auch ein Alpengarten. Ein Ort für Wissenschaft, Forschung und Erbauung. Die Anlage sollte allen Bewohnern der Stadt offen stehen, zur Freude, zur Erholung und Bildung. «Wo einst Kanonen das umliegende Land bedrohten, werden Blumen wachsen. Dieser Hügel wird fortan dem Frieden dienen statt dem Krieg.» So fasst Hegetschweiler seine Vision in Worte, und sein junger Freund nickt eifrig: «Sprach nicht schon Rousseau vom Naturevangelium, zu dem zurück man die Menschen führen solle? Das wäre also ein Ort der Anbetung der Natur, nicht wahr?»

«Gewiss», sagt Hegetschweiler. «Jeder Mensch ist von Natur aus gut, hat Rousseau auch geschrieben. So wie die Natur selber gut ist. Ist das Gute nicht wie eine Pflanze, die Freiheit und Raum braucht, um zu wachsen, zu gedeihen? Hinter Mauern verkümmert jedes Leben.»

Das war der Geist der neuen Zeit! Ihr sichtbarstes Zeichen der Mauerfall, der in den Räten für heisse Köpfe gesorgt hatte. Kein *Bollwerk der reaktionären Stadtpartei* sollte Zürich fortan vom umliegenden Land trennen. Bürger der Landschaft hatten nach der

Wende in mehreren Petitionen das Abreissen der Festungswerke verlangt. Alteingesessene Stadtbürger und Zunftherren fürchteten jedoch, Zürich werde ohne die Stadtmauern an Bedeutung verlieren, zu einem Dorf herabsinken. Die Mauern schützten nicht nur gegen fremde Truppen, sondern auch gegen die unkontrollierte Zuwanderung aus der Landschaft und andern Kantonen. *Es kam ihnen vor, als wolle man die Haustüre aushängen und jedem Landstreicher freien Einlass gewähren.*

«Die Stadt ist gebaut», hiess es in konservativen Kreisen. «Soll man nicht alles so lassen, wie es sich bewährt hat?» Zürich habe die Grenzen des Wachstums erreicht, ein Mehr könne nur schaden. Der Arzt Hans-Konrad Rahn-Escher warnte in einer Gemeindeversammlung im Oktober 1832, die Stadt wäre Freischarenzügen aus andern Kantonen schutzlos ausgeliefert und *verwies auf das Beispiel von Aarau.* Ein Jahr zuvor waren aufgebrachte Freiämter Bauern auf die Hauptstadt des Aargau marschiert. Sieben Jahre später wird Rahn-Escher selber an der Spitze des Landsturms ungehindert durch Mauern und Stadttore in Zürich einmarschieren.

Die Furcht, die Stadt Zürich werde zum Dorf, erwies sich als grundlos. Im Gegenteil: Die Öffnung, 1833 beschlossen, befreite sie von Fesseln, die Liberalisierung setzte einen unerhörten wirtschaftlichen Aufschwung in Gang. Hunderte von Neubauten schossen in wenigen Jahren auf: die Münsterbrücke über die Limmat, das «Baur» als erstes Hotel der Stadt und gegenüber, an der neuen Poststrasse, ein Postgebäude mit weiträumigem Innenhof für Pferdekutschen, Hafenanlagen für das Dampfschiff «Minerva», das ab 1835 auf dem Zürichsee verkehrte, ein Konzertsaal, «Kornhaus» genannt, und schliesslich als Wahrzeichen und Krone das Ausflugsrestaurant auf dem Üetliberg.

Die zwei Freunde auf der Mauer des Bollwerks «zur Katz» sind von der Hochstimmung der Regeneration erfasst. Oswald Heer wird sich später an die Stunden mit seinem Mentor erinnern: *Lebhaft schwebt mir noch vor, wie seine Augen vor Freuden glänzten, als wir im Herbst 1834 von der Spitze des Hügels herab, die Wälle und Schanzen überblickend, im Geiste dies einförmige, wellige Gelände in einen blüthenreichen, duftenden Garten umwandelten.*

Die Gesichter der beiden Freunde sind erhitzt vom Rundgang, von den Visionen und einer Flasche Rotwein, die sie zuvor in der «Waag» geleert haben. Unter ihnen fällt die Brüstung senkrecht gegen den Schanzengraben ab, auf dem ein Ruderboot dahintreibt. Seewärts gegen Selnau und die Bollwerke «Bär» und «am Spitz» hacken Arbeiter und Gruppen von Sträflingen die alten Sandsteinmauern nieder. Sie hören das Tingeln von Pickelschlägen, das Knirschen von Schaufeln im Schutt, die Kommandos der Aufseher, die Rufe und Flüche der Arbeitenden.

Die Freunde rufen sich ihre ersten Begegnungen in Erinnerung. Die Besuche des jungen Oswald im Doktorhaus in Stäfa, zusammen mit seinem alpinistisch interessierten Vater, dem Pfarrer von Matt im Glarner Sernftal. Hegetschweiler fand Gefallen an seinem aufgeweckten Sohn, der Steine und Pflanzen sammelte und akribisch Klima und Wetter protokollierte. Er führte ihn in die Pflanzenkunde ein, Oswald durfte in seinem Auftrag botanisieren, auch noch in Halle in Sachsen, wo er auf Wunsch des Vaters Theologie studierte. Insgeheim besuchte er naturwissenschaftliche Vorlesungen. Und später zog er die Zürcher Universität einer Pfarrstelle in Schwanden am Fuss des Glärnisch vor. «*Es gibt hoffentlich ausser Ihnen noch viele fromme Pfarrer; ein frommer Naturforscher ist eine seltene Pflanze und der gelehrten Zunft umso notwendiger. Werden Sie ein solcher!*», hatte ihm der Insektenforscher Heinrich Escher-Zollinger geraten, dessen Sammlung der junge Heer betreuen durfte.

Nun hat sich der 25-jährige Theologe an der Universität als Pflanzen- und Insektenforscher habilitiert und ist seit Frühling Privatdozent für Botanik. Hegetschweiler hat ihn in die Naturforschende Gesellschaft eingeführt und will ihn als Direktor für das botanische Institut und den Garten vorschlagen. Heer wird später Hegetschweilers botanisches Hauptwerk, die *Flora der Schweiz*, zu

Ende führen und herausgeben. Und er wird zu Ehren seines Förderers und Freundes einer Gattung von Schmetterlingsblütlern den Namen *Hegetschweilera* geben.

Gewiss unterhalten sich die beiden Freunde in jener glücklichen Stunde auf der Schanze «zur Katz» auch über ihre jüngsten Abenteuer in den Alpen. Oswald Heer ist ein beharrlicher und erfolgreicher Alpinist, den es zu Forschungsreisen und Erstbesteigungen drängt. Zwei Jahre zuvor hat er mit zwei Vettern und einem Gämsjäger aus Glarus den Ruchen bestiegen, den mittleren, felsigen Gipfel des Glärnischmassivs. «Unschwierig», wie er berichtet. «Kein Vergleich mit dem Tödi.» Doch eine eigentümliche Landschaft sei da oben, der Gletscher lagere flach und schwer auf dem Berg wie grönländisches Inlandeis. Beim Abstieg auf diesem Firn seien sie von einem Gewitter mit Sturm und Hagelschlag überrascht worden. «*Auf einmal hörten wir wieder furchtbares Gekrach über uns; wir glaubten, ein Theil des Glärnisch stürze auf uns hernieder und liefen voller Angst und Schrecken davon.*»

Das Vrenelisgärtli sei wohl bedeutend schwieriger zu ersteigen als der Ruchen, meint Heer. Ein schwindelerregender Firngrat verbinde das Gärtli mit dem Hauptmassiv, schmal und in elegantem Bogen über Abgründe sich schwingend wie ein Seil in einem viele tausend Fuss hohen Zirkuszelt. Ein wahrer Artist müsse sein, der sich da hinüber wagte, meint Heer. «Du vielleicht Johannes?»

Hegetschweiler schüttelt den Kopf, berichtet von seinem letzten und wiederum erfolglosen Versuch, den Tödi direkt über die Felswand von Westen zu erklimmen. Ein gewagtes Unterfangen. Er blickt zum Üetliberg, hinter dem die Sonne verschwindet, während die Stadt im Schatten versinkt. «Ach, der Tödi ...», seufzt er. Dann erhebt er sich. Die Familie erwartet ihn zum Nachtessen. Heer will in sein Heim in der Villa Belvoir zurückkehren.

Die Freunde verabschieden sich mit einer herzlichen Umarmung.

6. September 1839. *Dem Blutvergiessen ein Ende*
Tödi – das Wort erinnert ihn an Tod. «D'Ödi» sagen die Einheimischen in ihrer Mundart, die Öde. Pater Spescha schrieb vom *Ödiberg der Glarner.* Tödi – die Öde oder der Tod. Was ist denn der Unterschied? Auch die Welt jenseits der Grenze, die wir Tod nennen, ist Öde, das Schattenreich der Griechen. Ein Paradies will sich Hegetschweiler nicht ausmalen. Es ist noch niemand zurückgekommen und hat berichtet, Thut. *Da standen wir endlich auf dem Eismeer an der südöstlichen Seite des Berges. Zu unserer Seite hieng hoch von der Wand des Rusein ein Wasserfall. Er zerfällt zu feinem Staub, und wer unter ihm steht, kann den herrlichsten Regenbogen um sich sehen; er wird nass und sieht doch kein Wasser. Unstät schweifte unser Auge in diesem Chaos umher. Kein lebendiges Wesen mag je hier gehaust haben.*

Vielleicht wird es so sein, drüben. Jenseits des Stromes, über den ihn nicht Charon, der Schiffer, sondern Thut, der Wasserdoktor, hinüberführt. Johannes Thut, der mit sicherem Fuss über den Eisstrom wandert.

Wenn sein Leben an ihm vorüberziehen würde an diesem Tag, den er als seinen letzten erahnt, dann sähe er eine Gebirgslandschaft. Hügel erst, den Üetliberg, dann den Schwarzwald, den Randen, die Voralpen, das Wägital, den zerschrundeten Glärnisch. Und schliesslich den Tödi. Da hockt Thut auf einem Felsblock, spuckt Tabaksaft in den Schnee und deutet mit dem Kopf zum Gletscher. «Weiter, Herr Doktor?»

Doch Hegetschweiler lädt die Pistole, stöpselt Pulver, spannt den Hahn. Ein Schuss peitscht in die menschenleere Welt, wehmütig das Echo von den Fels- und Gletscherwänden. Er schreckt auf. Mein Gott, wo bin ich?

Es ist nicht das Echo aus der Eiswüste. Es sind Schüsse, vom Münsterhof her, die von den Fassaden der Poststrasse hallen. Trommelfeuer aus Gewehren und Flinten, ein unablässiges Krachen und Knattern wie am grossen Schützenfest anno Vierunddreissig. Graupelkörner schlagen gegen seinen Schädel, der zu platzen droht vor Schmerz.

«Hinaus!», schreit eine Stimme. Er soll auf die Strasse, in den Kugelhagel, *als freiwillig der Todesgefahr sich hingebendes Opfer,* vermitteln zwischen den Kämpfenden. Die Schlacht beenden, *sich zwischen die Parteien werfen und dem Blutvergiessen ein Ende machen,* den Bürgerkrieg abwenden.

«Hegetschweiler! Wenn einer Regierung und Staat retten kann, dann Sie!» Bürgermeister Hess steht vor ihm, aschfahl und zitternd, lockert mit dem Finger die Halsbinde, als spüre er schon die Schlinge des Galgens oder das Fallbeil. «Haben Sie nicht einen Waffenstillstand von zwei Stunden vereinbart mit den Aufständischen?»

«Sie haben ihr Wort gebrochen», grollt Weiss, und es ist nicht klar, ob er den Landsturm meint oder Hegetschweiler. «Jetzt ist die Reihe an Ihnen!»

Schon rückt der Landsturm durch die Poststrasse gegen die Zeughäuser vor, die Truppen weichen. Man müsse handeln, unverzüglich.

Hegetschweiler hastet treppab zum Ausgang, überspringt zwei Stufen auf einmal. Findet das Tor verriegelt. Draussen hört er Schreie, Flüche, Stöhnen und Hufgetrappel. Er schlägt mit den Fäusten aufs Holz, rüttelt am Riegel, eilt wieder zurück ins Sitzungszimmer. Atemlos. Die meisten Regierungskollegen sind verschwunden, haben sich französisch verabschiedet, wie man sagt.

Heinrich Weiss steht noch da, redet auf Bürgermeister Hess ein, der an einem Tisch sitzt, den Kiel ins Tintenfass taucht, etwas auf einen Zettel kritzelt. Weiss reisst ihm den Papierfetzen aus der Hand, wedelt ihn durch die Luft, damit die Tinte rasch trockne. In der andern schwenkt er einen zweiten. Wie ein aufgeregtes Huhn, das über den Zaun flattern möchte. Doch die Flügel sind ihm gestutzt, er hebt nicht ab. Hegetschweiler springt das Lachen an, trotz der verzweifelten Lage.

Vielleicht werden die Aufständischen sie alle töten, durch die Gassen schleifen, teeren und federn wie im Mittelalter. Die Reaktion wird die Folter wieder einführen, kein Zweifel! Weiss drückt die Zettel in Hegetschweilers Hand. «Zu den Truppen, zur Kavallerie und ins Arsenal. Es ist Ihre Mission, Herr Kollega!»

Bürgermeister Hess nickt stumm, sein Kopf sinkt vornüber, der Federkiel wischt über das Pult und fällt zu Boden, hinterlässt einen Klecks. Hegetschweiler packt die Zettel, überfliegt den Text. Versteht die Botschaft nicht. *Bey höchster Verantwortlichkeit soll man zu feuern aufhören.*

Er schüttelt den Kopf. «Was soll das bedeuten? Kapitulation?»

«Hinaus!», schreit Weiss nochmals. «Entscheiden Sie sich einmal in Ihrem Leben, Herr Regierungsrat!»

«Ich gehe», murmelt Hegetschweiler, sein rechtes Auge zuckt. Er packt seinen Hut, drückt ihn tief in die Stirn und eilt davon. Jetzt steht das Tor offen.

Juli 1839. *Zu reisen nach Italien*

Staatsschreiber Johann Heinrich Hottinger überreichte ihm den Reisepass am 21. Juli 1839, ein handschriftliches Dokument auf amtlichem Papier, mit dem Kopf *Canton Zürich,* mit Stempel und Siegel.

> *Reisepass Nr. 582, gültig für ein Jahr.*
> *Im Namen der Regierung des Eidgenössischen Standes*
> *Zürich.*
> *Johannes Hegetschweiler von Stäfa nebst einem Bediensteten, welcher gewillt ist zu reisen nach Italien.*
> *Zürich, 21. Juli 1839. Staatsschreiber Hottinger.*
> *Signalament:*
> *Alter: Fünfzig Jahre.*
> *Grösse: Fünf Fuss, fünf Zoll.*

Haare: braun.
Augen: grau.
Nase: fast gerade.
Mund: mittel.
Kinn: rund.

Hottinger schiebt ihm das Schriftstück hin mit der Bemerkung, dem Herrn Regierungsrat werde eine Erholungsreise in den milden Süden gewiss wohl bekommen und seine Forschungen an den Pflanzen befruchten. Dazu setzt er ein schiefes Lächeln auf. Hottinger und sein Sohn, der ihm bei den Kanzleiarbeiten hilft, sind ergebene Anhänger der Konservativen. Spitzel des Zentralkomitees! *Das letztere erfuhr jedes Wort, das im Regierungsrat gesprochen wurde, und hatte Kenntnis von amtlichen Verfügungen noch vor ihrer Publikation.*

Angewidert von der Politik, holt Hegetschweiler im Sommer seinen Alpenstock vom Estrich, lässt das Leder seiner Wanderstiefel mit Fett weich kneten, ein Felleisen mit Proviant und Kleidern packen und wandert mit seinem Knecht durch Graubünden bis ins Tessin, zum Monte Generoso, wo er in der südlichen Flora botanisiert und seinen Blick über die Ebenen der Lombardei schweifen lässt. Mein Gott, denkt er, wie gross die Welt ist. Und wie klein der menschliche Geist. Ein Funke der alten Unternehmungslust springt in ihm auf, vielleicht würde er wieder zum Feuer, wenn er die bedrückende Gegenwart hinter sich lassen könnte.

Auf den Tödi wirft er im Aufstieg zum Lukmanier ein Auge, von jener Seite, von der Pater Spescha seine Gämsjäger losgeschickt hat und behauptet, die zwei Naturburschen hätten den Berg bezwungen. Finstere Wälder, endlose Schuttströme, karge Alpweiden. Der Berg zeigt ein ganz anderes Antlitz als von Norden, herb und weich, die Gletscher versteckt hinter einer Bastion aus Felsklippen. Schon ganz dem Süden zugewandt ist er, warm und verwittert in der Farbe, der Himmel über ihm von blassblauer Leichtigkeit. Ganz und gar irdisch diese Welt, nicht überirdisch wie die Firne, Fels- und Eiswände im Norden.

An einen Aufstieg wagt Hegetschweiler nicht zu denken, er ist zu erschöpft. Sein Körper ist schwer und steif geworden, die Gelenke schmerzen nach jedem Wandertag. Manchmal fragt er sich, ob er mit seiner Hinwendung zu den konservativen Kräften auch den Forscherdrang verloren hat, die Unternehmungslust, die ihn in jungen Jahren beseelte. Das Feuer der Aufklärung ist im alltäglichen politischen Gerangel erkaltet und erloschen. Alles hinter sich lassen müsste er, ein neues Leben beginnen. Am 14. Dezember wird er seinen fünfzigsten Geburtstag feiern, sein halbes Jahrhundert vollenden. Er spürt, dass er vor einer entscheidenden Wende seines Lebens steht.

Mit diesem Bewusstsein wandert er weiter. Fühlt sich dabei wie Rousseau, der bekannt hat: *Nie habe ich so viel gedacht, gelebt, bin nie sozusagen so sehr ganz Ich gewesen wie auf den Reisen, die ich allein und zu Fuss gemacht habe.*

Der Reisepass liegt zuunterst im Felleisen in Wachstuch eingeschlagen. Das Schriftstück ist sein Freibrief, falls ihm die politische Entwicklung eine Rückkehr verbaut, was nicht ausgeschlossen ist. Das Zentralkomitee konspiriert unablässig, obwohl man Strauss in die Wüste geschickt hat. Während des Sommers hält die Feldarbeit die Bauern auf dem Land fest und verhindert, dass sie ihre Kräfte in politischen Kämpfen verzetteln. Falls trotzdem ein blutiger Aufstand losbrechen und Leib und Leben der Regierenden bedrohen würde, hat Hegetschweiler seinen Fluchtweg rekognosziert: Italien! Das Land, wo die Zitronen blühn! So hat der Geheimrat Johann Wolfgang Goethe aus Weimar gedichtet und damit die Sehnsucht nach dem Süden geweckt. Im Gedicht ist auch vom Berg die Rede.

Kennst du den Berg und seinen Wolkensteg?
Das Maultier sucht im Nebel seinen Weg,
in Höhlen wohnt der Drache alte Brut,
es stürzt der Fels und über ihn die Flut.

Heftiger denn je peinigt ihn seine innere Zerrissenheit. Die Sehnsucht nach der Weite der italienischen Ebenen und Hügel. Und dann wieder *jene geheimnissvolle Anziehungskraft der Alpen, der kräftigste Hebel, welcher ihn alle Schwierigkeiten, die sein grosser Wirkungskreis ihm in den Weg legte, überwinden machte und ihn auch in die unwirthlichsten, vegetationsleeren Einöden der erhabenen Gletscherwelt hinauftrieb.*

Wohin? Er weiss, dass er sich entscheiden muss. Doch er schafft es nicht. Zurück im Amt ahnt er, dass der Umsturz nicht mehr aufzuhalten ist. Die Reaktion ist zu heftig, erfasst immer weitere Kreise der Bevölkerung.

5. September 1839. *Vaterlandes Söhne*

Militärisch war die Schlacht verloren, noch bevor sie begonnen hatte. Oberst Ziegler wusste es, deshalb befahl er der Bürgerwache, die Aufständischen über die Brücken in die Kleine Stadt marschieren zu lassen. Er wollte Zürich ein sinnloses Blutbad ersparen. Seine Männer gehorchten ihm aufs Wort, obwohl er nur die Uniform eines Gemeinen trug, denn bald, so ahnten sie, würden die Verhältnisse umstürzen und die alten Häupter wieder in Amt und Ehren und an der Macht sein. So stand die Truppe, die ihre Stadt verteidigen sollte, Gewehr bei Fuss Spalier, als der Landsturm Psalmen singend in Zürich einzog.

Gerüchte hatten sich gejagt. Die Regierung habe Truppen der Konkordatskantone aufgeboten, aber in ihrer Zerstrittenheit war sie auch in dieser Frage nie zu einem Entscheid gekommen. *Der Punkt der Einberufung fremder (man bediente sich dieses Wortes statt eidgenössischer so gerne!) fremder Truppen hat eine so wesentliche Rolle in unserm Drama gespielt,* erinnert sich Regierungsrat Heinrich Weiss.

Am Sonntag vor der grossen Volksversammlung, die das Zentralkomitee nach Kloten einberufen hatte, waren noch 1100 Mann kantonaler Truppen in der Stadt unter den Waffen, Scharfschützen, Artillerie und Kavallerie. Der Oberkommandierende Oberst Salomon Hirzel, ein konservativer Stadtbürger, hatte einst mit Napoleons Truppen auf dem Rückzug über die Beresina gekämpft. Doch Befehl ist Befehl, und so fügte er sich in sein Schicksal, eine liberale Regierung gegen den konservativen Angriff zu verteidigen. Ihm zur Seite standen als Adjudanten die Oberstleutnants Carl Heinrich Brunner, ein Radikaler, und Johannes Sulzberger, Oberinstruktor der Infanterie. Der Thurgauer war in den Dreissigerjahren mit dem Bürgerrecht von Pfäffikon beschenkt worden. Nun kommandierte er Truppen gegen seine Mitbürger.

Verstärkt wurde das Aufgebot durch die Militärschule, die Kadetten, unter dem Instruktor Major Bruno Übel. Im Feldhof, dem Kriegsarsenal am Paradeplatz, standen zwanzig Artilleristen bereit unter Oberstleutnant Konrad von Orelli. Eine starke Streitmacht, aufgeboten zur Verteidigung der Stadt, der drei Zeughäuser «In Gassen», der Regierung des Kantons und des Landes. Die Fusstruppen trugen die neue dunkelblaue Uniform, die Kavalleristen grün.

Die Stimmung ist miserabel, die Männer kommen vorwiegend aus der Landschaft, die es mit den Aufständischen hält. Wer kämpft schon gern gegen seine eigenen Brüder und Väter? Durchnässt und müde sind sie am Sonntagabend des 31. August eingerückt, haben Munition gefasst und sind mit einem halben Mass sauren Wein, einem Happen Brot und einer faden Suppe abgespeist worden. In der Nacht bricht in den Quartieren Radau aus, ein Betrunkener wird in Arrest gesetzt. Darauf verlangen seine Kameraden, dass er unverzüglich freigelassen werde. Die Offiziere geben nach, was den Widerspruchsgeist erst recht anstachelt, der Tumult weitet sich zur Meuterei, so dass am Dienstag der grösste Teil der Truppe wieder nach Hause geschickt werden muss. Denn es ist klar, dass sie sogleich für die Aufständischen Partei ergriffen und ihre Flinten gegen die eigenen Kommandeure gewendet hätten. Die konservative Presse jubelt: *Des Vaterlandes Söhne sind überall Brüder.*

Die Regierung steht schliesslich fast ohne Schutz da, nur 350 Offiziere und Soldaten halten noch zu ihr. Am 5. September gegen

Mitternacht sucht Regierungsrat Weiss den Kommandeur im Feldhof auf, beauftragt ihn mit dem militärischen Schutz der Behörden.

«Dazu brauche ich eine Vollmacht, Herr Regierungsrat!»

«Kein Problem, Herr Oberst. Als Präsident des Kriegsrates bin ich dafür zuständig.» Weiss lässt sich Papier reichen, kritzelt und unterschreibt: *Herr Oberst Artillerieinspektor Hirzel wird hiermit beauftragt und bevollmächtigt, zum Schutz und zur Sicherheit der Personen und des Eigenthums, so wie der verfassungsmässigen Behörden, die ihm zweckmässig erscheinenden Massregeln zu treffen.*

Hirzel liest, schiebt das Blatt zurück. «Eine weite Vollmacht, Herr Regierungsrat. Man kann viel oder wenig drunter verstehen.»

Weiss steht auf, lässt den schriftlichen Befehl auf dem Tisch liegen. «Sie sind ein erfahrener Offizier, haben in Spanien, Portugal und Russland gekämpft. Sie entscheiden, was zu tun ist.»

«Sie meinen, die Brücke halten, bis der Kaiser geflohen ist?»

«Hoffen wir, dass die Limmat nicht zur Beresina wird.»

Das Lächeln der beiden Herren wirkt gequält. Oberst Hirzel weiss jetzt: Was immer er auch entscheiden wird, es ist falsch. Er steht mit den falschen Leuten zur falschen Zeit auf der falschen Seite. Doch Befehl ist Befehl, das ist das Schicksal des Militärs. Er salutiert. Weiss tippt mit dem Stock an den Rand seines Hutes.

Der kriegserfahrene Offizier entscheidet, sich mit den wenigen und unzuverlässigen Truppen auf die Verteidigung der Zeughäuser zu beschränken. Wie der Regierungsrat und alle Behörden wird auch er überrascht von der Wucht und der militärischen Ordnung des anrückenden Landsturms. Er fühlt sich wie damals mit Napoleon auf dem Rückzug aus Russland, auf gänzlich verlorenem Posten.

6. September 1839. *Mit Dank gegen Gott jeden Schuss empfangen*

Als die Menge der Landschäftler auf den Münsterhof strömt, flammt Gewehrfeuer aus den Fenstern der Bürgerhäuser und dem Zunfthaus zur «Waag». Kadetten haben sich verschanzt hinter den

Brüstungen, wer den Befehl zum Schiessen gegeben hat, bleibt unklar. Vielleicht hat einer der Jungen die Nerven verloren, hat abgedrückt und die andern haben es ihm nachgemacht.

Bernhard Hirzel sieht Leute stolpern und fallen, er duckt sich, die Hände gefaltet über dem Kopf, denn er glaubt, das Feuer gelte ihm. *Mit Dank gegen Gott hätte ich jeden Schuss selber empfangen, ja ich sehnte mich darnach innig – es sollte nicht sein.*

Unverletzt richtet er sich auf, und jetzt wächst der schmächtige Theologe über sich hinaus, wird ganz Feldherr. Mit taktischem Gespür entscheidet er: «Aufs gelbe Zeughaus! An die Waffen! Dort steht die Bürgerwache, die ist uns gut gesinnt!» Die Hasenfüsse unter seinen Leuten fliehen über die Münsterbrücke, die Beherzteren folgen ihm durch die Poststrasse und ums Hotel Baur herum. Einige marschieren in den Tod, denn auch vom Zeughaus zischen ihnen Kugeln entgegen. Ein Detachement Kadetten sperrt den Eingang zu «In Gassen» beim gelben Gebäude. Sie schiessen, laden und schiessen wieder, während die vierzig Männer der Bürgerwache, die das Zeughaus besetzen, sich nicht rühren.

Schreiend rennen die Landstürmer in alle Richtungen davon, werfen ihre Stecken und Knüppel weg, verirren sich in den Gassen, geraten in der Poststrasse ins Kreuzfeuer. Einige knien bei den Toten und Verwundeten, rufen nach Hilfe oder ringen schluchzend die Hände, ein paar wenige schiessen zurück, blindlings und ohne zu treffen. Putz splittert von den Fassaden, wo die Kugeln einschlagen, Staub wirbelt von den Strassen, vermischt sich mit dem Rauch des Schiesspulvers zu einem dichten Schleier. Die Dragoner haben sich am Talacker neu formiert, galoppieren über den Paradeplatz in die Poststrasse, hauen mit Säbeln auf die Köpfe der Fliehenden ein. Und nun springt am Feldhof, dem Munitionsmagazin in der Mitte des Platzes, ein Tor auf, Artilleristen schieben eine Kanone in Stellung, einer steht mit brennender Lunte bereit.

Der radikale Sekundarlehrer Karl Kramer aus Pfäffikon, der die Nacht über mit Freunden im «Schwert» und im Café Littéraire am

Weinplatz zusammengesessen ist, hat sich in der Nähe der Post hinter die Truppen geflüchtet. Entsetzt sieht er: *Ein Mann, der einen Hieb über das Gesicht und einen auf die Seite des Kopfes erhalten hatte, suchte Nase und Ohr wieder in Ordnung zu bringen, bis ihn ein Schuss in die Brust traf. Ein anderer mit eisgrauem Haar schoss auf die halbe Kompagnie Scharfschützen, die vor dem kleinen Zeughaus aufgestellt war, erhielt aber im gleichen Augenblicke, als er abdrückte, eine Kugel in die Stirn.*

Bernhard Hirzel blitzt der Gedanke durch den Kopf, mit den wenigen, die sich noch um ihn scharen, ins Postgebäude einzudringen, das unbewacht scheint. Die Regierung als Geisel zu nehmen und so die Truppen zum Rückzug zu zwingen. *Doch bald erinnerte ich mich, wie leicht in solchen Verhältnissen Unschuldige mit dem Schuldigen büssen könnten.*

Er wird mitgerissen vom Strom der Flüchtenden, die über die Münsterbrücke zurückfluten in die Grosse Stadt, wo nun auch das Grossmünster ins Sturmgeläut einstimmt mit dumpfen Glockenschlägen. Verstärkung aus den Seegemeinden sei im Anmarsch, ruft jemand. Die Schlacht ist noch nicht entschieden, obwohl das Gewehrfeuer erstirbt.

Sieben tote Landstürmer liegen auf dem Pflaster der Stadt, sieben weitere werden an ihren Wunden sterben, vierzehn sind schwer verletzt. Alles arme Männer, Tagelöhner, Weber, Schuhmacher, Zimmerleute, Tischler und Knechte. Bauernopfer im Spiel der Mächtigen.

6. September 1839. *Freiwilliger Scharfschütze*

War es Verzweiflung oder Mut oder beides? Jedenfalls berichten Zeitzeugen, dass es kein anderer Regierungsrat als Hegetschweiler gewagt habe, sich zwischen die Fronten zu werfen. *Sein hohes Gemüth war von der Pflicht des Republikaners so durchdrungen, dass er sich eine Zeitlang auch während dieser Sendung immer als freiwilliger Scharfschütze auf der äussersten Grenze eines gefährdeten Vater-*

landes dachte, fest entschlossen, Wort und Feder in diesem Falle Andern zu überlassen.

Er eilt durch die Poststrasse, ohne nach links und rechts zu blicken. Der Arzt kümmert sich nicht um die Verwundeten, die jammern und stöhnen, das Blut, das fliesst, beachtet er kaum. Eine höhere Mission als der hypokratische Auftrag treibt ihn, sein Blick ist starr auf den Boden geheftet, zwischen Daumen und Zeigefinger knittern die zwei Zettel. Kapitulation! Das Ende des liberalen Traumes, der zum Alptraum geworden ist.

Hegetschweiler erreicht den Paradeplatz, sieht die Tiefenhoflinde, die da seit Jahrhunderten unerschüttert steht. Ein Lebensbaum. Erst zwei Jahrzehnte später wird die Linde fallen, *unter den Axthieben von Bauspekulanten.* Eine andere Zeit wird es sein, das Land geeint, wie Hegetschweiler stets gehofft, Zürich das Zentrum eines unerhörten wirtschaftlichen Aufschwungs.

Er zögert, blickt zum Himmel. Über den Dächern segeln Wolken, bleiernes Morgenlicht fällt über den Platz, einst «Säumarkt», jetzt Neumarkt genannt oder Paradeplatz, wegen der Kaserne am Talacker und dem Kriegsarsenal im Tiefenhof. Doch jetzt findet keine Parade statt, es tobt blutiger Kampf. Volk und Truppen füllen den Platz, sie schreien und schlagen und singen, einige tanzen schon siegestrunken, andere taumeln im Schmerz. Freund und Feind wirbeln durcheinander, denn unverhofft ist jeder Freund und kein Feind mehr weit und bereit. Das Gewehrfeuer erloschen.

Die Bürgerwache rückt mit Trommeln von der Münsterbrücke gegen die Zeughäuser vor, die Kadetten, die geschossen haben, haben sich aus dem Staub gemacht, den die Schlacht aufgewirbelt hat und der sich allmählich senkt. Verstärkung aus den Seegemeinden ist eingetroffen, die Landstürmer formieren sich jenseits der Limmat neu, kehren hinter den Bewaffneten zurück in geordneten Reihen.

Unvermittelt springt ein Tor auf beim Feldhof, das Rohr einer Kanone richtet sich gegen die Poststrasse beim Hotel Baur. Die

Menge schreit auf, weicht erneut zurück. Der Balkon des Hotels ist plötzlich leer gefegt.

Doch unbeirrt eilt der freiwillige Scharfschütze dahin, umklammert als einzige Waffe seinen Gehstock und schwenkt die Zettel mit den Worten der Kapitulation hoch über seinem Kopf wie weisse Fahnen. Er schreitet aus, getrieben vom Mut der Verzweiflung. Das Schiessen scheint sein Schicksal zu sein. Auf dem Tödi schon, wo man schoss, *um die Verbreitung des Schalles zu beobachten.* Später, als Zentralpräsident der Schweizer Schützen, hat er sich oft als *aktiver und treffsicherer Schütze betätigt.*

Schliesslich wird ihn an diesem Morgen, um die zehnte Stunde, ein Schuss aufs Pflaster vor dem Hotel Baur schleudern, kurz nachdem er seine zwei Zettel dem Dragonerleutnant Heinrich Fenner übergeben hat, der sie ihm vom Pferd herab ohne Gruss aus den Händen reisst, einen Blick darauf wirft und eine Verwünschung ausstösst. Fenner hält das Pferd mit der linken Hand am Zügel, den Degen gezogen in der rechten, dazu die Pistole und nun auch noch die weissen Zettel zwischen Daumen und Waffen geklemmt, hebt den Arm und ruft: «*Ein Befehl von der Regierung!*»

Dann reisst er das Pferd herum, sprengt zu seinem Vorgesetzten, Oberstleutnant Brunner, der das Papier an den Kommandanten Oberst Hirzel weiterleiten soll. Dienstweg! Die verklausulierte Kapitulation! Die Schlacht neigt sich ihrem Ende zu, der heilige Kampf ist gefochten.

Indessen liegt der freiwillige Scharfschütze auf dem Pflaster vor dem Hotel Baur, blickt durch den Nebel von Schrecken und Schmerz in Landschaften, die er durchwandert hat während der fünfzig Jahre seines Lebens, und in Landschaften, die er sich erträumt hat in einsamen Stunden. Berggipfel, auf denen sich der Blick weitet über Täler und Hügel und Wolken und die weite Welt bis in die Unendlichkeit.

Ein Schuss ist gefallen, der letzte dieses schwarzen Freitags. Plötzlich herrscht Stille.

6. September 1839. *Punkt 6 Uhr wird Sturm geläutet*
Friedrich von Dürler, Sekretär der Armenpflege der Stadt Zürich, verbringt die Nacht im Café Littéraire, wo sich die radikale Intelligenzia die Köpfe heiss redet in Erwartung des politischen Gewitters, das sich zusammenbraut. Man spekuliert und pokuliert, Gerücht um Gerücht fliegt ein, der Landsturm im Anmarsch auf die Stadt, Scharfschützen an der Spitze. Die Reaktion der Landschaft hat sich mit den Stadtkonservativen verbündet, schlägt zurück mit Macht, die Regierung wird fallen. Man diskutiert bei Wein und Tabak, ob man zu den Waffen greifen soll, auf die Barrikaden für den liberalen Staat. Nicht nur palavern, sondern handeln! Ein Trupp Studenten marschiere zum Zeughaus, um Gewehre zu fassen, ruft einer durch den Rauch. Soll man sich anschliessen? Stimmen dafür, Stimmen dagegen. Man schenkt ein, stopft die Pfeifen. Der Qualm lagert dicht über den Köpfen, als sei die Schlacht schon entbrannt.

Wer will denn eine Regierung verteidigen, die sich zwar liberal nennt, aber den Fortschritt längst korrumpiert und kompostiert hat? Politiker wie Hegetschweiler? Verräter! Freimaurer! Paktiert mit den Reaktionären! Versucht seine Haut zu retten! Die kampfbereiten Studenten habe er nach Hause geschickt. Sich mit den Konservativen im Geheimen abgesprochen. Was soll man glauben? So geht die Rede rundum.

Dürler hört zu und schweigt. Worte, nichts als Worte, denkt er. Denkt an Hegetschweiler, ein Vorbild einst. Ein Naturforscher, ein gelehrter Bergsteiger, ein Schriftsteller. Der Mann, der den Tödi versuchte und den Schlüssel zum Aufstieg fand. Den Schlüssel, der ihm das Tor aufschloss zu seinem eigenen «Spaziergang».

Neben Dürler sitzt der Sekundarlehrer Kramer aus Pfäffikon, ein Deutscher, auf eine Eckbank gezwängt, und berichtet zum wiederholten Male, wie er sich von Pfarrer Hirzel verabschiedet hat am Nachmittag zuvor. Durch gemeinsame theologische Studien sind sie Freunde geworden, der radikale Kramer und der reaktionäre Pfarrer. «Eigenartig», meint Kramer. «Ein grosser Wissenschaftler könnte er sein, kennt sich aus in allen Religionen und vielen Sprachen, liest und schreibt Sanskrit so fliessend wie wir Deutsch. Im tiefsten Grunde ein aufgeklärter Mensch. Marschiert nun an der Spitze der Reaktion. Ein Rätsel, dieser Mann.»

Ein Familienfest im Pfarrhaus sei plötzlich unterbrochen worden, die Gäste aus der Stadt Hals über Kopf abgereist. Er habe Hirzel nach den Gründen gefragt, der Pfarrer habe zur Antwort gegeben: «*Punkt 6 Uhr wird Sturm geläutet.*» Kramer, überrascht und verwirrt, habe ausgerufen: «*So wird uns der morgige Tag als Feinde gegenüberstellen!*» Beide sahen sich an, betroffen und von plötzlicher Rührung gepackt. «*Nach einigen Sekunden starren Schweigens umarmte er mich, ich ihn, ja wir küssten uns und unsere gemeinsamen Studien hatten für immer ein Ende. Eine halbe Stunde später war ich auf dem Weg nach Zürich.*»

Kramer sei in die Stadt geflohen, über Feldwege um die Dörfer herum, wie noch andere Liberale aus der Landschaft. In der Stadt fühle man sich sicherer. Froh wäre man jetzt, sie hätte noch Mauern, Gräben und Bollwerke.

Die Stimmen verstummen allmählich, die Stimmung kippt. Einer nach dem andern verdrückt sich. Jeder ist sich selbst der Nächste in solch bewegter Zeit. Irgendwann stiehlt sich auch Junker Dürler davon, nur ein paar Schritte sind es vom Weinplatz zum Haus *Zum vorderen Brunnen in Gassen,* wo er zusammen mit seiner Mutter wohnt. Die Nacht ist lau, erfüllt von hastenden Schemen, von halblauten Stimmen und unterdrückten Rufen. Ein Hund bellt. Dürler schreitet die Storchengasse entlang zum Münsterhof, bleibt bei der «Waag» stehen, weil er die Stimme eines Polizeidieners vernimmt, der durch die Gassen schreitet und ausruft, *alle waffenfähige Mannschaft sei aufgefordert, sich zum Stadthaus zu begeben; wer Waffen habe, soll sie mitnehmen; wer keine habe, dem werden solche verabreicht werden.*

Bürgerkrieg, fährt ihm durch den Kopf. Jetzt ist es so weit. Soll er sogleich nach Hause eilen, sich in seine Offiziersuniform werfen, den Degen umgürten, die Pistole stöpseln? Als *Hauptmann der Landwehr-Infanterie* ist er der Bürgerwache zugeteilt, obwohl die Stadt, in der er aufgewachsen ist, sein Gesuch um Aufnahme ins Bürgerrecht drei Jahre zuvor abgelehnt hat. Gegen den 32-jährigen Junker Dürler, den umtriebigen und allseits beliebten Sekretär der Armenpflege, hatte niemand etwas einzuwenden, doch war seine Bewerbung im Verlaufe eines politischen Ränkespiels untergegangen. Am 9. Juni 1836 verweigerte die Bürgerversammlung dem Vorsteher der medizinischen Fakultät Dr. Lukas Schönlein die Aufnahme ins Bürgerrecht, weil er ein Katholik sei und ein Deutscher. Deshalb fiel auch Dürlers Gesuch aus Abschied und Traktanden, sein früh verstorbener Vater, ein betuchter Kaufmann, stammte aus dem Luzernischen und war katholisch. Von ihm hat der Sohn die Konfession und den Beruf ererbt. Es half nichts, dass seine Mutter, eine geborene Gossweiler, aus altem und reformiertem Zürcher Geschlecht stammt. Soll er nun die Stadt verteidigen, die ihm Heimat bedeutet, aber nicht die vollen Rechte der Bürgerschaft gewährt? Soll er sich als Katholischer in die Händel der Reformierten mischen?

Nichts überstürzen, sagt er sich. Ruhig Blut bewahren. Was immer auch kommen mag, ich werde meinen Dienst im Kontor so pflichtbewusst erfüllen wie bis anhin. Ob konservativ, liberal oder radikal. Einen Sekretär der Armenpflege wird jede Macht brauchen. Denn kein Regime wird Not und Armut besiegen, was immer es auch verspricht.

Er steigt das schmale Treppenhaus hoch, trinkt in der Küche eine Tasse Milch. Sein Hals ist trocken. Dann legt er sich in Hemd und Hose aufs Bett, fällt in unruhigen Schlummer. Träumt von einem unbekannten Gebirge, fernen Eisgipfeln, hoch wie der Himmel. Ein Krachen schreckt ihn auf, als ob in der Ferne ein Gletscher berste. Für Augenblicke weiss er nicht, wo er sich befindet. In einer Hütte am Berg? Er dreht sich zum Fenster, das Grollen schwillt an. Klingt nun nicht mehr wie ein Gletschersturz, sondern eher wie

Hagelschlag. Gewehrfeuer, das aufbrandet, erstirbt. Dürler stützt sich auf. Fahler Schimmer fällt durch einen Spalt zwischen den Fensterläden. Er blinzelt ins Licht. Lärm draussen in den Gassen, unmittelbar vor dem Haus. Kommandorufe vom Zeughaus, heiseres Geschrei.

Friedrich von Dürler taumelt schlaftrunken zum Fenster, späht durch die Ritze. Sieht Dragoner auf Pferden durch die Gasse traben, die Säbel gezogen, Bürstenkämme tanzen, Hufe trommeln aufs Pflaster. Menschen weichen zurück, der Lärm verebbt, beinahe still wird es. Ein ferner Ruf hallt. Dann peitscht ein Schuss, hart prallt das Echo von den Mauern. Stimmen, weit weg. Stille.

6. September 1839. *Die Opfer schon gefallen*

Der Berner Tagsatzungsgesandte Johann Rudolf Steinhauer, Amtsschreiber aus Fraubrunnen, steht auf dem Balkon des Hotels Baur und beobachtet den Aufruhr, sieht die Menge durch die Poststrasse auf den Paradeplatz drängen, Leute vom Land, leicht zu erkennen an ihren geflickten Bundhosen, wollenen Strümpfen, Schlapphüten und Zipfelkappen. Er sieht, wie sich die Kantonstruppen zum Zeughaus zurückziehen und sich in Schützenlinie aufstellen, nachladen und anschlagen, hört Befehle und das Rumpeln der eisenbereiften Räder auf den Kopfsteinen, als die Kanone im Feldhof gegenüber dem Hotel in Stellung rollt. Panische Schreie peitschen über den Platz, dann scheint alles zu erstarren, für einen Augenblick, als ob die Zeit den Atem anhalte. Bis ein Schuss bei den Kutschen unter dem Balkon die Spannung löst. Die Menge platzt nach allen Seiten auseinander. Steinhauer sieht einen Mann in einem blauen Überrock taumeln, gegen eine Kutsche stossen und stürzen. Sein Hut rollt übers Pflaster. Ein anderer, grün gekleidet, kniet eine Sekunde neben dem Gefallenen, die Flinte noch im Anschlag, eingehüllt in eine Wolke von bläulichem Pulverrauch. Dann lässt er die Waffe sinken, macht zwei oder drei Schritte rückwärts, eilt mit federnden Sätzen durch die Poststrasse davon, taucht unter in Staub und Rauch und der Menge der Flüchtenden. «Ein Attentat!», ruft Steinhauer aus.

Am Montag, am Tag der Volksversammlung von Kloten, hatte er mit seinem Berner Amtskollegen Karl Neuhaus bei der Zürcher Regierung vorgesprochen, sich erkundigt, ob man Unterstützung aus Bern und den andern Konkordatskantonen benötige. Staatsrat Hegetschweiler hatte die beiden empfangen, während die Regierung über die Forderungen der Volksversammlung beriet. Hegetschweiler hatte jede Hilfe abgelehnt, hatte gemeint, ein militärischer Aufmarsch aus andern Kantonen würde den Konflikt nur anheizen. Steinhauer bekam den Eindruck, er glaube noch immer an eine Lösung im Einvernehmen mit den Aufrührern. Die kurze Audienz hatte Folgen. Wie alle andern Aktivitäten der Regierung wurde sie unverzüglich dem Zentralkomitee verraten, aber offensichtlich verzerrt, denn auf der Landschaft war man nun überzeugt, der Einmarsch fremder Truppen stehe unmittelbar bevor. Dieses Gerücht, vom Zentralkomitee schriftlich verbreitet, war der Funke, der den Aufstand auslöste.

Ein Mann beugt sich über den Niedergeschossenen vor dem Hotel Baur. «Hegetschweiler!», ruft er ihn an. «Was ist geschehen?» Steinhauer erkennt Regierungsrat Heinrich Weiss, der versucht, seinen verletzten Amtskollegen aufzuheben, er fasst ihn an den Schultern, stützt ihn im Rücken. Weiss ist kräftig, doch muss er aufgeben. Er bettet den Verletzten zurück aufs Pflaster, auf dem das Blut braune Lachen bildet. Er sieht sich um nach Hilfe, aber der Dragonerleutnant, dem Hegetschweiler eben eine Botschaft überreicht hat, ist gegen das Zeughaus davongeritten. In der Poststrasse beugen sich Helfer über Tote und Verwundete, tragen Menschen auf improvisierten Bahren weg. Weiss erblickt die Kanone beim Feldhof, die Artilleristen, die bereit sind, zu feuern. Er steht auf, hebt beide Hände, eilt über den Platz. Lässt Hegetschweiler liegen, der einen Arm reckt, eine Hand ausstreckt, als suche er Halt, um sich selber aufzurichten.

Steinhauer stürzt ins Hotel. «Regierungsrat Hegetschweiler verwundet!», ruft er mehrmals. «Ein Attentat!» Doch selber hinaus auf den Platz zu eilen, um Hand anzulegen, Hilfe zu leisten, wagt er nicht. Man würde es dem Berner Politiker als Einmischung in Zürcher Angelegenheiten auslegen, das könnte den Konflikt zwischen den Konservativen und den Liberalen, der im ganzen Land schwelt, nur noch verschärfen.

Ein Theil des Regierungsrathes war im Postgebäude, von dort kam der Befehl augenblicklicher Beendigung des Kampfes und Rückzug des Militärs. Leider waren die Opfer schon gefallen, man gibt die Zahl der Todten auf acht, der Verwundeten auf sechzehn an: unter den letzteren befand sich der bei allen Parteien geachtete Herr R. R. Hegetschweiler, der mit Aufopferung seines Lebens unter die Streitenden die Anzeige der Auflösung der Regierung bringen wollte, eine Kugel traf ihn am Kopfe.

«Er hat den Attentäter erkannt!», äussert sich Steinhauer überzeugt, als er am nächsten Tag diese Nachricht in der Neuen Zürcher Zeitung liest. Steinhauer, ein *biederer und wahrheitsliebender Mann*, ist der einzige Zeuge, der das Attentat direkt beobachtet hat. Von einem Logenplatz herab sozusagen, hatte er *einen Mann in grüner Jagdkleidung das Gewehr hoch nehmen und einen Augenblick später Hegetschweiler fallen sehen.*

Wer war es? Einer der Scharfschützen, die an der Spitze des Landsturms marschierten? «Jäger» nannte man die Elitetruppe, die mit Stutzern ausgerüstet war. Oder ein grün uniformierter Kavallerist? Jedenfalls hatte Steinhauer den Eindruck, als finde eine persönliche Abrechnung statt, ein vorsätzliches und gezieltes Attentat. Als entlade sich in dem fatalen Schuss ein aufgestauter Hass nicht nur auf die Regierung, sondern auf Hegetschweiler selber. Als habe da einer den Tumult ausgenützt, um Rache zu üben. Wer war der Schütze, der Hegetschweiler niedergestreckt hatte? Und warum?

6. September 1839. *Zur Unterstützung gesetzlicher Ruhe und Ordnung*

«Herrjessesgott!» Sie hat geklopft, dann gleich die Kammertür aufgestossen, steht nun bleich und faltig im fahlen Licht, ein Tuch um die Haare gebunden, eine Strickjacke über dem langen Nachthemd, Pantoffeln an den Füssen. Barbara von Dürler, geborene Gossweiler, seine Mutter. «Die Magd», stösst sie hervor, die Stimme will ihr versagen vor Aufregung. Sie habe sie auf den Markt geschickt, doch sei sie mit leerem Korb zurückgekehrt. Bewaffnete überall, es werde geschossen, Tote und Verwundete lägen in der Poststrasse und auf dem Münsterhof. «Der Herr Regierungsrat Hegetschweiler ist niedergeschossen worden.»

Dürler stockt der Atem. «Das darf nicht wahr sein!»

«Die Leute erzählen sich das. Sagt die Magd.»

«Wenn alles wahr wäre, was Mägde tratschen!»

Ein nervöses Schluchzen erfasst die Mutter und schüttelt sie. Das alte Leiden, seit der Vater tot ist. Kein Arzt kann helfen und keine Kur. Friedrich fasst sie sacht am Arm, führt sie zu einem Stuhl, wo sie sich niedersetzt, ihr Gesicht in den Händen birgt.

«Keine Angst, Mutter.»

Er streicht ihr mit einer Hand über den Rücken, spürt ihre Rippen, die vorspringenden Schulterblätter, den schmalen Körper. Verhärmt, vertrocknet.

«Wenn ich dich nicht hätte, mein guter Friedrich.» Sie greift nach seiner Hand. «Ist Krieg? Musst du ins Militär?»

«Ein Aufruhr», sagt er. «Leute vom Land, die sich betrogen fühlen von der Regierung. Verführt von Pfaffen und Aristokraten, die ihre Not missbrauchen, um die neue Ordnung zu stürzen.»

«Sprich nicht so grob, Friedrich.»

«So ist es, Mutter.»

«Und was sollen wir tun?»

«Warten. Der Sturm zieht vorüber, wie er gekommen ist. Man hört ja schon nichts mehr.»

«Glaubst du? Die Magd hat Kanonen gesehen, drüben im Feldhof. Wenn sie schiessen? Sie könnten unser Haus treffen.»

«Sie werden nicht schiessen. Die meisten Truppen halten zu den Aufständischen. Niemand wird Haubitzen auf seine eigenen Brüder abfeuern.»

Schliesslich beruhigt sich die Mutter, murmelt eine Entschuldigung, zieht sich zurück, um sich anzukleiden.

Friedrich von Dürler lässt sich von der Magd seine Offiziersuniform bringen, der blaue Stoff ist sauber gebürstet und riecht nach Kampfer. Er steigt in die engen Hosen, zwängt sich in den Waffenrock, den «Schinkenklopfer», gürtet den Degen um. Aus dem Spiegel blickt ihm ein anderer Mensch entgegen, sein Gesicht ist weich, die dunklen Augen verträumt, unter dem Schild des Tschakos kringelt sich ein Kranz schwarzer Locken. Er reckt sein Kinn, beisst die Zähne zusammen, spannt die Muskeln. Jetzt wirkt sein Blick härter, entschlossener. Ein Kämpfer, Hauptmann der Bürgerwache, bereit, Befehle zu empfangen und zu erteilen.

Er greift sich die Verordnung vom Gestell, die ein Amtsdiener schon im Februar ins Haus gebracht hat. *Hochzuverehrender Herr! Die herrschende Stimmung in der gegenwärtigen Bevölkerung der Stadt und der Umgegend lassen befürchten, dass Ruhe und gesetzliche Ordnung untergraben und das Panier der Willkür und Ungesetzlichkeit aufgepflanzt werde. An jeden braven Bürger ergeht der Ruf zur Unterstützung der Gesetze, zur Befestigung der Ordnung. (…) Wollen Sie diesem Rufe folgen, und zur Unterstützung gesetzlicher Ruhe und Ordnung nach Ihren besten Kräften mitwirken, so ersuche ich Sie, sich sogleich bewaffnet auf die untere Brücke zu begeben, und sich dort unter die Befehle der Stadtpolizei zu stellen.*

Draussen scheint sich die Lage beruhigt zu haben, kein Schiesslärm ist mehr zu hören. Friedrich setzt sich in die Stube an den Tisch. Die Magd trägt Kaffee auf, Brot und Butter. Sie hüstelt und räuspert sich, als wolle sie erzählen. Doch er fragt nicht, lässt sich das Frühstück schmecken. Ein Aufstand ist schlimm, doch ein leerer Magen macht ihn noch schlimmer. Wer weiss, wann Verpflegung an die Bürgerwache ausgegeben wird. Er rückt ohnehin zu spät ein, wird eine Ausflucht finden müssen. Jetzt kommt es auf eine halbe Stunde nicht mehr an.

Dass Hegetschweiler gefallen sein soll, hat ihn tief getroffen. Hegetschweiler, der Held vom Tödi! Er muss in Erfahrung bringen, was geschehen ist. Ein Grund mehr, das Haus zu verlassen, sich der Pflicht zu stellen.

Nach dem Frühstück reinigt er mit einem Lappen seine Pistole, entfettet den Lauf, stöpselt einen Schuss und steckt sie ein. Dann wischt er den Degen blank, lässt sich von der Magd die Epauletten und das Lederzeug in Ordnung bringen. «Seien Sie vorsichtig, Junker Friedrich», sagt sie leise. «Die Leute vom Land sind wild und wütend.»

Die Mutter steht bei der Tür, ihre Augen sind gerötet.

«Weine doch nicht, Mutter.»

«Du willst also einrücken?»

«Ich muss, Mutter. Ich bin Offizier der Bürgerwache.»

«Pass auf, es ist gefährlich.»

«Die Schlacht ist geschlagen», sagt er leichthin. «Ein kleiner Spaziergang, du wirst sehen. Am Abend bin ich wieder zu Hause.»

«Ich habe Angst um dich, mein Sohn, mein Einziger.»

«Schon gut, Mutter. Ich geb acht. Wenn eine Kugel auf mich zufliegt, bücke ich mich rechtzeitig.»

Er lächelt, doch sie bleibt ernst. Der leidende Blick und die Kummerfalten in ihrem Gesicht erinnern ihn an seinen Aufbruch vor zwei Jahren, von Bad Stachelberg in Linthal aus. Nicht um eine militärische Schlacht zu schlagen, sondern um den Berg anzugreifen und zu besiegen. Auch damals hatte ihn die Mutter zurückhalten wollen mit ihrer Angst. Er hatte sie beruhigt, man habe ja nur einen Spaziergang vor. Ein Spaziergang auf den Tödi war es geworden.

6. September 1839. *Blut aus seinem Munde fliessend*
Heinrich Weiss verlässt kurz nach Hegetschweiler das Postgebäude mit einem unguten Gefühl. Er hat kein Vertrauen zu seinem Amtskollegen, mit dem ihn seit zwei Jahren eine intime Feindschaft verbindet. Ein Wendehals ist er, ein Verräter gar, vermuten einige. Wer weiss, ob es ihm gelingt, den Pöbel von den Zeughäusern fernzuhalten, eine blutige Abrechnung zu verhindern. Weiss will Oberst Hirzel aufsuchen, von ihm *eine Sicherheitswache für das Posthaus* anfordern. Das Militär muss die Regierung schützen, wozu ist es sonst da? Um sich selber zu schützen, wie es jetzt den Anschein macht?

Durch die Poststrasse hastend, hört Weiss einen Schuss fallen, fliehende Landleute stürzen ihm entgegen, schreien: «Die Kanone, sie feuern die Kanone!» Von Panik getrieben rennen sie an ihm vorbei, erkennen ihn nicht. Zum Glück! Einige sassen vielleicht bei ihm in der Schulstube, als er noch Lehrer war in Fehraltorf. Andere hat er als Amtsrichter verurteilt. Er wischt die Gedanken an früher weg. Eilt weiter, sieht beim Hotel Baur *an der westlichen Ecke desselben, 4 Fuss davon, einen wohlgekleideten Mann im blauen Überrock auf dem Pflaster, den Kopf nach Südosten gewendet und auf dem Rücken liegend.*

Es kann nicht einer der zerlumpten Landstürmer sein, die wie Hasen davonlaufen oder sich über ihre verletzten Kameraden beugen, die sich jammernd und stöhnend in der Poststrasse im Dreck wälzen. Vor ihm liegt ein Herr. Hegetschweiler! fährt ihm wie ein Blitz durch den Kopf. Sein Amtskollege, sein Freund und Feind! Die *fürchterliche Wahrheit* sticht Weiss ins Herz: *Er war es!*

Er kniet neben ihm nieder, ergreift seine Hand, lässt sie gleich wieder fahren. Kalt ist sie, eiskalt, als sei alles Leben schon aus ihr gewichen. *Ohne Bewusstsein lag Hegetschweiler da, das rechte Auge hoch angeschwollen und Blut aus seinem Munde fliessend.*

Den Schuss hat er gehört, das Attentat selber nicht mit eigenen Augen beobachtet. *Ein glaubwürdiger Augenzeuge, dessen Wahrheits-*

liebe von keiner Partei bezweifelt wird, wird ihm später berichten, der Kavallerieleutnant Fenner sei schon weggeritten gewesen, als er Hegetschweiler zwischen dem Hotel und den davor abgestellten Chaisen taumeln und dann an der Ecke niedersinken sah.

«Hegetschweiler! Was ist geschehen?», ruft Weiss den Bewusstlosen an, doch der zeigt keine Regung.

Zwei Jahre zuvor hat er seinem Regierungskollegen eine politische Niederlage bereitet, von der er sich nie mehr erholte. Weiss hatte die Motion veranlasst, die verlangte, dass die Sitze im Grossen Rat nach dem Verhältnis der Bevölkerung bestimmt und damit die Privilegien der Stadt endgültig beseitigt würden. Zürich beanspruchte noch immer einen Drittel aller Mandate im Kanton. Nach dem neuen Gesetz würden der Stadt nur noch dreizehn der zweihundert Sitze zustehen. Proporzwahl in Wahlkreisen, das war der Schritt in die wahre Demokratie!

Eine einzige Stimme erhob sich im Rat gegen die Motion, eine Stimme, die alle überraschte: Hegetschweiler! Der Redner von Uster! Der Vorkämpfer für die Rechte der Landschaft! Jetzt wandte er sich offen gegen den Fortschritt. *Meine Ansicht ist, dass keine Änderung nach demokratischer Richtung nöthig ist, viel eher nach konservativer Richtung, zur weisen Bewahrung des glücklich Errungenen.* So setzte er an, verhedderte sich in Wortschwällen, fand kein Ende. *Unendliche Rede,* verhöhnte man, was Hegetschweiler im Juli 1837 im Grossen Rat vortrug. Er behauptete, das Volk wünsche das proportionale Wahlrecht nicht. Die Parteien wollten damit die gemässigten Kräfte der Mitte ausschalten und die Einheit des Kantons gefährden. *Als man vor sechs Jahren die Verfassung änderte, war nur Eine Stimme, Zürich habe sich loyal benommen, und habe durch sein Benehmen die Eidgenossenschaft gerettet. Man sagte damals, man werde diess nicht vergessen. Kaum sind sechs Jahre vorüber, so will man ohne wichtige Gründe ein ganz neues Experiment machen.*

Der Präsident des Grossen Rates, Jonas Furrer aus Winterthur, mahnte Hegetschweiler mehrmals zur Kürze. Als sein Redestrom endlich versiegte, erwiderte Heinrich Weiss, ein solches Votum sei keiner Antwort würdig. Seither haben sie kaum mehr miteinander gesprochen, sind sich aus dem Weg gegangen.

Mit aller Kraft versucht Weiss, den bewusstlosen Hegetschweiler aufzuheben, doch er ist schwer wie ein Mehlsack. Sein Kopf kippt nach hinten, Blut tropft Weiss auf die Hände, erfüllt ihn mit Ekel. Leute rennen vorbei, er ruft, er schreit, doch niemand will ihm beistehen.

Die Truppen, die eben noch *10 Schritte* entfernt standen, haben sich zurückgezogen. Als er sich umschaut, wer noch Hilfe leisten könnte, sieht er am Tiefenhof eine *Haubitze* auffahren, ihr Rohr richtet sich gegen die Poststrasse. Wenn sie schiessen, sind wir verloren, fürchtet Weiss. Er lässt Hegetschweiler liegen, eilt über den Paradeplatz zum Arsenal, schreit den Artilleriehauptmann bei der Kanone an: «*Um's Himmelswillen, ohne Noth keine Kartätschen.*» Er deutet hinüber zum Hotel Baur und zur Poststrasse, wo kaum mehr ein Mensch zu sehen ist. Die Landstürmer haben sich zerstreut oder sind geflohen. Sein Befehlston wirkt, schliesslich war er Oberst im Militär. Der Hauptmann schüttelt den Kopf. «Es gibt keinen Befehl zum Schiessen. Und auch wenn es einen gäbe ... Da drüben sind unsere Brüder, unsere Väter.»

Weiss fragt nach dem Kommandanten, eilt zum gelben Zeughaus «In Gassen», das voller Truppen ist, die sich zurückgezogen haben. Feindselig starren ihn die jungen Soldaten an, die auf dem Boden hocken oder an den Wänden lehnen, Angst und Wut in ihren Augen. Treppauf, treppab stürmt Weiss, sucht Oberst Hirzel, hört, dass jemand sagt: «Hegetschweiler ist tot.»

Er hastet über den Platz zurück zum Feldhof, sieht wie Männer bei den Kutschen vor dem Hotel Baur einen leblosen Körper aufheben und wegtragen.

Er hat jetzt keine Zeit, sich weiter um Hegetschweiler zu kümmern, sei er nun tot oder schwer verwundet. Noch immer sucht er nach dem Kommandanten Oberst Hirzel, findet ihn auch in seiner Wohnung im Feldhof nicht.

Dann hört er Trommelwirbel, tritt ans Fenster. Truppen rücken in militärischer Ordnung durch die Poststrasse an. Oberst Zieglers Stadtbürgerwache ist zu den Aufständischen übergegangen, die Konservativen haben die Macht übernommen, in der Stadt, im Kanton, im Staat.

6. September 1839. *Eis!*

Der radikale Regierungsrat Hans Kaspar Hirzel aus Oberengstringen und Professor Johann Ulrich Fäsi heben den schwer Verletzten auf ihre Arme, zwei Gehilfen packen seine Beine. So tragen sie ihn über die Strasse zum Postgebäude. Blut rinnt über Hegetschweilers Gesicht, hinterlässt eine Tropfenspur auf dem Pflaster. Jemand eilt ihnen nach mit dem Gehstock und dem Hut, der unter eine Droschke gerollt ist. Vorsichtig gehen sie im Schritt, die Strasse ist übersät mit Knüppeln und Stecken, die die Fliehenden weggeworfen haben.

In der Post legen sie Hegetschweiler auf ein Strohlager in einem Zimmer auf der Westseite, trübes Licht fällt durch ein vergittertes Fenster, das gegen den Fröschengraben hinausgeht. Der greise Meyer von Knonau stürzt ausser Atem in den Raum, sein schmales Gesicht ist wachsbleich.

«Ein Arzt, wir brauchen einen Arzt», ruft ihm Fäsi zu.

Meyer hastet zurück ins Sitzungszimmer, dann in den Posthof, wohin sich Räte, Postdiener und Leute von der Strasse geflüchtet haben. Dort findet er Regierungsrat Hans Ulrich Zehnder, der Arzt ist.

Zehnder beugt sich über den Verletzten, schüttelt den Kopf. «Ohne Verbandstoff und Instrumente kann ich nichts tun.» Wieder eilt jemand davon, medizinisches Zubehör aufzutreiben.

Meyer greift in seine Hosentasche, reicht Zehnder ein *reines weisses Taschentuch*. Vorsichtig tupft der Arzt das Blut von der rechten Gesichtshälfte des Verletzten. Aus einer Arterie neben dem Auge quillt es in pulsierenden Stössen. Zehnder versucht, die Blutung zu stillen, indem er das Tuch auf die Wunde drückt. Dabei sieht er, dass unter dem Mund und neben dem rechten Auge die Haut aufgerissen ist.

«Zwei Streifwunden und weitere Einschüsse», stellt er fest. «Wahrscheinlich Schrot. So wie die Wunde aussieht.»

«Schrot? Woher Schrot?»

«Aus einer Jagdflinte nehme ich an.»

Regierungsrat Jakob Fierz tritt ein, erkundigt sich nach dem Zustand des Kollegen. Er bleibt im Raum, schreitet auf und ab mit düsterer Miene. «Ich glaube, der Anschlag hat mir gegolten», murmelt er in den Bart. Hegetschweiler war beliebt auf dem Land, er dagegen ist verhasst, seit er die Fabrik in Uster verteidigt hat, mit einem Regenschirm und seiner Bärenkraft. Viele hat er hinter Schloss und Riegel gebracht, noch immer liegen die Brandstifter in Kettenhaft. Ein Zucken fährt über sein Gesicht, er wischt sich mit dem Handrücken einen Tropfen von der Nase. Sieht die Stunde der Abrechnung nahe. Vielleicht werden noch weitere Köpfe rollen, gelyncht vom johlenden Pöbel. Geteert, gefedert, durch die Strassen geschleift wie zur Fasnacht die Puppen von Strauss und Scherr.

Dann ballt der Hüne Fierz seine Fäuste. «Meine Haut jedenfalls wird teuer verkauft.» Rasch verlässt er den Raum.

Endlich bringt jemand weisse Stoffbinden. Zehnder beginnt einen Verband vorzubereiten. Da dreht Hegetschweiler unvermittelt den Kopf, reisst das unversehrte Auge halb auf und sagt leise zu Meyer: *«Venae sectio am Fuss!»*

«Dank Gott, er kommt zu Bewusstsein!»

Meyer wiederholt Hegetschweilers Wunsch nach einem Aderlass, Zehnder nickt. *«Am Arme, so nah an der Wunde als möglich, sobald wir ein Instrument haben!»*

Mit dem Aderlass versuche er, den Blutdruck zu senken und die Kopfwunde zu entlasten, erklärt er. Er werde den Eingriff in der Armbeuge vornehmen, nicht am Fuss. Dann schickt er einen Diener zu einem Bader oder Barbier, um einen Aderlassschnäpper zu beschaffen.

Meyer ergreift Hegetschweilers Hand, redet beruhigend auf ihn ein. «Alles wird gut. Ein Streifschuss, nur Schrot. Es kann nicht allzu schlimm sein. Sie werden durchkommen, Herr Staatsrat.»

Hegetschweiler deutet ein Nicken an. Spricht dann laut und deutlich ein Wort: «*Eis!*» Dann fällt sein Kopf zur Seite, er versinkt wieder in Schmerz, in Halluzinationen und Träume.

Januar 1837. *Eine kleine Revolution*

Im Jahr 1837 kündigte sich politisches Ungemach an, im Januar schon, der mit eisiger Kälte begonnen hatte. Besorgt studiert Hegetschweiler die Zeitungen, die von einem Aufstand in Glarus berichten, wo die Besitzer der grössten Stoffdruckerei eine Glocke in einen Turm aufs Fabrikdach gehängt haben, die Anfang und Ende des Arbeitstags künden soll. Wer zu spät erscheint oder zu früh die Arbeit verlässt, wird fortan gebüsst. *Unter unsern Fabrikarbeitern ist eine kleine Revolution ausgebrochen, deren Ende noch nicht vorauszusehen ist,* schreibt der Glarner Korrespondent der Neuen Zürcher Zeitung.

Das kann nicht gut gehen, denkt Hegetschweiler und erinnert sich an den Ausbruch der Gewalt gegen die Weberei in Uster, gegen Fortschritt und Mechanisierung. Eine Glocke auf dem Fabrikdach! Ein Frevel in den Augen frommer Christen, ein Affront gegen das arbeitende Volk. Man raubt der Kirche die Glocke und den Arbeitern die Freiheit. Und so geschieht, was auch in Uster geschehen ist. Eine Menge zieht gegen die Fabrik, mit Stecken bewaffnet und in entschlossener Wut. Nur der Mut der vier Söhne des Fabrikanten Egidius Trümpy verhindert eine Brandkatastrophe. Die Trümpys stellen sich selber vor ihr Unternehmen, reden mit den aufgebrachten Arbeitern und können sie davon überzeugen, dass mit der Fabrik auch ihr Brotkorb verbrennen würde. Schliesslich sitzen Fabrikherren wie Fabrikarbeiter im gleichen Boot, der Fortschritt hebt den allgemeinen Wohlstand und, wenn er gerecht verteilt wird, kommt er allen zu Gute.

Grosses Unheil war abgewendet, doch der Unmut schwelt weiter. Die Regeneration, die neue Ordnung, hat den einfachen Menschen mehr versprochen, als sie halten kann. Die Liberalen haben mit ihren Ideen die Macht errungen, doch nun zeigt sich, dass man Ideen nicht essen kann und dass sie im Winter nicht warm geben.

«Was haben wir falsch gemacht?», fragt Dietrich Schindler, der tapfere Begleiter am Tödi, als man sich bei einem Bankett gegenübersitzt. Schindler ist zur Tagsatzung nach Zürich gereist. Hegetschweiler prostet seinem Freund zu. «Vierunddreissiger», sagt er. «Guter Jahrgang. Seither ist wenig Gutes dazu gekommen.»

Schindler ist anderer Meinung. Glarus sei auf dem Weg in die Zukunft. Die Industrie blühe, man erschliesse rund um den Globus neue Märkte. «Die Türken sind wie verrückt nach unseren bunt bedruckten Tüchern. Unsere Agenten sitzen in Konstantinopel, in London, in Genua und Lissabon, unsere Unternehmer betreiben Flotten mit eigenen Schiffen. Der freie Handel auf dem Kontinent kommt, und es kommt noch mehr. Die ganze Welt wird ein einziger Handelsplatz werden.»

Er nimmt einen Schluck, verzieht sein Gesicht, fährt dann weiter. *Auf jedem Handelsplatz der Erde trifft man sicherlich einen Glarner und einen Juden.* Das habe ein Schriftsteller schon im vergangenen Jahrhundert geschrieben. Ein Visionär der Globalisierung von Verkehr und Handel. Schindler lacht. «Gebt nur acht, dass man neben dem Juden und dem Glarner auch da und dort noch einen Zürcher findet.»

«Geht nicht alles viel zu schnell? Das Volk braucht Zeit, es braucht Geduld. Der rasende Fortschritt, die Mechanisierung und Liberalisierung überfordern den einfachen Mann.»

«Der einfache Mann ist stets überfordert», wischt Schindler Hegetschweilers Bedenken vom Tisch. «Köpfe brauchen wir! Hände haben wir mehr als genug, Hände sind wohlfeil. Der Aufschwung beginnt im Kopf.» Er hebt das Glas. «Auf die Zukunft! Wir sind auf dem richtigen Weg!»

«Auf die Zukunft.» Es klingt nicht überzeugt, Hegetschweilers Stimme ist ein müder Widerhall jener Zeit, als sie zusammen auf den Tödi kletterten und beinahe den Gipfel erreichten.

«Erinnerst du dich noch, Johannes? Wie wir auf der Sandalp philosophierten?»

Hegetschweiler blickt ins Glas, auf dessen Grund sich feine Weinkristalle gesammelt haben. Vierunddreissiger. Das Jahr, in dem er den Tödi ein letztes Mal versucht hat.

Er hat Angst, gewiss. Aber er weiss auch, dass man der Angst keinen Raum geben soll, sonst lähmt sie einen und man ist verloren. Das hat er am Berg gelernt. Mit grösster Willensanstrengung geht er den Tagesgeschäften nach, Sitzungen, Verhandlungen, Essen mit Politikern, mit Freunden. Er hat Fett angesetzt, muss zum Schneider, denn Hosen und Jacken sind ihm plötzlich zu eng, der Stoff spannt überall, die Nähte dehnen sich. Alles ist ihm zu eng geworden: Die Wohnung an der Schipfe, die Stadt, die Ämter und Aufgaben, die Politik. Mühselig wälzt er seine Arbeit an der «Flora der Schweiz» vor sich her. Er sehnt sich danach zu wandern, zu botanisieren, zu forschen.

Sommer 1837. *Gekränkt vom Radicalismus*

Gelegentlich beugt er sich über einen Bogen Papier, die Feder in der Hand, auf der die Tinte eintrocknet. Er sitzt, und durch seinen Kopf ziehen Nebel in schwarzen Schlieren, tintenschwarz, nachtschwarz. Keinen klaren Gedanken mag er fassen, kein Satz fliesst ihm aufs Papier. Bis ihn eine Stimme in die Gegenwart holt.

«Johannes! Was ist?»

Katharina ist eingetreten, mit einem Brief der Tochter, die man zur Erziehung und Bildung nach Colombier ins Welschland geschickt hat. Eine welt- und sprachgewandte Dame soll sie werden, neunzehn Jahre alt ist sie, hübsch und fröhlich. Bald werden sich die Kavaliere nach ihr umdrehen. Ein Lichtblick sind auch ihre Briefe. Er nimmt das Schreiben entgegen, das seine Frau schon gelesen hat, sie tauschen ein Lächeln aus. «Ach, unser Kätherli ...»

Er liest, richtet sich auf, der schwarze Nebel in seinem Kopf ist verweht. Der Onkel Statthalter habe ihr einen Brief geschickt. *Du bleibst das alte, gute Kätherli? an Dir hängt Herz und Auge deiner Eltern und Verwandten; nicht wahr du täuschest die frohen Erwartungen die wir von Dir hegen nicht?* Das hat sein jüngster Bruder Johann Jakob, Arzt und Statthalter in Rifferswil, seiner «guten, frommen Niece» ins Welschland geschrieben. Ein Brief voller Anspielungen und Wünsche, die die junge Frau zu bedrücken scheinen, ohne dass sie es direkt aussprechen kann. *So hoffe ich, dass Du Deinen Eltern manchen Kummer über ihre Kinder versüssen wirst ...* Sollte sie also die Last mittragen, die den Eltern aufgebürdet ist durch ihre beiden Brüder, die Bummelstudenten, die ihnen Kummer bereiten? Sogleich wandelt sich der Lichtblick in neue Schwermut. Hegetschweiler fühlt sich mit seinen Kindern überfordert. Sein Bruder Johann Jakob kümmert sich um den älteren Sohn Fritz, den der Vater ins Medizinstudium gedrängt hat, wozu er jedoch keinerlei Neigung und Begabung zeigt. Er treibt sich mit radikalen Studenten in Kneipen herum, bis man ihn nach Rifferswil zum Onkel in die «Verbannung» schickt, um ihn den Versuchungen, dem Sündenpfuhl der Stadt zu entziehen. *Sein Leichtsinn, und die unbegreifliche Gedankenlosigkeit über seine Zukunft sind leider grosse, nur schwer zu behebende Hindernisse seiner sittlichen und wissenschaftlichen Ausbildung,* klagt der Onkel. Als radikaler Student lehnt sich Fritz gegen den Vater auf, fühlt sich bei seinem Onkel besser verstanden, ist er doch selber fortschrittlich gesinnt, ein entschiedener «Straussianer». Die Harmonie der glücklichen Familie zerbröckelt.

In dieser düsteren Stimmung hat er die unselige Rede gehalten, im Juli 1837 im Grossen Rat, die «unendliche Rede», über die selbst ehemalige Freunde spotten. Die Rede, mit der er sich aus der liberalen Politik verabschiedet, *der ganz in einen ängstlichen Konservativen umgewandelte Regierungsrat Dr. Hegetschweiler.* Der Wendehals im Urteil der Fortschrittlichen.

Selbst sein gemässigter Freund Meyer von Knonau urteilt konsterniert, *Hegetschweiler hatte aus einem eifrigen, oft misstrauischen Liberalismus, gekränkt vom Radicalismus, erschüttert durch freimaurerische Einflüsse und erfüllt von Besorgnissen über die Wirkung der Ochlokratie, zu einem ängstlichen Stabilismus den Übergang genommen, der ihn bewog, starr gegen dasjenige anzukämpfen, was er zum Theil selbst veranlassen geholfen hatte.*

Ende Jahr, am 19. Dezember 1837, stimmt er mit den Konservativen gegen das Gesetz, das ein proportionales Wahlrecht einführt im Kanton. Er stimmt dagegen, weil er glaubt, der Fortschritt würde zu schnell vorangetrieben. *Die einfache Klugheit erfordert, wenn man ein Gut errungen, ihm Sorge zu tragen.* Das Volk, so ist er überzeugt, will nicht weiterstürmen. Es will Ruhe, es will Sicherheit, es will Gesundheit und Wohlstand. *Viele Wünsche für materielle Erleichterung habe ich aus dem Volke vernommen, aber auf Änderung der Repräsentation geht kein Volkswunsch.*

August 1837. Rothe Fahne auf dem Gipfel des Tödi

Schlag auf Schlag erschüttert ihn in diesem fatalen 1837. Dietrich Schindler, im Juli zum Landamman gewählt, berichtet aus Glarus, dass sich die katholischen Gemeinden Näfels und Oberurnen der regenerierten Verfassung widersetzen und sich an ihre alten Sonderrechte klammern. Während dreihundert Jahren war der kleine Kanton durch einen Landesvertrag geteilt in einen katholischen und einen reformierten Staat mit eigenen Landsgemeinden, eigenen Gerichten. Im Zug der neuen Zeit hat man sich zusammengerauft, doch nun widersetzen sich die altgläubigen Separatisten dem Fortschritt. Schindler bietet Truppen auf, sucht Unterstützung bei den benachbarten Kantonen, ein Religions- und Bruderkrieg droht. Am 19. August beschliesst der Zürcher Regierungsrat, das Infanteriebataillon Brunner und eine Scharfschützenkompanie auf Pikett zu stellen und Truppen nach Stäfa zu verschieben, von wo sie in kurzer Zeit ins Glarnerland einrücken könnten.

Zwei Tage später sitzt Hegetschweiler auf der Zinne seines Hauses an der Schipfe, es ist Abend, die Sonne schwebt über den Baumkronen des Lindenhofs, Schatten streifen die Neue Zürcher Zeitung, durch die er blättert. Er blickt auf, ein Weidling wird auf der Limmat stromaufwärts gestachelt, Wellen und Wirbel tanzen im Licht. Dann vertieft er sich wieder in die Zeitung, liest die Nachrichten aus Glarus. Ist in Gedanken bei seinem Freund Schindler. *Die bemittelten Bürger von Näfels haben der Verfassung gehuldigt. (...) Aber der Pöbel ist wüthend, droht mit Brandlegung, und scheint Flinten und Munition in Näfels zu wissen.*

Hegetschweiler schüttelt den Kopf, dann fällt sein Blick auf eine weitere Nachricht im Blatt, das «merkwürdige Ereignis» trifft ihn wie ein Hieb. *Der für unersteiglich gehaltene Tödiberg ist vorige Woche von 3 Bauern aus den Obbordbergen bei Linthal glücklich erstiegen worden. Sie haben ein Fähnchen auf der Höhe aufgepflanzt, das wir durch Perspektive deutlich sehen können.*

Der Tödi bestiegen! Diesmal von Norden, auf seinem Weg! Thut!, schiesst ihm durch den Kopf. Thut hat es gewagt, mit zwei Begleitern. Thut wohnt auf den Obbortbergen. Doch rückt der Wasserdoktor schon gegen die sechzig, und ohne einen Herrn, der ihn für die Expedition bezahlt, würde der schlaue Hans wohl kaum eine solche Unternehmung wagen. Eine Zeitungsente also, wie vor drei Jahren?

Der Bericht ist jedoch noch nicht zu Ende: *Verflossenen Freitag aber ist Hr. Friedrich Dürler von Zürich mit den nämlichen Leuten und besser ausgerüstet, dem Tödi zugewandert, in der Absicht, in der obern Sandalp zu übernachten, und am Samstag die Spitze zu besteigen.*

An dem Samstag also, als Hegetschweiler im Rat hockte, als man über militärische Unterstützung für Glarus gestritten hat, ist ein junger Zürcher mit drei Hinterländer Bauern auf den Tödi geklettert. Der Mann ist ihm kein Unbekannter, manchmal begegnet er dem schwarzgelockten Junker in der Stadt, man nickt sich zu, grüsst flüchtig, geht weiter. Friedrich von Dürler, Sekretär der Armenpflege. Ein Amtsschreiber, ein wissenschaftlicher Dilettant, ein so genannter Turner, der seinen Körper mit den neumodischen Leibesübungen des deutschen Turnervaters Friedrich Ludwig Jahn stählt. Ein Schnösel und Modegeck, der nicht einmal ein Studium abgeschlossen hat.

So hat sich also die Welt verändert. Nicht mehr ernsthafte Forscher erklimmen die Berggipfel, sondern Bauern und junge Stadtburschen spazieren über die Gletscher, foutieren sich um die Wissenschaft und freuen sich, einfach oben zu stehen, in die Weite zu blicken, ihren Wein zu trinken, Speck und Brot zu verspeisen und eine Fahne zu schwenken. Der letzte Satz verschwimmt vor seinen Augen.

Samstags 1 Uhr. So eben sehen wir die rothe Fahne auf dem Gipfel des Tödi flattern.

Die Fahne des Aufruhrs auf dem heiligen Berg! Mein Gott, mein Gott! Hegetschweiler faltet die Zeitung, schiebt sie zur Seite. Die Sonne ist hinter den Lindenhof gesunken. Lange bleibt er im Schatten sitzen, blickt auf den Fluss und hinüber zu den Türmen des Grossmünsters, hinter denen sich die Alpen mit Haufenwolken verhüllen. Ein warmer Abend, doch Hegetschweiler fröstelt.

6. September 1839. *Machen Sie, dass Sie fortkommen!*

Als Hauptmann Friedrich von Dürler dem Hotel Baur entlangschreitet, spürt er die Spannung knistern wie im Gebirge vor einem Gewitter. Jede Sekunde kann ein Blitzschlag durch die Luft zischen. Er hört schon, wie es sich dumpf und rollend heranwälzt vom Münsterhof, doch es ist kein Gewitter, es ist eine Kompanie der Bürgerwache, die in Viererkolonne durch die Poststrasse marschiert. Trommeln schlagen, Scharfschützen bilden die vordersten Glieder, das Gewehr mit aufgestecktem Säbel geschultert, hämmern ihre Stiefel im Takt aufs Pflaster. An der Spitze schreitet ein Schnauzbärtiger in der Uniform eines Infanteristen, auf dem Kopf den Obristenhut, am Gürtel baumelt der Degen: Stadtpräsident Ziegler. Hinter der Truppe drängt sich in respektvoller Distanz ein wilder Haufe, Männer mit Stöcken und Äxten, Pistolen und was der privaten Waffen mehr sind: der Landsturm. Stadt und Land, die alten Feinde, marschieren gemeinsam. Marktfahrer, fliegende Händlerinnen, städtische Hausknechte, Handwerker, Mägde und Kinder säumen die Strasse und applaudieren dem merkwürdigen Defilee. Auf den Balkonen und in den Fenstern des Hotels Baur klatschen Damen und Herren, die wie aus Theaterlogen dem Schauspiel der Kämpfe beigewohnt haben, obwohl die Fassade Spuren von Einschüssen zeigt. Abgeordnete der eidgenössischen Tagsatzung stehen neben dem französischen Gesandten Graf Charles Henri Mortier und seiner Gattin, der die Ereignisse als *une belle révolution* kommentieren wird. Kusshände und spitzenbesetzte Seidentücher winken der Truppe zu, Blumen fliegen. Ein Soldat bückt sich, hebt eine Rose auf und steckt sie in den Lauf seines Gewehrs. Beim Diner werden sich die Herrschaften prächtig über den aufregenden Morgen unterhalten können.

Friedrich von Dürler salutiert, als Oberst Ziegler an ihm vorbeimarschiert. Mit einem Handzeichen bedeutet ihm der Stadtpräsident, der offensichtlich das Kommando übernommen hat, sich der Truppe anzuschliessen. Von Dürler gehorcht, Ziegler ist auch zivil sein Vorgesetzter.

«Abteilung Halt, eins, zwo!»

Vor dem Hotel Baur stellt sich die Stadtbürgerwache in Schützenlinie, nimmt die Gewehre in Anschlag. Die Kadetten am Eingang zu «In Gassen» beim Zeughaus lassen ihre Waffen sinken. Ihre Offiziere haben sich abgesetzt. Die jungen Soldaten sind unsicher und verängstigt ohne Führung. Sie ziehen sich zurück, bis sie mit dem Rücken zur Wand stehen.

Oberst Ziegler tritt vor, spricht den vordersten Kadetten an, ein Knabe noch, der den Kopf einzieht, auf seine Stiefelspitzen starrt.

Sein Vater steht vielleicht auf der Gegenseite, als Landstürmer oder Soldat der Bürgerwache. Ziegler erklärt ihm, dass die Schlacht geschlagen sei, und er das Kommando übernommen habe. Der Jungsoldat nickt, dann schallt ein Befehl: «Abtreten!»

Er nimmt Haltung an, schultert sein Gewehr, macht eine müde Wendung rechtsum und marschiert davon gegen den Talacker, zur Kaserne. Ein zweiter folgt ihm, dann eine Gruppe in lockerer Formation. Die Stadtbürgerwache geht gegen das Zeughaus und den Feldhof vor, Gewehr im Anschlag. Nichts rührt sich, die Kanone ist verschwunden.

«Gewehre geschultert!» Geordnet rücken sie ein, lassen die Kadetten ungeschoren davonziehen, obwohl sie geschossen und getötet haben. Nur das eine oder andere Schimpfwort fliegt ihnen hinterher, aber keine Kugel. Ziegler hat seine Männer im Griff. Über die gespenstische Szene rollt das Läuten aller Glocken der Stadt hinweg, eine düstere Begleitmusik.

Die Poststrasse ist verstopft mit Leuten vom Land, die ihre Stöcke heben und «Sieg!» schreien und «use!» und «abe!» und nicht mehr wissen, wohin sie sich wenden sollen. Ihre Führer sind in der Menge untergetaucht, vor den Zeughäusern und dem Arsenal hat die Bürgerwache bewaffnete Posten aufgezogen, lässt niemanden hinein. Einige drängen auf den Paradeplatz, andere zum Münsterhof zurück. Viele stehen mit den Händen in den Hosentaschen herum und warten auf irgendein Zeichen. Übernächtiger Schweissgestank und Schnapsfahnen umwehen sie. Ein Bauer packt ein Marktweib, dreht sich mit ihr im Tanz, während die andern rundum singen und den Rhythmus klatschen. Der Aufstand wird zum Volksfest.

Friedrich von Dürler bahnt sich einen Weg durch die Menge gegen die Post, vier Soldaten der Bürgerwache folgen ihm. «Postgebäude bewachen!», hat der knappe Auftrag Zieglers gelautet.

«Zu Befehl, Herr Oberst!»

Dürler wird bewusst, wie schnell er die Seite gewechselt hat. Vor kurzem hat er noch mit seinen liberalen Freunden Wein getrunken und diskutiert, wie die Regierung und die Regeneration zu retten seien. Nun ist er ein Offizier der konservativen Streitmacht, die den Umsturz vollzogen hat. Gegen den Auftrag, das Postgebäude und damit Leib und Leben der gestürzten Regierungsräte zu schützen, hat er nichts einzuwenden. Oberst Ziegler weiss, wen er an welchen Posten beordern muss.

Beim Tor des Postgebäudes stellt Hauptmann von Dürler die Schildwachen, gibt Parole und Losungswort bekannt. Die Bürger in Uniform schultern ihre Gewehre, heben ihr Kinn, starren entschlossen und ernst geradeaus.

Ein Mann von stattlicher Statur tritt ins Freie, blickt sich um, Furcht in den sanften Augen. Dürler erkennt Bürgermeister Melchior Hirzel, der überrascht und erleichtert scheint, dass sich niemand auf ihn stürzt, den verhassten Radikalen im Regierungsrat, den Geschlagenen der Stunde.

«Sie stehen unter dem Schutz der Bürgerwache», erklärt Dürler.

«Meinen Sie unter Arrest, Herr Hauptmann?» Seine Hände knautschen die Halskrause, Schweiss perlt auf seiner Stirn.

«Mir ist diesbezüglich kein Befehl bekannt. Sie sind ein freier Bürger, Herr Bürgermeister, Sie können gehen, wohin Sie wollen.»

Doch Hirzel zuckt zusammen, als eine Stimme hinter Friedrich von Dürler schnarrt: *«Machen Sie, dass Sie fortkommen, wenn Ihnen Ihr Leben lieb ist!»* Oberst Ziegler ist es, mit einer bewaffneten Leibgarde, den gezogenen Degen in der Hand.

Der Bürgermeister sinkt in sich zusammen, bei seiner Grösse kann er nicht in der Menge untertauchen, man wird ihn sogleich erkennen. *«Bitte, begleiten Sie mich ein Stück, Herr Oberst»*, lispelt er.

«Wo denken Sie hin? Ich habe Wichtigeres zu tun.» Der Sieger dreht sich auf seinen Stiefelabsätzen, marschiert weg, die Leibwache folgt ihm. Die Menge bildet eine Gasse, einige klatschen, rufen «Hoch, er lebe hoch!»

Als Dürler den Kopf wendet, ist der Bürgermeister verschwunden.

Einen Weibel, der aus dem Postgebäude tritt, fragt er nach Hegetschweiler, bekommt ausweichende Antwort. Der Herr Regierungsrat sei noch am Leben, liege im Postgebäude, Ärzte kümmerten sich um ihn.

«Und die Regierung?», fragt Dürler.

«In Luft aufgelöst, verduftet», knurrt der Weibel, ein alter Mann mit grauem Gesicht und Stoppelbart. «Nur einen Putsch hat es gebraucht, und weg war sie.»

«Eine Konterrevolution.»

«Nennen Sie es, wie Sie wollen. Ich muss jetzt gehen.»

«Wohin?»

«Ins Stadthaus. Dort halten die neuen Herren Sitzung. Oberst Ziegler und das Zentralkomitee. Werden wohl einen Weibel brauchen. Weibel braucht es, was immer auch kommt.»

6. September 1839. *Gott! Dass diess hat geschehen müssen!*

Noch fiel hie und da ein Schuss. Heinrich Weiss hat sich in die Privatwohnung des Obersten Hirzel geflüchtet, im Feldhof hinter dem Arsenal, beobachtet hinter Vorhängen verborgen den Aufzug der Stadtbürgerwache auf dem Paradeplatz, den Verrat!

«Weg von hier», ruft ihm ein Uniformierter zu, der das Haus nach Frauen absuche, wie er sagt, die zu evakuieren er Befehl habe. Man müsse die Flucht ergreifen, sei hier des Lebens nicht mehr sicher. Doch Weiss bleibt, sieht die Kadetten abziehen, einer nach dem andern mit hängendem Kopf. Welche Schande!, denkt er. Wenn sie sich wenigstens geordnet ergeben hätten, kapituliert in Ehren, wie das unter regulären Truppen der Brauch ist, das Feld geräumt mit Trommeln und Trompeten, die Offiziere an der Spitze. Nun schleichen sie sich davon, und die Offiziere hat der Stadtboden verschluckt.

Nach einer Weile stürmt Oberst Hirzel ins Zimmer. *Er sah sehr zerstört und angegriffen aus, troff vor Schweiss und konnte bloss die*

Worte hervorbringen: Gott! Dass diess hat geschehen müssen! stürzte ein Glas Wein hinunter und wieder fort.

Weiss packt beinahe Mitleid mit dem Mann, dem Offizier, der zwischen die Fronten geraten ist. Stadtbürger, der Stadt verpflichtet, Kommandeur kantonaler Truppen, die was verteidigen? Die Zeughäuser, also sich selber? Die Regierung verteidigen sie nicht, denn die sitzt im Postgebäude ohne Wache und Schutz. Hirzel hat Kanonen auffahren lassen und damit die Wut der Landstürmer auf sich gelenkt. Nun fürchtet er um sein Leben, stammelt wie ein verängstigtes Kind und läuft davon, als sei die Mutter hinter ihm her und wolle ihm Prügel verabreichen für ungehöriges Verhalten. *Dass diess hat geschehen müssen!*

Gegen Mittag macht sich Heinrich Weiss auf, um Bürgermeister Hess aufzusuchen und zu beraten, wie es nun weitergehe mit der Regierung und dem Staat. Die Strassen und Gassen sind vollgestopft mit Menschen, Bewaffneten und Mägden mit Marktkörben, Kindern, die umherstreunen und sich an dem Klamauk ergötzen, den die Alten angezettelt haben. Niemand nimmt von ihm Notiz. Niemand scheint Rache oder Lynchjustiz üben zu wollen. Es herscht ein Getriebe und Geschiebe wie jeden Markttag, es wird gekauft, gefeilscht, gestritten. Da und dort pflügen sich Abteilungen der Stadtbürgerwache in losen Kolonnen durch das Gedränge.

Um halb zwölf trifft Weiss im «Tannenberg» ein, der Privatwohnung des Bürgermeisters. Die Damen seien abgereist, erklärt ihm eine aufgeregte Magd, bittet ihn in die Küche, im Salon herrsche das Durcheinander des hastigen Aufbruchs. Er könne bei einer Tasse Kaffee auf den Herrn warten oder auf eine Gelegenheit, die Stadt zu verlassen. Es gebe Gerüchte, Offiziere seien in Frauenkleidern geflohen, aus Angst vor Rache. Ob er sich auch tarnen möchte? Es würde sich in den Schränken von Madame gewiss etwas Passendes finden.

Mein Gott, denkt Weiss. Was für Zeiten sind das? Da hat man eine Regierung, da hat man eine Armee, altgediente Männer, Politiker und Soldaten, die vaterländische Reden halten und geschliffene

Verlautbarungen formulieren, und kaum fegt ein Windstoss durchs Land, fällt alles in sich zusammen wie ein Kartenhaus, der Staat und die Revolution und die Regeneration und die neue Zeit. Die Grossmäuler verkleiden sich als Weiber und verdrücken sich wer weiss wohin.

Während er den lauen Kaffee schlürft und den Katzen zuschaut, die gemeinsam aus einem Teller Milch lappen, fallen ihm die Zürcher und Innerschweizer ein, die sich in den Reformationskriegen im Jahr 1529 bei der Kappeler Milchsuppe versöhnten. Schon vor dreihundert Jahren hat man sich wegen Glaube und Aberglaube die Köpfe eingeschlagen, keinen Schritt ist man weitergekommen seither, und wahrscheinlich wird es nochmals dreihundert Jahre brauchen, bis die Menschen vernünftiger geworden sind. Vielleicht werden sie es nie, denn nichts eignet sich besser als die Religion, um die Menschen in Gut und Böse, in Freund und Feind zu scheiden.

Schliesslich hört er Schritte, müde Schritte auf der Treppe, der Boden knarrt. «Der Herr!», zischt die Magd.

Bürgermeister Hess tritt ein, schwerfällig und geschlagen, die Brille mit den kleinen Gläsern hängt ihm schief auf der Nase. «Sie hier, Weiss? Sind Sie nicht gegangen?»

«Nicht, bevor ich weiss, was ist.»

«*Was ist?*», erwiederte er. «*Das Glaubens-Comité regiert halt jetzt.*»

Das war also die neue Macht, die regierte. Aber wie? «*Sind denn diese Leute Meister?*»

Hess schöpft sich mit einer Kelle Wasser aus dem Herdschiff, trinkt gierig. Dann berichtet er, dass bereits eine Sitzung stattgefunden habe. Eine provisorische Regierung solle gebildet werden. Die Radikalen durch Konservative ersetzt, die Gemässigten dürften bleiben. «Die beiden Sulzer, Meyer von Knonau …»

«Und Sie?», fragt Weiss und blickt dem Bürgermeister ins Gesicht, doch der lässt sich auf einen Stuhl fallen, legt die Hände auf den Tisch und blickt auf ihre Flächen, als lese er die Antwort aus seinen Lebenslinien.

«Wer soll sonst noch der neuen Regierung angehören?»

«Hürlimann-Landis auf jeden Fall. Alt Bürgermeister Conrad von Muralt, Heinrich Escher-Schulthess aus Wädenswil, Hegetschweiler vielleicht ...»

«Ich hörte, Hegetschweiler sei tot.»

«Verletzt ist er. Man weiss nichts Genaues. Er soll wieder bei Bewusstsein sein.»

Weiss blickt den Bürgermeister fragend an. «Sind Sie sicher?»

«So sicher, wie alles an diesem Tag.»

Hegetschweiler am Leben? Sein politischer Widerpart ist also nicht tot?

Weiss ist erleichtert, trotz allem. Die einzige gute Nachricht an diesem schwarzen Tag, will ihm scheinen. Ein Zeichen, dass vielleicht alles wieder ins Gleis kommen wird.

«Sie werden also im Rat bleiben, Bürgermeister?», fragt er nochmals.

Hess nickt bedächtig. «Ich denke, wenn ich damit das Schlimmste verhindern kann, wird es meine verdammte Pflicht sein.»

Weiss steht auf. «Dann gehe ich also.»

Auch Hess erhebt sich, streckt ihm die Hand hin.

Als ihm Weiss die seine reichen will, bemerkt er, dass seine Finger noch immer mit Blut befleckt sind. Hegetschweilers Blut. Plötzlich kommt er sich wie ein Mörder vor ...

Er zieht seine Hand zurück, deutet eine Verbeugung an, dreht sich um, schreitet zur Tür, die ihm die Magd mit einem Knicks öffnet.

«Ich denke, man tut jetzt gut, bei Weib und Kind zu Hause zu bleiben», hört er die Stimme des Bürgermeisters hinter sich. Er blickt nicht mehr zurück, tritt auf die Gasse hinaus, atmet tief durch. Frei ist er, ein freier Mann, befreit von allen Ämtern und Titeln. Er macht sich auf, durch Hintergassen aus der Stadt zu kommen und zu seiner Familie nach Winterthur.

6. September 1839. *Der Heiligen Sache das Schwert in die Hände*

Unmittelbar nach Beginn des Kampfes machten mehrere meiner Schützen mir den Vorwurf, dass ich sie beim Andrange der Cavallerie nicht habe feuern lassen, denn es seien so viele der Ihrigen getroffen, von den Gegnern sähen sie auch nicht Einen. Pfarrer Hirzel entgegnet den Wütenden: «Schiesst nicht! Es ist schon genug des Bruderbluts geflossen.» Jedenfalls behauptet er das in seiner Rechtfertigungsschrift.

Die Flucht durch die Poststrasse hat ihn mitgerissen, er rennt, wird geschoben und gestossen im Strom der von Panik gepackten Landleute über die Münsterbrücke hinüber zur Grossen Stadt, ums Helmhaus herum und weiter, der Limmat entlang, am Grossmünster vorbei bis zum Neumünster. Erst in jenem Stadtquartier, das auf der Seite der Gläubigen steht, fühlt man sich sicher. Atemlos warten die versprengten Landstürmer dort, während die Glocken noch immer Sturm läuten, bis Verstärkung ankommt von den Seeufern. In strammer Kolonne, Scharfschützen an der Spitze oder auf Schiffen treffen mehrere Hundertschaften ein. Einige sind bewaffnet wie die alten Eidgenossen mit *Sensen, Hellebarden und Morgensternen*. Die Stadtbürgerwache habe die Zeughäuser und das Arsenal besetzt, berichten jene, die zuletzt geflüchtet sind. Die Nachricht vom Attentat auf Hegetschweiler verbreitet sich wie Föhnfeuer.

«Wer hat geschossen?» Das ist die Frage, die alle bewegt.

«Der Dragonerleutnant Fenner von der Forch. Er hat die Pistole gezogen, als ihm der Regierungsrat die Zettel überreichte.» Man ruft und schreit durcheinander. Jeder will etwas gesehen oder gehört haben. Jeder etwas anderes.

«Ein gottloser Radikaler also war es!»

«Warum schiesst einer auf Hegetschweiler? Warum nicht auf Weiss oder Fierz?»

«Aus Zorn über ihre Niederlage, die das Schreiben besiegelte, das Hegetschweiler ihm überreichte.»

«Was kann denn Hegetschweiler dafür? Er hat doch immer gegen Gewalt gesprochen.»

«Er war einer von uns, einer vom Land.»

«Hat in Uster geredet, anno dreissig!»

«Hegetschweiler, der Gute. Die Radikalen haben ihn des Verrats bezichtigt, der Kollaboration mit dem Zentralkomitee.»

«Das hat der Fenner gewusst und kurzen Prozess gemacht.»

«Der Halunke! Der Mörder! Gnad ihm Gott!»

Um Himmels Willen, denkt Pfarrer Hirzel, was hat man da angerichtet? Er geht in sich, während sich seine Leute sammeln, um zurück in die befreite Stadt zu marschieren, ihre frommen Lieder singend, Stecken und Flinten schwenkend: Sieg im *heiligen Kampfe!*

Gott wird mir vergeben, redet er sich ein, auch wenn ich als ein *Geistlicher, ein Verkündiger der Friedensbotschaft,* zum Schwert gegriffen habe. Jesus sagte, wer zum Schwert greife, werde durch das Schwert umkommen. Doch ich musste diesen Auftrag annehmen, den ich weder gesucht noch verdient habe. Gott, steh mir bei, wenn ich die *zarte Grenzlinie* überschritten und nicht als Pfarrer, sondern als Bürger aufgetreten bin. *Doch niemand war da, der handelte, und doch musste so schnell als möglich gehandelt werden.*

Er schliesst seine Augen. Herr, vergib uns unsere Schuld, wie auch wir vergeben unsern Schuldigern. Habe ich nicht die Wütenden vor blutiger Rache zurückgehalten, nachdem viele unserer Mitstreiter gefallen waren, unschuldige Opfer im Glauben an Gott und im Kampf des Guten gegen das Böse? Habe ich nicht in Deinem Namen und Deinem Sinne gehandelt? Herr, vergib.

Während er inmitten seiner Leute zurück in die Stadt marschiert, in einem wahren Triumphzug, betet er leise vor sich hin, die Hände verklammert, da sie sonst zittern würden, den Blick demütig gesenkt. Fenner hat geschossen, der Sohn der Gastwirts auf der Forch, wo er oft eingekehrt ist, wenn er von Pfäffikon in die Stadt wanderte. Ein aufgeweckter Bursche und jetzt ein strammer Offizier, dieser Fenner, erst 25 Jahre alt, den das Temperament im Kampf mitgerissen hat, als sei auch seine Seele ein Pferd, das scheut. Auch für ihn soll gebetet werden, auch ihm die grosse Sünde vergeben. Wie schnell ist eine geladene Pistole abgedrückt, wenn der Finger am Abzug sitzt. Hätte es nicht genauso gut einer der unsern sein können? Hirzel weist den Gedanken von sich. Seine Lippen bewegen sich in unablässigem Gespräch mit seinem Herrn. Eine Last ist ihm von der Seele gewichen, dass man nicht seine Leute beschuldigt, denn das hätte *den Gegnern der heiligen Sache das Schwert in die Hände gegeben.*

Während er dahinschreitet, getragen von der Hochstimmung der siegreichen Menge, drückt ihm der eine oder andere die Hand. Ein Alter umarmt und küsst ihn, sein struppiger Bart ist feucht von Tränen und vom Speichel, der aus seinen Mundwinkeln sabbert. Hirzel reisst sich los, schreitet weiter. Zwei oder drei Bewaffnete neigen ihre Köpfe und danken dem Pfarrer, dass er sie davon abgehalten hat zu morden, wie es die andere Seite getan habe.

6. September 1839. *Exaltiert, feurig und phantastisch*

Grossrat Alexander Schweizer steht vor dem Rathaus, als der Landsturm aufmarschiert. Mit Erstaunen erkennt er Bernhard Hirzel, den einstigen Klassenprimus vom Carolinum, der an der Spitze der zerlumpten Armee schreitet. Ein eigenartiges Wiedersehen mit dem durchgeistigten Gelehrten, der sich unverhofft als Feldherr gebärdet. Schweizer begreift, dass seine Versuche, die Wogen zu glätten, gescheitert sind. *Den Funken aufs Pulverfass sollte der mir längst aus dem Auge gekommene alte Schulkamerad Berhard Hirzel werfen. Talentvoll, exaltiert, feurig und phantastisch, in orientalischen Sprachen heimisch, hatte er, trotz Übersetzung der Sakuntala und Erklärung des Hohen Liedes, weder an der Hochschule noch sonst eine Anstellung erlangen können und zuletzt die Pfarrei Pfäffikon annehmen müssen.*

Mit Professor Ulrich Fäsi beobachtet Schweizer, beim Rathaus an die Mauer gelehnt, wie der Zug in der Storchengasse zum Stocken kommt, hört dann Gewehrsalven über den Münsterhof peitschen. Sie ducken sich, um nicht von Querschlägern getroffen zu werden. Als der Landsturm nach den ersten Schüssen in Panik über die obere Brücke zurück in die Grosse Stadt flieht, ruft ihm Professor Fäsi zu: «Jetzt stürmen sie das Haus des Radikalenführers Keller in der Kirchgasse!»

Fäsi eilt zum Münsterhof, um Verletzten Hilfe zu leisten. Schweizer folgt den Landstürmern der Limmat entlang gegen den See, denn er fürchtet, sein Haus am Mühlebach könnte in Gefahr sein. Die Religiös-Konservativen haben ihm vorgeworfen, er habe nicht deutlich genug gegen Strauss Stellung bezogen.

Beim «Falken» trifft er auf Bernhard Hirzel, der mit den Landstürmern geflohen ist, *erschöpft und jammernd*. Die ehemaligen Kommilitonen grüssen sich flüchtig. Hirzel scheint verändert, in seinen Augen flammt trotz der Erschöpfung das Feuer der Rache. Der fleissige Streber hat sich in einen glühenden Fanatiker gewandelt, der weltoffene Gelehrte in einen Gotteskrieger.

Eine Abteilung der Bürgerwache zieht auf, allmählich legt sich die Aufregung unter den Aufständischen, deren Armseligkeit Schweizer berührt und ihn in seiner politischen Analyse bestätigt, dass der eigentliche Grund für den Aufstand nicht eine theologische Frage sei, sondern die *allbekannte Sittenlosigkeit radikaler Hauptführer* und *eine wachsende Missstimmung über die gar raschen Veränderungen und rücksichtslosen Übertreibungen der Dreissigerjahre. Mit den liberalen Schlagworten (...) von Glaubens-, Press- und Versammlungsfreiheit (...) und ganz ungeregelter Gewerbefreiheit glaubte man die Volkswohlfahrt herbeizuführen und hatte keine Ahnung, wie sehr dadurch namentlich unsere Fabrikindustrie zur Ausbeutung ganzer Massen durch Einzelne begünstigt werde.*

Er hat den Aufstand erwartet, und da stehen sie nun, schlecht ernährt und miserabel gekleidet, die Verlierer der Liberalisierung, die sich hinter fundamentalistischen Glaubensfanatikern und politischen Reaktionären zusammenscharen, nach einem Jahrzehnt der falschen Versprechungen und Enttäuschungen. Statt Freiheit, Gleichheit und Brüderlichkeit zu schaffen, hat die liberale Revolution die Gräben zwischen Arm und Reich nur noch tiefer aufgerissen. Es sind die Verlierer des Fortschritts, die sich in ihrem Unglück wieder nach der Barmherzigkeit Gottes sehnen und bereit sind, für ihren Glauben in den Tod zu gehen.

Alexander Schweizer findet sein Haus unversehrt, frühstückt und ruht sich aus. Gegen elf Uhr sieht er Verstärkung aus den Seegemeinden anrücken, bewaffnet und wohl geordnet. Die versprengten Oberländer sammeln sich und marschieren in die Stadt zurück, Bernhard Hirzel in ihrer Mitte. Schweizer folgt ihnen in gehörigem Abstand.

In Stadelhofen trifft er unverhofft auf den *ganz allein und ruhig daherkommenden Hürlimann*. Man kennt sich aus St. Moritz, begrüsst sich mit Handschlag. Der Präsident des Zentralkomitees gibt sich ahnungslos und unschuldig. Er sei aus dem Schlaf geholt und nach Zürich gerufen worden, das Komitee habe eigentlich in Meilen tagen wollen, Pfarrer Hirzel sei auf eigene Faust losgezogen. Man habe ihn leider nicht mehr zurückhalten können. Da das Unheil nun einmal seinen Lauf genommen habe, müsse die Sache vollendet werden. Weitere Truppen seien von beiden Seeufern her im Anmarsch, die Regierung müsse nun abdanken.

Schweizer erkundigt sich höflich, ob Gattin und Tochter wohlauf seien, lässt Grüsse ausrichten. Dann verabschiedet man sich, als sei ein Tag wie jeder andere. Eine Stunde später vernimmt er im Rathaus, dass der reiche Fabrikant vom Zürichsee bereits Mitglied einer provisorischen Regierung ist.

6. September 1839. *Hegetschweiler ist für uns verloren*
Junker Ludwig Meyer von Knonau ist der letzte, der das Sitzungszimmer im Postgebäude verlässt. Die andern Herren haben sich verdrückt, durch den Posthof oder die Poststrasse, die einen von Bewaffneten der Bürgerwache begleitet, die andern allein, in der

Hoffnung, unerkannt und unbemerkt zu entkommen. *Es seien Winke gegeben worden, man möchte um seiner Sicherheit willen sich entfernen,* erfährt Meyer von einem Postbediensteten. Die Regierung hat sich aufgelöst, jetzt versucht jeder, seine Haut zu retten. Der liberale Staat, ein Lebenswerk des Siebzigjährigen, scheint am Ende.

In düstere Gedanken versunken, schreitet Meyer über die Gasse zu seiner Wohnung im «Kratz» beim Stadthaus an der Limmat. Niemand beachtet oder behelligt ihn.

Was hat er nicht alles gesehen in den siebzig Jahren seines Lebens? Französische, österreichische, russische Heere sind durchs Land marschiert, haben zerstört, geraubt, vergewaltigt, geschändet und getötet. 1802 haben helvetische Truppen, die lieben «Freundeidgenossen», die Stadt Zürich mit Artillerie beschossen, aus nichtigem Anlass. Revolution, Helvetische Republik, Mediation, Restauration, Regeneration. Das Pendel einer Uhr, das hin und her schlägt, und vielleicht, denkt der alte Mann, vielleicht ist die Geschichte ebenso beschaffen und bewegt sich nie vom Fleck. Immer in Bewegung, verharrt das Pendel stets am gleichen Ort. Das Gesetz der Mechanik regiert auch die Politik. «Actio est reactio»: Jeder Fortschritt erzwingt einen Rückschritt. Keine Revolution ohne Reaktion. Quod erat demonstrandum.

Es ist um die Mittagsstunde. Meyer lässt sich von seiner Magd das Essen auftragen, wie er es sich gewohnt ist, ein Glas leichten Landwein dazu. Das sind die Dinge, die bleiben: essen, schlafen, lesen, nachdenken. Auch sie kehren immer wieder, immer gleich. Jeder Tag ist neu und doch nicht anders als unendlich viele vorangegangene. Kein Gedanke, der nicht schon einmal gedacht worden ist. Die Erde zieht ihre Bahn um die Sonne und kehrt immer wieder dorthin zurück, wo sie ein Jahr zuvor schon gewesen ist.

Meyer ist alt, sehr alt geworden, und er fühlt sich auch so. Altes Eisen, man wird ihn nicht mehr brauchen. Es wird ihn aber auch niemand anklagen, denn hat er nicht immer seine Pflicht erfüllt? Ist er nicht stets seinen Weg gegangen, geradeaus, auf ein fernes Ziel zu: den freien Bürger in einem freien und geeinten Land. Eine Vision, eine Fata Morgana, doch sie hat ihn bewegt, hat seinem Leben einen Sinn eingehaucht.

Die Uhr schlägt. Er schiebt den halb vollen Teller von sich, schlürft das Weinglas leer. Ein Mittagsschlaf wäre jetzt angebracht, die durchwachte Nacht, der hektische Morgen, alles hat ihn unendlich erschöpft. Er ist mehr als müde, lebensmüde ist er. Aufgebraucht, aufgerieben, wie vor wenigen Jahren sein Freund Usteri.

Doch Meyer findet keine Ruhe. Leute kommen, gehen, holen Rat, berichten. Gerüchte, die sich verdichten. Schliesslich lässt sich Bürgermeister Hess melden, hebt schwer schnaufend zu einer Rede an, während ihm der Schweiss auf der Stirn perlt. «Setzen Sie sich doch, Herr Bürgermeister. Setzen Sie sich! Fassen Sie sich kurz. Kaffee?» Meyer gibt der Magd ein Zeichen.

Hess leiert, als hätte er die Sätze aufgeschrieben und auswendig gelernt, fingert dabei an seinem Brillengestell herum. *«Wir sind in einem Zustande der Auflösung und allen Gefahren der Anarchie blossgestellt. Das Volk begehrt dringend die Aufstellung einer provisorischen Regierung. Die beiden Sulzer, Hürlimann als Vorsteher des Vereines, Bürgermeister Muralt und der Alt-Regierungsrath Escher-Schulthess sind auf dem Stadthause versammelt, um diesen Ruf zu erfüllen. Ich bin beauftragt, Sie aufzufordern, beizutreten. Auch der Tagsatzung ist man schuldig, den eidgenössischen Staatsrath zu vervollständigen. Sie sind Mitglied desselben. Hegetschweiler ist für uns verloren.»*

So ist die Lage also. «Komplott», ist das erste Wort, das Meyer einfällt. Es war alles abgesprochen, abgekartet. Ein Komplott, eine Verschwörung. Die Radikalen sollen aus der Regierung entfernt werden, die Gemässigten dürfen bleiben und den Konservativen zunicken. Die Mitläufer, die Wendehälse. Das Zentralkomitee mit seinem Präsidenten Hürlimann-Landis wird in Zukunft das Sagen haben, die andern dienen als Feigenblatt, um das Gesicht zu wahren. Eine provisorische Regierung? Lächerlich! Ist nicht unser ganzes Dasein auf Erden provisorisch?

Man werde unverzüglich Neuwahlen für den Grossen Rat ansetzen, die Sicherheit aller garantieren, auch der Abgesetzten, lässt sich Hess vernehmen. Die Verfassung werde man unangetastet lassen. Ebenso Leib und Leben aller.

«Die Verfassung ist ja schon gebrochen», murmelt Meyer. «Menschen sind gestorben. Unschuldige, unbedarfte Männer.» Er blickt in die Tasse mit Kaffee, sieht darin sein Gesicht, seine weissen Haare wie in einem Spiegel. Werde ich mir noch in die Augen blicken können, wenn ich zu diesem Verfassungsbruch, zu dieser Verschwörung Hand biete? Klar ist jetzt auch: Hegetschweiler war vorgesehen, in der neuen Regierung mitzutun, und das würde er wohl, wäre er nicht verwundet. Hegetschweiler ist in die Konspiration eingebunden, hat deshalb immer abgewiegelt, der Wahrheit nicht ins Gesicht sehen wollen, argwöhnt Meyer. Hegetschweiler zappelt an den Fäden der Freimaurer, die im Hintergrund ihr Spiel treiben.

«Sie stehen über den Parteien, Junker Meyer», unterbricht Hess seine Gedanken. «Wir brauchen Sie. Folgen Sie dem Ruf von Volk und Vaterland.»

«Wir brechen die Verfassung, wir stellen uns ausserhalb des Gesetzes. Wie können wir das vor der Geschichte verantworten?»

«Das Volk will es so. Die Stimme des Volkes steht über dem Buchstaben des Gesetzes.»

«Das wir geschaffen haben. Für das wir gekämpft haben. Wir verlieren unsere Glaubwürdigkeit, unsere Ehre.» Meyers Stimme zittert.

«Das Volk bestimmt die Geschichte, nicht der Buchstabe.»

«Der Buchstabe ist die Aufklärung. Das, woran wir geglaubt, auf das wir vertraut haben. Bis heute.»

Hess steht auf. «*Ich bringe meine persönliche Ehre den Freunden und dem Vaterland zum Opfer.* Kommen Sie mit?» Man erwarte ihn im Stadthaus, wo unter der Leitung von Stadtpräsident Ziegler alles abgestimmt und festgeschrieben werde. Also ist auch Hess Teil der Verschwörung?

Meyer blickt in seine Tasse, auf deren Grund sich Kaffeesatz gesammelt hat, dunkle Schlieren, ein Wolkenmuster. Die Zukunft? Früher hat man sie aus dem Kaffeesatz gelesen. Und heute? Wenn ich dabei bin, sagt er sich schliesslich, kann ich mehr bewirken, als wenn ich mich abseits stelle. *In Zeiten der Gefahr müsse ein Mann, der an einer höheren Stelle sich befinde, nie mit dem Vorwurfe der Furchtsamkeit sich blossstellen und lieber gewagt, als verzagt handeln.*

«Ich komme», murmelt er.

Im Stadthaus zeigt sich, dass die provisorische Regierung, die sich *ergänzter eidgenössischer Staatsrat* nennt, als Marionette des Zentralkomitees gedacht ist. Es kommt zum Streit, den Meyer schliesslich durch seine Autorität und Weisheit schlichten kann. Wenn er in dieser Übergangsregierung dienen soll, dann nur unter Bedingungen. «*Alles werde ich für Ruhe und Ordnung redlich thun; aber an das Comité können wir uns nie anschliessen, insbesondere nach dessen Treiben in den letzten Tagen.*»

Wenige Stunden nach dem Einzug des Landsturms in die Stadt, nach den Schiessereien und dem Chaos, besass der Kanton Zürich und damit auch das Land wieder eine Regierung, eine provisorische zwar, wobei die meisten Mitglieder noch aus der alten, vom Grossen Rat gewählten stammten. Eine Regierung der Konkordanz! Das Wort war schon am Morgen, im Verlauf der Sitzungen aufgekommen, wird sich Meyer von Knonau erinnern: *Eine Stimme liess noch das Wort «Concordat» sachte und fragend vernehmen; aber niemand achtete darauf.* Jetzt war es Tatsache geworden und damit ein Prinzip geboren, das die Politik im Land auch in den kommenden Jahrzehnten und Jahrhunderten bestimmen würde.

In Kürze erliess der «ergänzte eidgenössische Staatsrat» eine Proklamation, versprach die «öffentliche Ruhe und Ordnung» wieder herzustellen, *die Gesetzgebung fortan nach den Bedürfnissen des*

Volkes zu ordnen. Appellierte an die Mitbürger, Gewalt und Exzesse zu verhüten.

Auch das Zentralkomitee, die eigentliche Schattenregierung, liess sich verlauten: *Das Volk hat gesiegt und sein heiliges Recht errungen! Schwöret Treue dem neu geretteten Vaterlande und der provisorischen Regierung.*

6. September 1839. *Heil in der Religiosität*

Gegen vier Uhr am Nachmittag begibt sich Alexander Schweizer zum Münsterhof. Die Menschen sind ausgelassen, in der Mehrheit Landschäftler, die ihren Sieg feiern, Volkslieder singen, einige tanzen, viele sind schon betrunken. Marktfahrer bauen ihre Stände und Hütten ab, verladen Säcke und Körbe auf Karren, ihre Gesichter glänzen. Die Kämpfer haben sich gestärkt und gelabt, die Beutel gezückt, der Batzen ist gerollt. Krieg belebt das Geschäft. Bürgerwachen haben sich aufgepflanzt vor der Post, vor der «Waag» und dem Fraumünster. Mit Reisbesen kehren Mägde aus den Bürgerhäusern die Abfälle des Marktes und den Unrat des Kampfs zusammen, kippen allen Müll in die Limmat.

«Die neue Regierung tagt im Stadthaus!»

«Die Radikalen sammeln sich in Baden!»

«Es wird einen Rachefeldzug geben!»

Von Mund zu Mund fliegen die Gerüchte und Geschichten. In der Menge treibt da und dort ein Gesicht, das Schweizer zu erkennen glaubt, radikale Freunde, zu den Konservativen konvertiert oder untergetaucht, unerkannt von den Landstürmern und den Marktfahrern. Schritt um Schritt kommt Schweizer voran, eingehüllt in Wolken von Schweiss- und Stallgeruch.

Die Menge flutet gegen das Fraumünster. «Pfarrer Hirzel wird predigen!», hört Schweizer.

Schritt für Schritt folgt er dem Strom durchs Tor ins Hauptschiff der Kirche, die Luft ist stickig, das Gedränge beängstigend. Weit vorn auf der Kanzel sieht er Hirzel, dessen Kopf kaum über die Brüstung ragt. Seine Stimme hallt hell und heiser durch den Raum, überschlägt sich, wenn er die Arme in die Höhe wirft.

«Pfarrer Hirzel! Der neue Zwingli!», flüstert ein Mann neben Schweizer ergriffen, hebt die Hand, um den Held des Tages zu grüssen, den Führer im heiligen Kampf. Andächtiges Raunen rauscht durch die Versammlung, Arme recken sich, die Hände gestreckt. Es ist der Gruss der Landleute, wenn sie sich begegnen auf dem Feld und sich von weitem als Freund zu erkennen geben. Hoch die Hand! Heil dem Helden!

Hirzel redet vom Feuer, das vom Himmel auf Sodom und Gomorrah regnete und die Sünder verbrannte, die in den Städten der Unzucht und dem Laster frönten. Er predigt von der Allmacht Gottes, vom heiligen Kreuzzug gegen die Ungläubigen, die Straussen und die Radikalen, vom jüngsten Gericht. Er beschwört einen Staat, der nur Gott geweiht sein solle, den wahren und einzigen Gottesstaat. «Auge um Auge, Zahn um Zahn», zitiert er die Bibel. Fordert seine *Kampfgenossen* auf, trotz allem Unglück den Schuldigen zu vergeben, ruft auf zu *Ruhe und Ordnung und Unterdrückung jedes Rachegefühls*. «Denn mein ist die Rache, spricht der Herr.»

Nur die schlimmsten Schlächter sollen zur Rechenschaft gezogen werden. Hirzel schleudert einen Namen in die heilige Halle. *Oberstleutnant von Orelli* müsse ausgeliefert und vor ein Volksgericht gestellt werden, der Mann, der *ohne Auftrag höherer Offiziere, Kartätschen gegen sein unbewaffnetes Volk loslassen wollte.*

Schweizer erinnert sich, wie aufbrausend der Klassenprimus schon während des Studiums am Carolinum war, von ungestümem Temperament, *vorschnell, nicht gründlich und beständig genug*. Damals schon ein begnadeter Redner. Während Bernhard Hirzels *fanatischer Predigt im Fraumünster* fällt ihm ein, wie er bei seiner Pfarrordination zum Thema predigte: *Bey einem herannahenden Unglück sollen wir unser Heil in der Religiosität suchen.* Kurz nach der Wende von Uster ahnten die religiös-konservativen Lehrer dunkle

Zeiten für das Licht des Glaubens, nachdem die Liberalen an die Macht gekommen waren.

Hirzel legte damals seiner Predigt einen Vers aus dem Johannesevangelium zu Grunde: *Wandelt, weil ihr das Licht habt, damit euch nicht die Finsternis überfällt! Und wer in der Finsternis wandelt, weiss nicht, wohin er geht!* Jesus hatte diese Worte nach seinem Einzug in Jerusalem zum Volk gesprochen. Hatte sich dann selber als das Licht der Welt bezeichnet.

Jetzt scheint Hirzel hingerissen von den Ereignissen, als sei er selber eingezogen in eine heilige Stadt, *selber zum Licht geworden, damit jeder, der an mich glaubt, nicht in der Finsternis bleibt*. Schweizer kommt es vor, als rede nicht sein Klassenkamerad, der Sohn eines Tuchscherers aus Enge, sondern ein anderer. Einer, der überzeugt ist, von Gott selber an seinen Platz beordert zu sein.

«Zwingli ist auferstanden», murmelt der Alte neben ihm. Auch der Zürcher Reformator war ein feuriger Redner gewesen, auch er hatte für seinen Glauben zum Schwert gegriffen, war dann durch das Schwert umgekommen.

Schweizer fühlt einen Druck auf der Brust, es drängt ihn an die Luft. Mit aller Kraft stemmt er sich durch die Menge zum Ausgang. Hinter sich hört er Hirzels Stimme ein Gebet sprechen, dumpf murmelnd fällt die Menge ins Vaterunser ein.

6. September 1839. *Als die besten Turner anerkannt*

Im Menschengewusel zwischen Rathaus und Polizeiwache taucht unvermittelt ein Gesicht auf, das Friedrich von Dürler kennt, braun gebrannt und faltig die Haut, die Haare kurz geschnitten, der Backenbart zerzaust. Der hagere Mann sieht auf den ersten Blick aus wie einer der Bauern vom Land, niemand würde in ihm den Theologieprofessor und Vikar am Grossmünster vermuten. Alexander Schweizer, der Turnerfreund aus jungen Jahren. Hauptmann von Dürler begrüsst ihn militärisch mit der Hand am Schild des Tschakos, schlägt seine Stiefelabsätze zusammen. Dann tauschen sie einen Händedruck.

«Herr Hauptmann stehen im Dienst?»

«Warte auf Befehle, Herr Vikar!»

Sie treten in den Schatten unter die Säulenvorhalle der Polizeiwache. Noch gehe alles drunter und drüber, sagt Dürler, Befehle hier, Befehle dort, dann wieder Gegenbefehle. Die einen gehorchten, die andern nicht. Doch man werde die Lage wohl bald im Griff haben.

Er komme aus dem Fraumünster, wo Hirzel predige, berichtet Schweizer. Der Pfarrer habe die Leute vor Vergeltung abgehalten und dann doch wieder Namen genannt.

«Die Bürgerwache wird Ausschreitungen verhindern», ist Dürler überzeugt. «Oberst Ziegler wird durchgreifen, wenn es Radau gibt.»

Schweizer wischt sich mit einem gelben Taschentuch einen Tropfen von der Nase. «Hürlimann-Landis, der Fabrikant aus Richterswil, ist der neue starke Mann, habe ich gehört. Jedenfalls ein ehrenwerter Charakter.»

«Du bist mit Hürlimann gut bekannt?»

Schweizer blickt zu Boden. «Für ihn lege ich die Hand ins Feuer. Ich bin ihm begegnet heute Morgen. Der Aufstand hat ihn im Bett überrascht, hat er mir versichert. Freund Hirzel hat sich eigenmächtig an die Spitze des Landsturms gestellt. Das Zentralkomitee wollte keine Gewalt, versuchte ihn in letzter Minute zurückzuhalten.»

Dürler lockert den Riemen des Tschakos, der ihn ins Kinn schneidet. Er mag dem Freund nicht widersprechen. Alexander Schweizer ist ins Gerede gekommen, seit er im Sommer im Engadin bei Hürlimann-Landis und Bürgermeister Hirzel antichambriert hat. Die Freunde im Café Littéraire munkelten, es sei dabei nicht nur um Politik gegangen. Hürlimann-Landis hat eine Tochter im heiratsfähigen Alter mit Aussicht auf eine hübsche Mitgift. Freund Schweizer hat die dreissig überschritten, ein von allen Parteien geachteter Theologe und Politiker. Zeit also, sich unter den Töchtern der Wohlhabenden umzusehen. Die Radikalen haben ihm unterschoben, er habe in dem *Gutachten der theologischen Fakultät* und im grossen Rat gegen die Berufung von Strauss Stellung bezogen, weil er selber auf die Professur für neutestamentliche Theologie spekuliere.

«Hast du Nachricht von Hegetschweiler?», unterbricht Schweizer seine Gedanken.

«Er lebt, heisst es. Doch sein Zustand sei kritisch.»

Das Attentat scheint Schweizer ebenso stark zu bewegen wie Dürler. «Ich hab das Unheil kommen sehen», bricht aus ihm hervor, Tränen treten in seine Augen. Er schüttelt den Kopf, hebt die Hände, wie um den Himmel anzurufen, lässt sie dann wieder sinken. «Ich habe gewarnt ...»

Hegetschweiler werde überleben, beruhigt ihn Dürler, der Regierungsrat besitze eine starke Natur. «Ein Bergsteiger wie wir beide! Ein Kraut, das so schnell nichts umbringt.»

Hegetschweiler habe einige Worte gesprochen, hätte er vernommen, als er vor der Post die Wache aufgezogen habe. «Er hat nach Eis verlangt.»

«Eis?», fragt Schweizer. «Eis, wozu?»

«Zur Linderung der Schmerzen. Der Schuss hat ihn in den Kopf getroffen.»

«Mein Gott, wenn er überlebt, wird er vielleicht den Verstand verloren haben ...»

«Glaube ich nicht. Er sieht in seinen Fieberträumen wohl die Gletscher am Tödi. Deshalb das Eis.» Dürler lächelt.

«Ich bewundere deine Gelassenheit, Friedrich.»

«Weiss man, wer geschossen hat? Hast du von Hirzel oder Hürlimann etwas erfahren?»

Schweizer schüttelt den Kopf. «*Man weiss nicht, ob von einem Fanatiker des Glaubens oder der Radikalen, die eine nachgeben wollende Anzahl von Regierungsräten als Verräter ausgaben.*»

«Hegetschweiler ein Verräter? Kann ich mir nicht vorstellen.»

«Wollen wir hoffen, dass er überlebt und gesund wird. Dann wird sich alles klären.»

«Vielleicht hat er den Attentäter gesehen und erkannt.»

Am Rathaus gegenüber der Hauptwache springt ein Fenster auf, ein Mann mit schwarzer Halsbinde lehnt über die Brüstung, hält ein Schreiben in die Höhe. Die Leute bleiben stehen, einige klatschen, andere brechen in Hochrufe aus und winken.

«Der Arzt Rahn-Escher vom Zentralkomitee», sagt Schweizer, legt seine Hand ans Ohr.

Rahn-Escher liest mit spitzem Mund und belegter Stimme vom Blatt, das er weit von sich streckt. Hoffentlich ist der Mann auch geistig weitsichtig, denkt Dürler. Die Menge murmelt und schwatzt, Zwischenrufe stören die Rede, so dass er nur einzelne Sätze versteht. Ein «erweiterter Staatsrat» habe die Regierungsgewalt übernommen, bestätigt Rahn-Escher gewissermassen amtlich, was zuvor noch ein Gerücht war. Die radikalen Elemente hätten sich entfernt, seien geschlagen und vertrieben. Er hebt die rechte Hand. «*Gott segne das Vaterland, es lebe die neue Regierung*», ruft er aus, die Menge wiederholt den Satz im Chor.

«Ich verschwinde hier lieber», sagt Schweizer, klopft Dürler auf die Epauletten. «Machs gut, mein strammer Offizier.»

«Wohin?»

«Mich drängts in die Natur. Auf unsern Üetliberg vielleicht.»

«Liebend gern würde ich dich begleiten, Alex.»

Friedrich von Dürler zitiert aus einem Gedicht, das Schweizer auf den Üetliberg verfasst hat.

Lieblicher Tag, als ich den Berg hinan
Eilte empor, herrlicher Schöpfung Kranz
Rings zu geniessen.

Schweizer nickt. «Vom Berg herab sieht alles anders aus. Die Stadt wird klein, die Menschen gleichen Ameisen, und so klein erscheinen auch ihre Konflikte.»

Während Dürler weiter auf Befehle wartet, erinnert er sich an die

Zeit im studentischen Turnverein, den Schweizer präsidierte. *Als die besten Turner anerkannt waren* sie beide. Jung, draufgängerisch, stark und fortschrittlich gesinnt. Man hatte den Kaufmann Dürler als Vorturner aufgenommen, obwohl er kein Student war. Das Mitmachen in einem Verein, seien es die Schützen, die Sänger oder die Turner, war in jenen frühen Dreissigerjahren ein politischer Akt, die Vereine waren die wichtigsten Träger des liberalen und vaterländischen Gedankengutes.

Gegen hundert Knaben marschierten jeweils Lieder singend hinter den Vorturnern hinaus zum Turnplatz im «Kräuel», wo sie sich in Formation ausgerichtet mit den Leibesübungen ertüchtigten nach dem Buch «*Die deutsche Turnkunst*» des Berliner Turnervaters Friedrich Ludwig Jahn. *Auch Turnfahrten wurden ausgeführt, starke Märsche bei einfachster Kost.* In Ställen und auf Heustöcken schliefen sie, härteten sogar den Magen ab, indem sie Maikäfer aufs Brot strichen oder die Suppe mit Tabaksaft und Asche würzten, um allen Ekel zu überwinden. Viel zu Lachen gab es auf ihren Fahrten. *Man fühlte mit der Übung und Abhärtung der Glieder auch den Lebensmut und die sittlichen Kräfte gehoben.*

Mens sana in corpore sano. Friedrich von Dürler war mit Eifer bei der Sache. Hinaus in die Natur, um Körper und Geist in Einklang mit der Schöpfung zu erfahren, das war der Geist der neuen Zeit!

Sommer 1836. *Mit einziger Schönheit*

Sie hatten über Hegetschweiler gesprochen in jener Nacht auf dem Üetliberg. Es war um die Sommersonnwende, Ferdinand Keller hatte von einem Phänomen berichtet, das bei klarem Himmel zu sehen sei. Ein phosphorenes Berglicht von geheimnisvollem Ursprung, eine alte Überlieferung, die es zu überprüfen gelte. Freunde der Antiquarischen Gesellschaft sind mit von der Partie, Melchior Ulrich, Friedrich von Dürler und Keller, der Präsident. Dazu Alexander Schweizer, Vikar am Grossmünster, ein Turnerfreund Dürlers. Um die Sonnwende soll die Krone des Tödi die ganze Nacht in diesem Phosphorlicht leuchten, hat Keller angekündigt.

Erwartungsvoll sitzen sie am Grat unter den Nagelfluhklippen des Gipfels, geschützt durch die Felsen vor der Bise, die in die Knochen schneidet. Der Himmel spannt sich blassgrau über ihnen, ein Urmeer, in dem die Sterne sanft und still dahintreiben. Während das letzte Leuchten auf den Alpen erlischt, versiegen auch die Gespräche der jungen Männer, die alle um die dreissig sind, eine neue, hoffnungsvolle Generation, gebildet und unternehmungslustig, liberal und radikal gesinnt. In der Stadt zu ihren Füssen und dem See entlang glimmen noch vereinzelte Lichter, ein Spiegelbild des Alls. Sonst versinkt die Welt in Schweigen und Schwärze.

«Da ists», flüstert Ferdinand Keller, und in der Dunkelheit fasst er sacht nach Dürlers Hand. Ergriffen blicken die Männer in die Ferne, wo sich eine kantige Felsbastion über den Horizont erhebt. Der Gipfel des Tödi.

«Ich sehe nichts», lässt sich eine Stimme aus dem Dunkel vernehmen. Andere rufen halblaut: «Doch, doch. Dort, jener zartrosa Schimmer.»

Je länger Friedrich von Dürler auf den Tödi starrt, desto deutlicher erkennt er den Glanz auf dem Gletschertisch des Gipfels. Es ist, als sei der Berg eine gewaltige Bühne, in den Schein bengalischer Fackeln getaucht, auf der Kobolde und Feen einen geisterhaften Tanz vollführen. Dort hinauf! Der Gedanke durchschauert ihn in diesem Augenblick. Dort hinauf! Furcht und Sehnsucht ergreifen ihn, Gänsehaut rippelt über seinen Rücken. Keller drückt noch immer seine Hand. Auch er scheint von erregenden Gefühlen bewegt. Dort hinauf! Selber ein Kobold werden, der federleicht über den Abgründen dahinschreitet in einem traumhaften Balanceakt, tanzend und schwebend ohne jede Furcht und ohne Zagen.

Nach einer halben Stunde verglimmt das Licht, viel zu früh. Die Spannung der Männer löst sich, Dürler zieht seine Hand zurück, legt sie auf seine Brust. Keller erklärt: «*In der ganzen von Zürich aus sichtbaren Alpenkette ist bei Sonnenuntergang die Kuppe des Tödi am längsten beschienen und erglüht des Morgens zuerst wieder, daher die ehemals sonderbare Behauptung, dass zur Zeit der Sommersonnenwende seine Krone fast die ganze Nacht beleuchtet sei.*» De Saussure habe am Montblanc eine ähnliche Sage überprüft und wissenschaftlich erklärt, fügt er bei. Man müsse das Phänomen weiterhin beobachten, mit grösster Sorgfalt und wissenschaftlicher Skepsis. Die Stimmen heben sich wieder, man beginnt zu diskutieren über Aberglaube, Götterglaube, die neue Zeit und ihre rationale Weltsicht.

«Die selbstverständlich ihre Grenzen hat», wirft Melchior Ulrich ein, Theologe wie Keller, und ein ebenso ausdauernder und wagemutiger Bergwanderer und Forscher. «Denn die Schöpfung ist unendlich, das Wissen der Menschen jedoch auf alle Zeiten begrenzt.»

Jemand facht ein Feuer an, die Freunde kauern um die Flammen, braten Fleisch an angespitzten Haselruten, lassen den Weinkrug kreisen, und in einer Spirale kreisen auch ihre Visionen, greifen immer weiter Raum, heben ab, bis sie sich nicht nur auf der Kuppe des Üetlibergs bei Zürich wähnen, sondern auf einem Olymp der Erkenntnis, dem Gipfel der Weltweisheit schlechthin. Alles klärt sich, alle Rätsel der Welt scheinen gelöst, und jeder Punkt der Erde erreichbar, wann immer sie wollen.

Die neue Zeit, die neue Zeit! Manchmal schlummert einer ein, lehnt sich an seinen Nachbarn. Leises Schnarchen begleitet den dahintreibenden Diskurs, schwillt an, bis nur noch Friedrich von Dürler, Ferdinand Keller und Melchior Ulrich wach sind.

Sie sprechen über den Tödi, über Hegetschweilers Versuche, sein Scheitern und das Buch, in dem er von seinen Expeditionen berichtet. «Ein grossartiges literarisches Werk», meint Ulrich, «Grandiose Sprache, präzis und poetisch zugleich. Aber ...»

«Aber?»

«Wissenschaftlich und alpinistisch von der Zeit überholt.»

«Du hast den Tödi ja auch versucht», wendet sich Keller an Ulrich.

«Mit Hardmeier und Zeller-Horner, zwei Gründungsmitgliedern unserer ehrenwerten Gesellschaft, wie du weisst.»

Sie hätten 1834 Wind bekommen von der angeblichen Besteigung durch drei Linthaler Hirten, seien noch vor Hegetschweiler und Konsorten ins Glarner Hinterland geeilt und hätten sich von den Schwindlern auf den Sandpass führen lassen. «Die waren glücklich, dass es am Tag des geplanten Angriffs goss wie aus Kübeln, so dass erst Hegetschweiler die Hochstapler endgültig blossstellen konnte. Die Westseite des Tödi ist ein himmelhoher senkrechter Felsabsturz, den kein Mensch je bezwingen wird, geschweige denn drei dumme Alphirten.»

Friedrich von Dürler legt trockene Zweige aufs Feuer, bläst in die Glut. In der Tiefe ist kein Licht mehr, der Horizont im nächtlichen Himmelsmeer versunken. Er schweigt, denn mit derart kühnen Berg- und Klettertouren, wie Ulrich sie unternimmt, kann er nicht auftrumpfen.

Keller ist von ihm weggerückt, lehnt sich an einen Baum, setzt den Weinkrug an seine Lippen. Ulrich, ganz ins Feuer geraten, erzählt. Wie sie über die Ruseinalp in die Surselva abgestiegen seien und dort, in einer Herberge, habe der Wirt behauptet, zwei Bündner Gämsjäger hätten schon vor Jahren unter kundiger Anleitung eines Paters, den Gipfel über den Frisalgletscher bezwungen und davon berichtet. Er habe ihnen sogar mit einem Ausschnitt aus einer Zeitung zugefächelt.

«Was beweist das? Eine Lüge wird nicht wahr, nur weil sie gedruckt ist.»

«Eben! Als wir nach den angeblichen Helden fragten, wollte sie niemand mehr kennen noch wissen, wo sie wohnten.»

Keller und Ulrich sind sich einig, dass die Bündner Gämsjäger Schwindler sind, genau wie ihre Glarner Genossen. Denn wozu sollen Leute, die sich nur um ihren Lebensunterhalt und ihre Fortpflanzung kümmern, einen Alpengipfel erklimmen, wo es weder Tier noch Pflanze und kaum noch Luft zum Atmen gibt?

«Und auch keine Bergfee, die den Helden in ihre Arme nimmt und küsst.»

Friedrich von Dürler nickt ein, hört im Halbschlaf Ulrichs Fistelstimme von Abgründen, Schründen, Eisschlünden berichten, vernimmt seltsame Namen: Frisal, Punteglias, Bleisasverdas, Gliems, Cazarauls. Er sieht sich durch wilde und unberührte Welten streifen, wie sie Hegetschweiler in seinem Buch geschildert hat. *Über uns hatte der Himmel rings das dunkelste Blau ausgegossen, dasselbe überzog auch die fernsten Berge, aber herrlicher strahlte daraus der weisse Firn empor. Dicht unter uns in schauerlicher Tiefe die Ruseinalp (...) Auf dem Grat breit aufgesetzt, der Zwilling Tödi und Rusein, (...) trotzig gegen alle, und nur geduldig gegen den jährlich zunehmenden Firn auf seinem Rücken, welchem silbern mit einziger Schönheit der Piz Rusein selbst, die höchste und äusserste Spitze des Stockes, entsteigt.*

Dürler erwacht, als ihn jemand an der Schulter packt und schüttelt. Über dem Pfannenstiel im Osten schimmert der Himmel schwefelgelb, dunkel gezackt die Alpen, ein einziger Scherenschnitt aus schwarzem Papier. Nur in der Mitte, rötlich phosphoreszierend, die Bühne, der Göttertisch, das Ziel der Träume.

Herbst 1837. *Schutt und Moder frische Schönheit entlocken*

Friedlich liegt die Stadt zu seinen Füssen, in fahlem Blau spannt sich der Himmel vom Albis zum Pfannenstiel, ein paar Wolken treiben. Hundertmal ist Friedrich von Dürler hier gestanden, und jedes Mal hat er seinen Berg anders und neu erlebt.

Ein Specht pocht hoch an einem abgestorbenen Fichtenstamm. Neues Leben aus dem Moder des alten! Die Natur, denkt er, kümmert sich nicht um uns Menschen. Er steht am Rand der Grube auf dem Uto-Kulm, der höchsten Kuppe des Üetlibergs, wo die *Gesell-*

schaft für die Erforschung und Bewahrung vaterländischer Alterthümer seit 1832 den Resten der längst geschleiften Üetliburg nachgräbt. An ihrer dritten Sitzung, *am 15. Juni 1832*, nahm die Gesellschaft Friedrich von Dürler als Mitglied auf, zusammen mit dem radikalen Regierungsrat Conrad Melchior Hirzel. Ein Bauer war auf dem Üetliberg beim Pflügen auf das Gewölbe einer ehemaligen Burg gestossen. Ein «gefundenes Fressen» für die dilettierenden Historiker der «Antiquarischen Gesellschaft», wie sie sich neuerdings nennt.

Friedrich von Dürler leitet die Grabungen auf «seinem» Berg mit Arbeitern, die der *löbliche Stadtrat von Zürich dem Vereine auf die freundlichste Weise überliess*. Er wird zum *Conservator* der Gesellschaft ernannt, verantwortlich für die Sammlung von Tonscherben, Knochenstücke, Pfeilspitzen, römischen Münzen und Werkzeuge aus Eisen und Bronze, die man ausgräbt. Als begabter Zeichner skizziert er die Fundstücke und Grabungsstätten. Auf dem Uto Kulm stand, so vermutet Präsident Ferdinand Keller, in römischer oder gar keltischer Zeit schon ein Wachtturm.

Keller, nach Jahren als Hauslehrer bei Lord Henry Seymour in London in die Schweiz zurückgekehrt, ist Englischlehrer an der Industrieschule und die treibende Kraft der Antiquarischen Gesellschaft. Ein hablicher Junggeselle wie Dürler, der sich unter gleichaltrigen Freunden am wohlsten fühlt. Einer, der es versteht, *den Gräbern Leben und dem Schutt und Moder frische Schönheit zu entlocken.*

Auf einem Spaziergang über den Burghölzlihügel entdeckte Keller per Zufall Gräber aus der Eisenzeit. Er hatte Arbeiter beobachtet, die beim Ausgraben eines Baumstrunks auf Schädel, Ringe und Topfscherben gestossen waren. Darauf gründete er die Antiquarische Gesellschaft mit dem Ziel, *die in der Schweiz und vor allem im Canton Zürich vorhandenen Alterthümer dem Untergang und der Vergessenheit zu entreissen.*

Hinaus aus den Archiven, in deren Staub die Buchstabengelehrten wühlen und husten! Hinaus und in der realen Welt, in Natur und Umwelt die wahre Geschichte aufstöbern! Auflesen, ausgraben, aufbewahren. Dabei zeigt sich, wie oft die alten Schriften nicht die Wahrheit berichten, sondern Mythen weitererzählen, vom Hörensagen und aus der mündlichen Überlieferung. Geschichte, wie sie sich die Nachfahren zurechtzimmern, um die Gegenwart nach ihrem Belieben zu deuten. Haben sich drei Eidgenossen jemals auf dem Rütli zusammengefunden zum Schwur? Spuren haben sie keine hinterlassen. Hat je ein Mann namens Wilhelm Tell gelebt, der seinem Sohn einen Apfel vom Kopf schoss? Der Luzerner Historiker Josef Eutych Kopp jedenfalls verweist ihn ins Reich der Mythen. Ein Beweis wäre erst erbracht, wenn man den Pfeil ausgraben würde, der den Apfel durchbohrte, wenn man den Köcher des Tell oder den Hut des Tyrannen Gessler irgendwo entdeckte. Das ist Wissenschaft! Alles andere Mythologie, Glaube, Aberglaube.

Mit dem Finger fährt Dürler einer Ritze der alten Mauer entlang, die sie freigelegt haben. Trockener Mörtel bröselt. Ein Gewölbe, doch wozu hat es gedient? Weinkeller oder Festung? Die Geschichte gibt nur Bruchstücke preis. Absichtlich vielleicht, damit sich jede Generation wieder ihr eigenes Bild machen kann, ihr eigenes Mosaik fügen.

Sein Hündchen hebt das Bein, pinkelt an das historische Mauerwerk. Doch Dürler schilt nicht, in Gedanken versunken setzt er sich auf einen Baumstamm, den der Sturm entwurzelt hat. Versucht sich zu erinnern, wann sich die Idee in seinem Kopf festgesetzt hat, die Wahrheit nicht nur in der Tiefe der Erde zu suchen, sondern auch in der Höhe der Alpen. *Die Hauptsache: die Ersteigung selbst, blieb unvollendet.*

Der Tödi! In jener Nacht der Sonnwende auf dem Üetliberg hat ihn der Gedanke angesprungen: Da ist etwas zu vollenden. Da ist noch ein Geheimnis zu enträtseln, ein Rand der Welt zu erforschen, den noch niemand überschritten hat.

Mit den Freunden sprach er nicht darüber. Wollte sich nicht dem Spott der erfahrenen Berggänger aussetzen. Dürler, der König des

Üetlibergs! Nun will er gar Kaiser werden! Der Tödi! Friedrich, darauf trinken wir noch ein Glas! Mach dein Testament, bevor du aufbrichst!

Er hatte geschwiegen. Und immer wieder in dem Buch gelesen, das er verehrt. War es nicht eine Anmassung, was er da versuchen wollte, fragte er sich. Den Tödi besteigen! Den Berg, an dem grosse Alpinisten wie Hegetschweiler, Melchior Ulrich oder Pater Spescha gescheitert waren. Doch Friedrich von Dürler fühlte sich gut, er fühlte sich stark. Ein Turner ist er, sein Körper durch regelmässige Übungen gestählt. Er war noch jung und es war eine neue Zeit.

Natürlich hatte er noch keine grossen Berge bestiegen. Aber hundertmal den Üetliberg. Hundertmal klein gibt auch gross. Im Kopf hatte er seinen Traum gewälzt, nicht einmal seiner Mutter hatte er sich anvertraut. Bis seine Stunde gekommen war, unvermittelt und unerwartet.

Sein Hündchen stupst ihn mit der Nase in den Arm. Er streichelt seinen Kopf, steht auf, klopft sich die Erde von den Hosenbeinen. Die Mutter wird ihn rügen. Friedrich, wo bist du wieder herumgeklettert! Friedrich, pass auf! Friedrich, gib auf deine Kleider Acht! Friedrich, dein Leichtsinn wird dich noch umbringen.

Er packt seinen Stock fest, klettert über den Grat nach Süden, umgeht die Nagelfluhklippen bis zum Sattel. Hier bricht der Hang steil ab in den Wald gegen die Allmend, durchfurcht von einer Rinne, die unten ein Stück über Felsen fällt. Eine Holzschleife. Die Bauern lassen hier geschlagene und entastete Baumstämme abfahren. Für Dürler ist es der kürzeste und bequemste Weg zurück in die Stadt.

Er hockt sich auf seinen Stock, saust hinab, stemmt sich mit beiden Füssen gegen die Schwerkraft. Über die Felsstufe setzt er mit einem Sprung. Ein Jauchzer fährt ihm aus der Kehle. Das Hündchen folgt bellend, seine Schlappohren flattern wie Flügel, dann überkugelt es sich, rappelt sich auf, jagt weiter. Er ist schon unten, streichelt und lobt das hechelnde Tier. Eilt dann mit weiten Sätzen durchs steile Gehölz hinab.

Herbst 1837. *Spaziergang auf den Tödi*
Wie aus dem Boden gewachsen steht ein Mann am Rand des Grabens, den sie auf dem Lindenhof ausgehoben haben, um römische Mauern freizulegen. Eine gedrungene Gestalt, leicht vornüber gebeugt, schwarz gegen das Licht, das durchs Blätterwerk der Linden sickert. Mit verschränkten Armen schaut er zu, wie Friedrich von Dürler einen Tonscherben aufhebt, den ein Arbeiter eben ausgegraben hat und ihm auf der Schaufel darbietet, wie er die Erde wegbläst und den Fund mit einem Pinsel reinigt.

«Welch ein Glück», sagt Dürler halblaut, dann fällt der Schatten des Zuschauers auf ihn, der näher getreten ist. Er blickt auf, erkennt Hegetschweiler, den Regierungs- und Staatsrat. Sie wohnen auf gegenüberliegenden Seiten des Lindenhofhügels in der Kleinen Stadt, Hegetschweiler an der Schipfe, auf der Sonnenseite, Dürler «In Gassen» bei den Zeughäusern.

«Interessanter Fund?», fragt Hegetschweiler.

«Gewiss», antwortet Dürler. «Ein Stück einer römischen Amphora, will mir scheinen.»

Er klettert aus der Grube, schabt sich den Schmutz von den Stiefeln, reicht dem Regierungsrat die Tonscherbe. Der ergreift sie mit zwei Fingern, wendet und betrachtet das Stück. «Was geschieht mit diesen Dingen?»

«Die Antiquarische Gesellschaft baut eine Sammlung auf. Ein kleines Museum mit historischen Artefakten soll daraus werden», erklärt Dürler. Messer, Ringe, Glasscherben, Pfeil- und Lanzenspitzen habe man ausgegraben. Über dem Gemäuer aus der Römerzeit habe man Pestgräber aus dem Mittelalter entdeckt.

Hegetschweiler reicht ihm die Tonscherbe zurück. «Sie sind doch der Armensekretär von Dürler? Als Archäologe eigentlich ein Laie.»

Dürler deutet eine Verbeugung an. «Entschuldigen Sie, Herr

Regierungsrat, dass ich mich nicht vorgestellt habe. Meine Hände ...» Er streckt ihm seine Handflächen entgegen, die vom Graben beschmutzt sind.

Hegetschweiler nickt. «Ich weiss. Seit Ihrem so genannten *Spaziergang auf den Tödi* sind Sie stadtbekannt.» Das Wort «Spaziergang» spricht er langsam und mit ironischem Unterton aus. Ist es Befangenheit? Neid gar?

Dürler lächelt. «In der Euphorie des Aufbruchs ist mir das Wort auf die Zunge geraten. Ich ahnte nicht, dass eine Zeitung meine Bemerkung kolportieren würde.»

«Wars denn kein Spaziergang?»

Dürler hebt die Schultern. «Ich bin gut zu Fuss, übe mich im Turnen, kraxle oft in den Steilhängen des Üetlibergs herum ...»

«Was für ein Vergleich! Der Üetliberg und der Tödi!»

«Muss man nicht klein beginnen, um das Grosse zu meistern?»

«Gewiss, gewiss ...»

Sie treten an die Mauer, die den Lindenhof umschliesst, blicken über die Dächer der Stadt hinweg in die Ferne, wo sich ein klotziger Berggipfel über den Horizont erhebt.

Hegetschweiler zeigt zum Tödi. «Das eigentliche Ziel haben Sie aber doch nicht erreicht. Die höchste Spitze des Massivs. Den Rusein! Selbst von hier aus sieht man deutlich, dass der westliche Gipfel der höchste ist.»

«Ich weiss», sagt Dürler. «Man musste unsere Partie von Linthal aus sehen können, sonst hätte uns niemand geglaubt. Also bestiegen wir die östliche Spitze und entfalteten dort unsere Fahne. Die Perspektive von hier aus täuscht. Der Höhenunterschied beträgt nur wenige Fuss.»

«Ich nehme an, Junker, Sie werden einen Bericht über Ihre Forschungsreise drucken lassen?»

Dürler hebt die Tonscherbe ins Licht. «Bedaure. Ich bin mit meiner Arbeit als Konservator schon im Verzug. Zudem bin ich zwar ein leidlicher Zeichner, aber ein schlechter Schriftsteller.»

«Sie haben doch gewiss barometrische Messungen durchgeführt? Beobachtungen aufgezeichnet? Skizziert?»

«Die Expedition war ein spontaner Entschluss, eine Gelegenheit, die sich bot. So war ich kaum auf wissenschaftliche Untersuchungen vorbereitet.»

«Der eigentliche Gipfel, der Piz Rusein, ist also nach wie vor unerstiegen.»

«Es wäre ein Katzensprung gewesen. Eine halbe Stunde höchstens über den Grat. Aber sagt man nicht, zwei Gämsjäger aus der Surselva seien einst oben gewesen?»

«Glauben Sie die Mär? Einen Beweis gibt es nicht, ausser dem Bericht des alten Paters Spescha.»

«Vielleicht wird man eines Tages Spuren finden.»

«Die Speckschwarte, die sie angeblich zurückgelassen haben?» Hegetschweiler lacht, kneift sein rechtes Auge zusammen.

«Warum nicht? Wir graben hier die Resten von Mahlzeiten aus, die zweitausend Jahre alt sind.»

«Dann spazieren Sie doch nochmals hinauf, und forschen Sie nach!»

«Würden Sie mich begleiten, Herr Regierungsrat?», sagt Dürler leichthin. «Es wäre mir eine Ehre …»

Hegetschweiler seufzt, verschränkt seine Arme und versinkt in Schweigen.

Ein Arbeiter ruft. Friedrich von Dürler steigt in die Grube hinab. «Mein Gott!» Ein Totenschädel blickt ihn an, bleicher Knochen, schwarze Augenhöhlen, die Hirnschale mit hartem Lehm gefüllt. Der Arbeiter dreht ihn mit dem Schuhspitze um, zeigt mit dem Schaufelstiel auf ein Loch im Hinterkopf. «Der hat eins mit einem Beil über den Schädel bekommen», grinst er. «Armer Kerl.»

Mit leichtem Schauder fasst Dürler den Totenschädel mit beiden Händen, hebt ihn auf, klettert aus der Grube. Hegetschweiler ist verschwunden.

Herbst 1837. *Bosheit und Verrath im Schmuck der Tugend*

Das Wort schmerzte, es spottete all der Anstrengungen und Entbehrungen des ernsthaften Forschers. Ein Spaziergang war geworden, was einst eine kühne Expedition mit ungewissem Ausgang bedeutete, der Vorstoss ins Unbekannte, ins Chaos der unerforschten Gletscherwelt. Die Ehrfurcht vor der Natur und den Alpen, die Albrecht von Haller in seinen Versen beschworen hatte, war den jungen Menschen abhanden gekommen. Aber hatte der grosse Haller nicht schon vorausgesehen, was kommen würde?

Elende! rühmet nur den Rauch in grossen Städten,
Wo Bosheit und Verrath im Schmuck der Tugend gehn.

Die Menschen hatten allen Respekt verloren, dilettierende Forscher und Turner, bleiche Stadtmenschen krochen aus den Kontoren und kletterten auf die höchsten Gipfel, schwenkten dort oben *rothe Fahnen aus Tischteppichen!* Welch ein Frevel! Was war aus der Aufklärung geworden? Aus den Idealen von Haller und Rousseau?

Die Alpen waren zum Klettergerüst verkommen, an dem die Menschen zu ihrem Vergnügen herumturnten, der Gefahr spotteten und sich als Helden feiern liessen, ohne auch nur ein einziges wissenschaftliches Resultat zurückzubringen ins Tal. Selbst Weiber schleppte man auf die höchsten Gipfel wie im Jahr zuvor eine Henriette d'Angeville auf den Montblanc, den Berg De Saussures! Und, als Gipfel der Schamlosigkeit, packten sie dort oben drei Männer um ihre Hüften und hoben sie hoch, damit sie ihre Nase noch höher trage als der höchste Berg der Alpen. Welche Schande!

Hatte diese jungen Generation nicht mit dem Respekt vor der Schöpfung auch jenen vor der Obrigkeit verloren? Wie sie über die Ehrfurcht der Alten vor den Gewalten der Natur hinwegtanzten, so trampelten die radikalen Stürmer und Dränger über die verantwortungsvolle Politik der gewählten Räte und Behörden hinweg, verhöhnten Kirche, Staat und Vaterland und alles, was in Jahrhunderten gewachsen war. Kam da ein David Friedrich Strauss daher und leugnete selbst die Existenz von Jesus Christus, dann zeigte sich doch derselbe leichtsinnige Zeitgeist, die Verachtung alles Gewachsenen und aller Tradition. Bergsteigen war Politik, und Politik war so etwas wie Bergsteigen, ein Versuch, das Chaos, die durch *keine Gesetze geregelte, entsetzliche Kraft* der Natur mit der Vernunft zu begreifen und zu beherrschen. Beides ein Tanz auf Messers Schneide.

Die neue Generation der Bergsteiger stellte keine Frage mehr nach dem *nützlichen Zwecke* ihrer Unternehmungen, wie sie Hegetschweiler in seinem Buch erörtert hatte. *Wozu aber, so frägt man sich nicht selten, solche gefahrvollen Reisen? Wiegt irgend ein Nutzen, oder auch nur die Stärke der individuellen Empfindungen und Genüsse, oder beydes zugleich, die Gefahr auf?* Er hatte auch Antworten gefunden.

Gewöhnlich gehen wir mit unsern Ideen einer erhabenern und vollkommenern Welt eilends die Berge an, und nun sehen wir diese nackten himmelhohen Felswände mit gewaltigen Schutthaufen zu ihren Füssen, wir erblicken jene gefrornen Eisströme, schonungslos reisst die donnernde Lawine, was ihr vorkömmt, in den Abgrund. (...) Losgerissen von allen Hilfsmitteln, welche im Thale die menschliche Ohnmacht verschleiern, losgerissen von Erfindungen, Gesellschaft, Bequemlichkeit, steht der Wanderer hier einsam in seinem schwachen Ich der furchtbaren Grösse der Natur gegenüber und kann alsdann nicht umhin, wie die eigene Geringheit, so das allgemeine Los der Vergänglichkeit zu beklagen. Eine erhabenere und vollkommenere Welt. War das nicht auch das, was er als Politiker angestrebt hatte?

Am Berg hatte er gelernt, Todesangst und Todesahnung zu überwinden, sich als Teil der grossartigen Natur zu begreifen und schliesslich *an Kraft und Muth verjüngt* seinen Weg weiterzugehen in der Welt.

Und nun? War alles umsonst gewesen? Seine Expeditionen? Seine Forschungen und Bücher? Seine Familie? Das Leben überhaupt?

In dunklen Tagen findet Hegetschweiler Trost bei der Lektüre von Haller. Immer wieder liest er die Verse, und oft will ihm scheinen, der grosse Gelehrte habe eine Botschaft direkt an ihn gerichtet:

> *Die Pracht, die euch umringt, schliesst euch in güldene Ketten*
> *Erdrückt den, der sie trägt, und ist nur andern schön.*

Heimlich weint er, wie als Kantonsschüler in Aarau, wenn er in seiner einsamen Klause Hallers Gedicht las: *Die mässige Natur allein kann glücklich machen.* Er weiss es, hat es selber erfahren, vor Jahren und immer wieder. Allzu lange hat er sich von den güldenen Ketten fesseln und erdrücken lassen. Der «Rauch der grossen Städte» hat seinen Blick getrübt. Er will sich befreien, doch es gelingt ihm nicht. Er balanciert selber über Messers Schneide. Es gibt kein Zurück mehr.

6. September 1839. *Dieses Horn, das grüne*

Manchmal taucht er auf aus den Abgründen des Schmerzes. Stimmen dringen aus der Ferne an sein Ohr, erinnern ihn an Menschen, denen er schon irgendwo begegnet ist. Er hört metallene Instrumente klirren, spürt Stiche im Kopf.

Er stöhnt auf. «Wo bin ich?»

«Im Postgebäude, Herr Regierungsrat. In Sicherheit und guter Obhut.»

In seinen Ohren pocht das Herz, hämmert von innen gegen seinen Schädel. Der Aderlass hat die Schmerzen kaum gelindert. «Eis», flüstert er, doch erkennt er seine eigene Stimme nicht mehr. Der Schall versickert in den Eiswüsten, in ihren Spalten und Schründen. Der Berg lebt. Er muss sein geheimnisvolles Wesen ergründen. Jetzt gleich, sogleich.

Von der Sandalp steigt er über die Hänge auf den Ochsenstock, überquert die Geröllhalden gegen ein Felsenriff, Steinbrocken lösen sich unter seinen Schritten. Tief unten, in grüne Weiden gebettet, liegt ein See, das Auge eines mächtigen Reptils, das ihn unablässig beobachtet.

Am Fuss der Felsen botanisiert er, während Thut den Abstieg auf den Gletscher erkundet. Glücklich ist er, in dieser unwirtlichen Einöde auf seltene Pflanzen zu stossen. *Aretia intermedia helvetica, Campanula cenisia, Achillea nana* und das gelbe *Geum reptans*. Glockenblumen, Schafgarben und Berg-Nelkenwurz, Grenzbewohner der Vegetation. Er erkennt, dass sich die Pflanzen in diesen Grenzbereichen der Umwelt anpassen. Höhe und Klima beeinflussen ihre Gestalt, ihre Grösse, die Behaarung und Farbe der Stammarten. Er notiert, skizziert, sinniert. Unablässig sucht er nach dem grossen Entwurf, der hinter der unendlichen Vielfalt von Erscheinungsformen der Natur steht. Der Vorstoss über die Grenzen der bekannten Welt hinaus birgt die Antwort auf die tausend Fragen, die sich der Wissenschaft stellen. «Raison et Nature», Natur und Vernunft begegnen sich in den unberührten Grenzregionen am Berg. Unendlich viele Leben wird es brauchen, um all die Fragen zu beantworten, die hier auf Schritt und Tritt sich stellen.

Noch nie hat eines Menschen Fuss das Felsenhorn am Rand des Bifertenfirns betreten, dem er in feierlichen Worten einen Namen gibt. *Weil rings bereits alles Leben erstorben, könnte man dieses Horn das grüne nennen.* Grün, die Farbe der Hoffnung.

Grün sind auch die Jäger, denen er in der Poststrasse begegnet. Scharfschützen, bewaffnet mit Flinten und Stutzern, in zerschlissene Uniformstücke gekleidet. Grün die Kavallerie auf den Pferden jenseits des Paradeplatzes, grün mit roten Tressen und rot gesäumten Satteldecken. Grün und blutüberströmt die Toten auf dem Pflaster. Er ist an ihnen vorbeigehastet. «Weil rings bereits alles Leben erstorben.» Mein Gott, wo bin ich? Seinen Stock erhebt er, als gebe er Thut das Zeichen wie damals. Ich komme! Ich komme! Thut hat den Weg erkundet, den Abstieg auf den Gletscher. Brüchiges Gestein, nicht schwierig für den vorsichtigen Berggänger. Er packt seine Pflanzenpresse und sein Notizbuch aufs Räf des Knechtes, zieht die Riemen fest, macht sich auf den Weg, hinauf auf dieses Horn, das grüne.

Doch da sperrt ihm ein Felsblock den Weg, Urgestein, grün bemoost und von Flechten überwachsen. Wie ein versteinertes Wesen, das da kauert und lauert. Er weicht aus, doch der Stein lebt, der Fels regt sich. Ein Mensch ist das, hingekniet wie zum Gebet, doch den Kopf im Nacken. Ein Auge, ganz nah, das andere verkniffen. Eine Flamme, grell, dann der Schuss. Das schwarze Meer.

Stimmen um ihn. Er kennt sie, von irgendwo. Schreie, Rufe. Nur Thuts Lachen fehlt. Dünne Luft. Schwer keucht sein Atem, Schaum im Mund. Er will sich auf einen Stein setzen, doch er taumelt und fällt. Vernimmt ein einziges Wort, ganz nah, ganz deutlich: «Trepanation!»

Will die Augen aufreissen, doch eines bleibt verschlossen, verklebt und verbunden. Sieht mit dem andern eine Hand, ganz nah. Eine Faust umspannt ein Instrument, ein blankes Eisenrohr, scharf gezackt. Sein Schrei erstickt, seine Stimme versinkt im Meer, während er in den bodenlosen barmherzigen Abgrund taucht.

6. September 1839. *Ein Schrotschuss, teilweise in das Gehirn gedrungen*

Herr R.R. Hegetschweiler wurde durch einen Schuss in die rechte Schläfengegend verwundet, wodurch er unmittelbar nach der Verletzung das Bewusstsein verlor und gleichzeitig das Bewegungsvermögen im linken Arm und Schenkel.

Hans Ulrich Zehnder, der seinen Regierungskollegen verarztet und verbunden hat, lässt Professor Heinrich Locher-Zwingli ins Postgebäude rufen. Der chirurgische Direktor des Kantonsspitals ist der fähigste Arzt in der Stadt. Hegetschweiler selber hat ihn in seiner Funktion als Präsident des Gesundheitsrates in sein Amt berufen.

Locher untersucht den Verletzten. Die Wunde am Kopf, die Lähmungen, die Bewusstlosigkeit und die rasenden Schmerzen, die sein Gesicht verzerren, wenn er kurz aufwacht, deuten auf eine schwere

Hirnverletzung. Deshalb entschliesst sich Locher zur Trepanation. Allerdings weiss er, wie riskant eine Schädelöffnung ist. Sie sei *eines der sichersten Mittel, den Patienten umzubringen*, heisst es in Fachkreisen. Die Operation ist seit Jahrhunderten bekannt, um das Gehirn zu entlasten, das nach einem Schlag oder einer Verletzung anschwillt. Blutergüsse können abfliessen, Knochensplitter entfernt werden. Ein äusserst schmerzhafter Eingriff, doch die letzte, winzige Chance, einen lebensgefährlich Verletzten zu retten.

Schon die erste Untersuchung des Verwundeten stellte unzweifelhaft heraus, dass er durch einen Schrotschuss, der theilweise in das Gehirn gedrungen war, verletzt wurde. Professor Locher legt die Wunde frei, schneidet Haare weg, schiebt die Kopfhaut zurück. Dann lässt er sich das Futteral mit dem Kronenbohrer reichen, entnimmt ihm das Metallrohr, setzt sein scharf gezacktes Ende über dem rechten Ohr Hegetschweilers an, wo ein Schrotkorn ins Gehirn gedrungen ist. Dreht das Werkzeug an zwei Griffen sacht mit einer Hand, während er mit der andern den Kopf stützt. Sorgfältig sägt er ein Knochenstück von der Grösse eines Talers aus Hegetschweilers Schädel. Zehnder assistiert ihm, tupft Blut weg, das aus der Schädelöffnung tropft, drückt den Patienten aufs Strohlager, als ihn ein Schmerzkrampf packt und sich sein Körper aufbäumt. *Bei der Trepanation konnte auch ein kleines breitgeschlagenes, theilweise in die harte Hirnhaut gedrungenes Bleistück entfernt werden; tiefer gedrungene Stücke zu entfernen war nicht möglich.*

Mehr kann der Chirurg nicht leisten. Hoffen, beten, warten. Der Patient ist zäh, ein Bergsteiger, gesund und von langen Wanderungen gestählt. Locher legt den Bohrer weg, sein Gehilfe wischt mit einem Tuch das Blut ab, steckt ihn ins Futteral. Er untersucht die Schädelöffnung, reinigt sie, dann gibt er Anweisung für den Verband.

«Wird er überleben?», fragt Zehnder.

Locher deutet mit der Hand eine wägende Bewegung an. «Wenn er überlebt, wird er nicht mehr der gleiche Mensch sein wie zuvor.»

Dann sagt er deutlich, damit es alle hören können, dass es ein Schrotschuss gewesen sei, also keine Kugel, wie sie die Truppen verwendeten. Die Geschosse seien schräg von hinten eingedrungen, von unten nach oben. «Herr Regierungsrat Hegetschweiler ist hinterrücks angeschossen worden. Von einem feigen Heckenschützen.»

Er verabschiedet sich rasch. Im Kantonsspital liegen über zwanzig schwer Verwundete, einige im Sterben.

6. September 1839. *Für ihren Heiland geblutet*

Die heilige Schlacht kostet auch drei Ochsen das Leben. Ihr Fleisch siedet in grossen Kesseln im Spital bei der Predigerkirche, als es gar ist, wird es *in kleine Stücke zerschnitten und in Gelten der Mannschaft vorgesetzt*. Alle Kirchen der Stadt haben ihre Pforten geöffnet, Landstürmer richten sich auf den Bänken ein für die Nacht, versorgt mit Wein aus dem Stadtkeller, mit Brot und Siedfleisch. Die Stecken haben sie weggeworfen, dafür Gewehre aus dem Zeughaus gefasst.

Man hat sie der Stadtbürgerwache zugeteilt, um sie in militärischer Zucht und im Zaum zu halten. Doch die Offiziere weigern sich, das Kommando zu übernehmen, wollen mit diesem Pöbel, wie sie sagen, nichts zu tun haben. Eine Rebellion droht. Schliesslich fügen sie sich Zieglers Befehlen. Alles spricht von einem Gegenangriff der Radikalen oder des Siebnerkonkordates. Man muss sich vorsehen.

Die radikalen Führer Ludwig Keller und Jonas Furrer haben sich in den Aargau nach Baden abgesetzt. Auch Oberst Sulzberger ist nach Baden gereist, nachdem ihn die Wache auf der Sihlbrücke in einer Kutsche abgefangen hat. *Hr. Oberstl. Sulzberger ist als elegant gekleidetes Frauenzimmer, in welcher Gestalt er sich flüchten wollte, erkannt und angehalten worden; um indess edle Mässigung zu beweisen, entliess man ihn sogleich.* Für Spott hat der abgesetzte Oberinstruktor der Infanterie nicht mehr zu sorgen.

«Die Straussen kommen!», gellt es durch die Predigerkirche, alles greift zu den Waffen, Becher kippen um, Wein fliesst über die Kirchenbänke. Die Landstürmer stürzen ins Freie, nur um festzustellen, dass die Wache draussen das Krachen eines umstürzenden Stuhles mit einem Schuss verwechselt hat. Die Kämpfer kehren zurück, suchen Brot und Fleisch zusammen, das sie liegen gelassen haben, füllen ihre Becher wieder auf. Da und dort bricht ein Streit vom Zaum, alte Fehden zwischen den Oberländer Dörfern und Familien flackern auf. Raufbolde packen sich und veranstalten in den heiligen Hallen ein wahres Schwingerfest. Jemand stimmt ein frommes Lied an, schleppend fallen andere ein, bis die Kirche dröhnt, als sei Gottesdienst. *Wie sicher lebt der Mensch, der Staub.* Mit der Zeit folgen weniger fromme Gesänge und zotige Sprüche. Fast alle Landstürmer sind betrunken, einige liegen auf oder unter den Bänken, schnarchen und schnaufen. Die Nacht ist lang gewesen, der Tag heiss und aufregend. Die Schlacht geschlagen und gewonnen. Immer mehr Menschen strömen während der Nacht in die Stadt, um den Sieg zu feiern. Zwanzigtausend sind es schliesslich, die Zürich besetzen und sich auf Kosten der Stadt verpflegen und vollsaufen.

Gott hat der gerechten Sache den Sieg verschafft, lässt das Zentralkomitee verlautbaren. *Aber er ist theuer erkauft. Manche Eurer Brüder haben ihn mit dem Leben, viele mit schweren Wunden errungen. Sie haben für das Vaterland, sie haben für ihren Heiland geblutet. Gott wird es ihnen jenseits lohnen; ihrer Wittwen und Waisen wird das Vaterland, werden ihre begüterten Brüder gedenken.*

Die Stadtkasse wird für Brot, Käse, Wein, Fleisch, Reinigung der Kirchen und «Allerley» *Summa Summarum 3880 Gulden* ausgeben, ein Drittel davon für den Landsturm, den Rest für die Bürgerwache. Darin enthalten ein *Conto über 25 Gulden für Kerzen, Gufen u. 500 Feldbinden,* ausgestellt und unterzeichnet am 8. September von Junker Dürler.

6. September 1839. *Der Zudrang sie zu sehen ist ausserordentlich*

«Die Toten sind im Predigerchor aufgebahrt», meldet ein Offizier beim Abendrapport in der Polizeiwache. Man habe *die Verwundeten und Sterbenden zuerst auf Sesseln, Tragbahren und Leitern ins Stadthaus geschafft, wo ein Ratsdiener in grosser Aufregung sich mitten unter sie stellte und betete: «Meine Lebenszeit verstreicht.» Hierauf wurden sie unter gewaltigem Volksauflauf in den Spital beim Prediger gebracht. Das Volk «verlangte» die Ausstellung der Toten im Chor der Predigerkirche.*

Hauptmann Friedrich von Dürler erhält den Befehl, einen Zug der Bürgerwache durch die Grosse Stadt zur Predigerkirche zu führen, um dort für Ruhe und Ordnung zu sorgen. Seine Männer hängen die Gewehre an, setzen sich in Marsch. Einige schwatzen, andere rauchen ihre Pfeife in der lockeren Zweierkolonne.

Im Dämmerlicht sieht er, dass sich vor der Predigerkirche eine Menge versammelt hat. In einer Nische kauern Männer um ein Feuer, braten Fleisch am Spiess, lachen und singen. Flaschen und Becher kreisen. Die Stimmung ist heiter, man erzählt Geschichten, spielt Karten, trotz der Toten, die in der Kirche aufgebahrt liegen. Man wartet, denn *der Zudrang sie zu sehen ist ausserordentlich.*

Bei der Eingangspforte schafft Dürler mit scharfen Kommandos für seine Truppe Platz. Unwillig weichen die Wartenden, hinter seinem Rücken macht sich einer über ihn lustig. «Seht mal den Hauptmann mit den schwarzen Locken. Ist das etwa eine Jungfer, die mit den Offizieren, die abgehauen sind, die Kleider getauscht hat?»

Die Umstehenden lachen, Dürler dreht sich um, blickt in grinsende Gesichter mit struppigen Bärten und weinseligen Augen. Er befiehlt seinen Männern, vor der Kirche Aufstellung zu nehmen, schiebt sich allein durch die Pforte, wird geschubst, gerempelt, getreten. Erreicht schliesslich den Chor, wo die Leute in einer Reihe anstehen, die nur noch Schritt um Schritt vorankommt. Die Stimmen sind gedämpft, Lippen murmeln Gebete, eine Frau schluchzt.

Männer stossen unterdrückte Verwünschungen und Flüche aus. Fordern Rache, Vergeltung, Verurteilung, Tod den Schlächtern. «Aufs Rad mit ihnen, wie in der guten alten Zeit!»

Sieben Männer liegen auf behelfsmässigen Bahren, auf Brettern und Leitern, so wie man sie von der Strasse aufgehoben und durch die Stadt getragen hat. Ungewaschen, mit ungesäuberten Wunden, auf deren verkrustetem Blut die Fliegen spazieren. Von irgendwo her klingt gedämpfter Gesang.

Friedrich von Dürler faltet die Hände, beisst die Zähne zusammen. Vor ihm sinkt ein Alter in die Knie, kippt zur Seite mit aschfahlem Gesicht. Kräftige Burschen packen ihn unter den Achseln, schleppen ihn zur Seite. Einer schlägt ihm auf die Backen. «Wach auf, Grossvater!» Der Alte stöhnt und grunzt, als liege er selber im Sterben. Sein Sohn sei unter den Toten, hört Dürler murmeln. Er liest die Zettel, die jemand den Opfern zu Füssen gelegt hat, vernimmt von Tränen erstickte Stimmen, die von ihrem Schicksal und ihrem Tod im Kampf berichten.

Hans Jakob Kägi, ein armer Baumwollspinner aus Bauma und Vater von drei Kindern.

Hans Jakob Jucker, Bauernknecht aus Bauma, Vater von drei Kindern, mit einer Wunde am Kopf.

Hans Jakob Weber, ein armer Weber aus Pfäffikon, Vater von drei Kindern, zwei Säbelhiebe am Hinterkopf.

Hans Jakob Bosshard aus Hittnau, Vater einer Tochter, seine Ehefrau seit Jahren gemütskrank.

Bartholomäus Diem, ein Dienstbote und Zettler aus Wetzikon, durch den Unterleib geschossen.

Conrad Marthaler, Bauernknecht aus Volketswil.

Zuhinterst liegt eine Leiche ohne Namen, so verstümmelt, dass man ihr Gesicht mit einem Tuch bedeckt hat. Blut sickert in braunen Flecken durch den Leinenstoff.

«Platz gemacht, Platz!» Leichenträger bringen einen Jungen auf einer Bahre aus dem Spital, stellen sie neben den Verstümmelten. Es ist der junge *Hans Rudolf Spörri* aus Bauma, mit einem Schuss im Bauch hat er ein paar Stunden qualvoll überlebt.

«Es ist nicht der Letzte», sagt einer. Noch einige liegen im Sterben im Spital drüben, Tagelöhner, Bauernknechte, Weber, Handlanger. Menschen aus Verhältnissen, von denen Friedrich von Dürler als Sekretär der Armenpflege täglich liest auf dem Amt. Er erfährt von ihrem Leben und ihrer Not, wenn er die Abhörbogen begutachtet, auf denen ihr trostloses Schicksal protokolliert ist. Die amtlichen Schreiben leitet er weiter, visiert Unterstützungsbeiträge zu Handen ihrer Armenväter oder ihres Pfarrers, kontrolliert die Zahlungen.

Eine grosse Trauer umfängt Dürler, er spürt, wie ihm Tränen über die Wangen rinnen angesichts des geschundenen und zerstörten Lebens, das in der Kirche liegt, schmutzig und lieblos hingeworfen, als seien es Kartoffelsäcke.

Tränen der Wut sind es, wenn er daran denkt, wie die Armen vom Land hinter wohlbetuchten und gebildeten Herren hergelaufen sind. Hinter Hürlimann-Landis, dem frommen Fabrikanten vom Zürichsee, und dem hochgeachteten und «herzensguten» Arzt Rahn-Escher. Warum hat kein Schuss die Anführer, die Verführer getroffen? Etwa den Pfarrverweser von Bauma, der die Waffen zum Heiligen Krieg gesegnet hat, wie es heisst. Oder den scharfzüngigen Pfarrer Hirzel, den gottesfürchtigen Schriftgelehrten, der sich zum Volkstribun aufgeschwungen hat.

Um ins Freie zu gelangen, muss Hauptmann Dürler den Leuten, die ihm den Weg versperren, den Griff seines Degens in der Rücken stupfen. Endlich ist er bei seinen Männern, die an der Kirchenmauer lehnen und warten. Einer lässt ein Fläschchen in der Jackentasche verschwinden.

Dunkelheit ist über die Stadt gesunken. Die Stimmen der Betrunkenen, die durch die Gassen torkeln, die Gesänge aus Kirchen und Weinschenken, die Rufe und verzweifelten Schreie, das Weinen und Stöhnen mischen sich zu einem eigenartigen Chor, der die schwarze Nacht erfüllt.

6. September 1839. *Reisen in den Gebirgsstock*

«Friedrich, endlich!» Er löst sich aus der Umarmung der Mutter, zieht den Uniformrock aus und hängt ihn über einen Stuhl. Ihre stete Angst reizt ihn, manchmal fordert er sie durch übermütiges Verhalten geradezu heraus. Ihre Fürsorge ist erstickend, ein steter stiller Vorwurf, warum ein Mann von 36 Jahren, Beamter der Stadt Zürich, gut aussehend und nicht unvermögend, noch immer keinen eigenen Hausstand gegründet hat. Eine tüchtige Schwiegertochter könnte der Mutter Gesellschaft leisten beim Sticken und Stricken, Enkelkinder würden ihren Alltag bereichern und ihr Gemüt aufheitern. Mit mancher Bürgerstochter der Stadt könnte Friedrich eine glänzende Partie machen. Dass er katholisch ist, dürfte in der neuen Zeit kaum mehr ein Hindernis sein für eine Heirat in eine der protestantischen Häupterfamilien.

Doch fürs schöne Geschlecht scheint Friedrich keine Augen zu haben. Die «Soirées dansantes» im Bad Stachelberg hat er gemieden, wo es nur ging. Spaziergänge vorgeschoben und Exkursionen zu Forschungszwecken, Berg- und Klettertouren. Er hat lieber in Alphütten übernachtet und mit den Sennen Pfeife geraucht, als die jungen Damen aufs Parkett geführt, die in Überzahl auf einen galanten Tanzpartner warteten. Ihre Augen mit den langen Wimpern erinnerten ihn an die glotzenden Blicke der Kühe auf der Alp, bemerkte er einmal im Scherz, doch er ziehe deren natürlichen Duft dem Puder und den französischen Parfüms der Damenwelt bei weitem vor.

«Friedrich, wo bist du so lange geblieben? Das Abendessen ist kalt geworden.»

«Ich stehe im Dienst, Mama. Die Stadt hat uns verpflegt.»

«Man erzählt sich furchtbare Dinge. Ists wahr, dass Menschen gestorben sind?»

Er hebt die Schultern. «Denk nicht daran. Es ist alles vorbei.»

«Dann musst du also nicht mehr einrücken?»

«Doch. Ich bin als *Posten-Commandant beim Feldhof* eingeteilt.»

Er setzt sich, zieht seine Stiefel aus. Die Mutter trägt sie vor die Tür, damit sie die Magd am Morgen putze und fette, beginnt seinen Uniformrock auszubürsten.

Er schenkt sich ein Glas Wein ein, wünscht der Mutter gute Nacht, zieht sich in sein Zimmer zurück. Doch Schlaf findet er nicht nach dem aufregenden Tag. Vor dem Fenster lärmen fremde Stimmen, lachen und grölen. Militärische Kommandos schallen vom Zeughaus über die Gasse, wenn die Wachen abgelöst werden. Einmal glaubt er, Schüsse zu hören, weit weg. Betrunkene, die in die Luft feuern, vielleicht.

Er setzt sich aufs Bett, greift sich ein Buch vom Gestell, das Papier ist zerlesen, manche Seitenränder sind eingerissen, Eselsohren an den Ecken markieren wichtige Stellen. *Reisen in den Gebirgsstock zwischen Glarus und Graubünden.* Hegetschweilers Bericht.

Zwischen die Seiten hat er den Ausschnitt gelegt aus der *Glarner Zeitung vom 24. August 1837*. Er liest und ist wieder in jenem Sommer vor zwei Jahren, als er die Mutter ins Stachelbergbad begleitet hat, wo sie mit Schwefelwasser ihre Schwermut und andere Leiden zu kurieren versuchte. Sie hegte gewiss auch die heimliche Absicht, ihren Sohn von der Männergesellschaft der Stadt zu entfernen, von den Turnern, den Altertumsforschern und den Radikalen im Café Littéraire, damit er in galanter Gesellschaft auf andere Gedanken käme, als immer nur auf den Üetliberg zu steigen, in der Erde zu wühlen oder mit seltsamen Leibesübungen seine Muskeln zu stählen. Und ob er auf andere Gedanken kam! Und ob!

12. August 1837. *Nicht die Symphonie, die sie hofften*

Am 12. August 1837 war es, einem Samstagabend, als sich Aufregung unter den Gästen im Bad Stachelberg verbreitet: «*Sieg über den Tödi!*» Die Gesellschaft eilt in den kühlen Abend hinaus und hinab gegen das Dorf, wo auf dem Fahrweg bei den ersten Häusern die Einheimischen in Gruppen zusammenstehen, Jauchzer und Jodelrufe schallen den Badegästen entgegen. Drei Männer in Bauernkutten stehen inmitten des Auflaufs, Hüte in den Nacken geschoben, die Gesichter bärtig und von der Sonne verbrannt, die Lippen geplatzt und verkrustet. Der eine schon sehr alt, dreht einen Stumpen im Mundwinkel und stützt sich auf seinen Stock, die andern, jünger und kräftig, haben Hanfseile umgehängt und tragen Räfs und Rucksäcke, an denen Fusseisen klirren, einem klemmt eine Alpenrose zwischen den Zähnen. Etwas verlegen stehen sie da, bescheiden und doch stolz, die drei Helden. Vater und Sohn Bernhard und Gabriel Vögeli und Thomas Thut. Gämsjäger alle drei, die es gewohnt sind, in Felswänden herumzuklettern, das Wild über ausgesetzte Bänder zu treiben, bei eisiger Kälte hoch am Berg die Nacht zu verbringen. Der Tödi, von dem man nur die östliche Gipfelkante sieht, den «Glarner Tödi», schwimmt im rötlichen Abendlicht, das Tal liegt im Schatten. Die Augen und die runden Gesichter der Bergler strahlen, als hätten sie in der Höhe eine der Goldadern gefunden, von denen die Sagen erzählen. *Mit Jubel zeigten am 12. Aug. die genannten Männer den Sieg über den Tödi den resp. Stachelbergbadgästen an, und fanden aber nicht die Symphonie, die sie hofften.*

Die Linthaler schütteln ihnen die Hände, hauen ihnen auf die Schultern, dass sie sich krümmen. Die Aufregung ist beträchtlich. Doch die Kurgäste bewahren Distanz, denn sogleich macht sich Misstrauen breit. Haben nicht schon drei Jahre zuvor Einheimische behauptet, den Berg bezwungen zu haben? Hat sie nicht der Zürcher Regierungsrat Hegetschweiler, der den Tödi kennt wie kein zweiter, examiniert und als Lügner entlarvt? Gibt es Zeugen, hat sie jemand, dem man vertrauen kann, auf dem Gipfel erblickt? So geht das Wort unter den Fremden, und selbst als ein Alter vortritt und sagt, er sei der Hans Thut, den man den Wasserdoktor nenne, ein Onkel des jungen Thomas, der hier stehe. Als Führer des Doktor Hegetschweiler habe er vor fünfzehn und mehr Jahren mit ihm seine berühmten Angriffe auf den Berg unternommen. Er könne beschwören, dass er das Fähnlein gesehen habe, von dem die drei behaupteten, sie hätten es auf dem Gipfel in den Schnee gepflanzt.

Einer der Herren aus dem Bad hat einen italienischen Feldspiegel dabei, mit dem er den Berg absucht, den Kopf schüttelt, das Gerät dann weiterreicht. Niemand will das Fähnlein auf dem Gipfel sehen können. Doch der alte Thut beharrt darauf, *das Stängelchen mit dem daran im Winde flatternden Stück Zeug sowohl durch sein kleines Fernrohr als auch mit blossem Auge gesehen zu haben.*

Man müsse nur den Standort wechseln, das Fähnlein sei hinter dem Gipfelgrat versteckt. Auf dem Obbort besitze er ein «Telescop», durch das sich jedermann selber überzeugen könne. Doch keiner der Badegäste zeigt Lust, dem alten Thut aufs Obbort zu folgen, eine oder zwei Stunden zu Fuss auf schlechten Wegen. Die Damen tuscheln und rümpfen ihre Pudernasen, die Herren stochern mit ihren Stöcken im Kies und tauschen vielsagende Blicke.

Eine ganz und gar ungemütliche Situation. Die zwei Lager unterschiedlicher Menschen rücken mehr und mehr voneinander ab, die einen feiern einen Sieg, den ihnen die andern missgönnen oder schlichtweg leugnen. Wer glaubt denn einem Bauern ein Wort? Was wollen die «Schamauchen», wie man hier die Fremden nennt, von den Bergen verstehen? Eine feindselige Stimmung kommt auf zwischen den Glarner Berglern und den vornehmen Unterländern, während das Licht am Gipfel verblasst.

Friedrich von Dürler glaubt zu spüren wie in dieser Spannung der alte Gegensatz von Herr und Untertan knistert, der Dünkel einer Kaste, die nach ihrem Gutdünken über die Wahrheit verfügt, auch wenn die Tatsachen das Gegenteil beweisen.

Spontan und ohne jede Vorbereitung tritt er zwischen die zwei Gruppen, nennt seinen Namen und spricht die Worte, welche die Glarner Zeitung später so rapportiert: *Junker Friedrich Dürler von Zürich fand aber die gemüthliche und zuversichtliche Relation obiger Männer in Sache dennoch achtenswerth, und bestimmte dieselben dann: ihrer Aussage dadurch Nachdruck zu geben, dass sie ihm bei einem Spaziergang auf den Tödi vorangehen wollten; was sie sogleich zuschlugen.*

«Herrjessesgott!» Das ist das einzige Wort, das seine Mutter über die Lippen bringt, als ihr Damen aus dem Kurhaus vom Vorhaben ihres Sohnes berichten. Sie sinkt auf einen Sessel, von einem Schwächeanfall übermannt. Der Badearzt verschreibt ihr heisse Schwefelbäder, abwechselnd erfrischt durch kühles Quellwasser. Dazu täglich beruhigenden Tee aus Alpenkräutern.

August 1837. Mundvorrath im Überfluss

«Warum wollt ihr da hinauf?», fragt ihn mancher der Badegäste während der kommenden Woche. «Ist das nicht Gott versucht?»

Seine Mutter überschüttet ihn mit Vorwürfen, dann zieht sie sich in ihr Leiden und zu ihren Kuren zurück. «Warum bereitest du mir so Kummer, Friedrich?»

«Ich pass schon auf mich auf. Mach dir keine Sorgen, Mutter.» Er lacht, fühlt sich beschwingt wie noch nie, wandert mehr denn je, die steilsten Hänge hinauf und hinunter, rastlos, um seine Muskeln zu stählen. Oft steigt er nach Braunwald hoch, denn da wuchtet der Berg zum Greifen nah vor ihm empor mit seinen Gletschern und finstern Felswänden. Der Tödi erscheint ihm aus solcher Nähe noch viel geheimnisvoller, schrecklicher und lockender als in jener Nacht mit Freunden auf dem Üetliberg. Wenn doch Ferdinand dabei sein könnte! Ein Rausch hat Friedrich von Dürler erfasst. Nun gibt es kein Halten mehr.

«Warum?»

«Eigentlich weiss ich das selber nicht. Es zieht mich einfach hinauf.» Der Badearzt hat ihm Hegetschweilers Buch ausgeliehen aus seiner Privatbibliothek. Abends liest er bei Kerzenlicht wieder und wieder die magischen Sätze. *Mich zog seit langem eine dunkle Sehnsucht nach dieser Welt der Einsamkeit und der erhabenen Gesellschaft, des Todes und der Wiege des Lebens, des Schreckens und der herrlichsten Genüsse.*

Das ist es, sagt er sich. So wie es die Menschen zum andern Geschlecht zieht, den Mann zur Frau, so zieht es mich zum Berg.

Unerklärlich ist diese Kraft, auch wenn die neue Zeit alles erklären und erforschen und messen will. Ein Geheimnis verlockt uns, in unbekannte, verbotene und verrufene Zonen der Welt und des Lebens vorzudringen, zwischen Himmel und Erde, wo sich das Leben mit dem Tod vereinigt. Er schreibt seinem Freund Ferdinand lange Briefe in solchen Nächten. Er schreibt nicht wirklich, denn er ist viel zu aufgeregt, um die Feder zu führen. Im Kopf formt er Sätze, die er nie zu Papier zu bringen gewagt hätte.

Tagsüber widmet er sich den Vorbereitungen auf die Expedition. Seine Begeisterung steckt an, beflügelt die jüngeren Badegäste, selbst Damen helfen mit erhitzten Gesichtern und glänzenden Augen beim Zusammentragen von Ausrüstung und Proviant. *In aller Eile wurden die Anordnungen zur Reise, zu welcher jeder Badegast etwas beizutragen sich bestrebte, getroffen. Schnell wurde eine grosse rothe Fahne aus Tischteppichen verfertigt, Mundvorrath im Überfluss herbeigeschafft, ein gegenseitiges Zeichen verabredet, und die Beobachtung mancherlei Erscheinungen empfohlen.*

Ein Barometer muss her, fällt Dürler ein, denn kehrt er vom Berg zurück ohne wissenschaftliche Resultate, so läuft er Gefahr, von der Fachwelt nicht ernst genommen zu werden. Schliesslich lastet auf dem «Conservator» einer wissenschaftlichen Vereinigung eine gewisse Verpflichtung, auch wenn er sich spontan und ohne Plan in das Abenteuer geworfen hat.

Kurz vor dem Aufbruch wird aus dem Hauptort Glarus der Barometer angeliefert. Dürler nimmt ihn dem Boten aus der Hand, trägt ihn mit aller Vorsicht durch den Korridor. In Hegetschweilers Buch hat er gelesen, wie geschickt der Meister das zerbrechliche Gerät an einem Räf festzurrte für den Transport ins Gebirge. Er zittert vor Aufregung, als er das Lederfutteral öffnet, in dem die Glasröhre mit dem Quecksilber steckt, sie gleitet ihm aus der Hand, zersplittert mit leisem Klirren auf dem Steinboden. Quecksilbertropfen kugeln nach allen Seiten über die schwarzen Schieferplatten, versickern in den Ritzen.

«Verdammt nochmal!», entfährt es ihm, Blut schiesst ihm in den Kopf. Welche Schmach! Welch böses Omen für die Expedition! Es spricht sich herum, er sieht die Leute tuscheln hinter Fächern und gezogenen Hüten, spürt Blicke. Und sagt sich: Jetzt erst recht!

Seine Begleiter kümmert das wenig, im Gegenteil. Der alte Thut hat seinen Vetter gewarnt: «Hegetschweiler hätte den Tödi geschafft, wäre er nicht so versessen auf seine Experimente gewesen. Am besten vergesst ihr das ‹Gschirr› im Tal oder auf der Alp.» Der «Paneeter», wie er sagt, ist doch nur nutzloser Ballast.

18. August 1837. *Wohlvorbereitet und bei gutem Barometerstande*

Den 18. fliessenden Monats, circa Mittags, zogen Junker Dürler und jene Männer wohlvorbereitet und bei gutem Barometerstande, vom Stachelbergbade aus. Es ist Freitag, früher Nachmittag. Friedrich von Dürler hat ausgiebig gespeist mit seiner Mutter, die fahl und in sich gekehrt am Tisch sitzt. Er hat sich sogar ein Glas Rotwein gegönnt, nun schultert er sein Felleisen guten Mutes.

Die Mutter umarmt ihn: «Pass auf, es ist gefährlich.»

Er küsst sie auf die faltigen Wangen, folgt dann den schwer beladenen Gämsjägern, deren Nagelschuhe Staub aufwirbeln auf dem Weg. Badegäste stehen Spalier, die jungen Damen zuvorderst in weiten Sommerröcken, gelockt und geschminkt wie Schneegöttinnen. Sie klatschen, schlagen ihre Augen nieder. Die Männer heben ihre Spazierstöcke, schwenken Strohhüte, einer macht die Faust: «Gute Reise, glückauf!»

Dürler winkt zurück. Mit leichtem Schritt und wenig Gepäck folgt er seinen Führern. Je näher sie dem Berg kommen, desto gewaltiger erscheint er ihm. Ein schwarzes Ungeheuer, das vor der Sonne steht und wächst und wächst. Die Sandalp liegt im Schatten, als sie eintreffen, die Felswand darüber und der weisse Gipfelgrat leuchten im letzten Licht. Freundlich empfangen die Sennen die Partie, bereiten Fenz zu, einen fetten Brei aus Rahm, Mehl und Butter, tischen Kaffee, Milch und Brot auf. Alle greifen mit dem Löffel in die verrusste Pfanne, die auf dem Tisch steht. Eine Flasche mit gebranntem Wasser macht die Runde. Friedrich von Dürler verzichtet, obwohl der alte Vögeli beteuert, ohne diesen Zaubertrank hätte er den Aufstieg vor einer Woche niemals geschafft. Kurz vor dem Gipfel habe ihn ein Unwohlsein befallen, ein Frost und ein Zittern der Glieder. Sie waren in dichten Nebel geraten, kaum zehn Schritte weit konnten sie sehen. «*Das Gefährliche meiner Lage einsehend, raffte ich meine letzten Kräfte zusammen, fuhr fort, mich zu bewegen, nahm einige Schlücke Kümmelwasser, und hatte die Freude, mich in kurzer Zeit von diesem Zustande befreien zu können.*» Diese Medizin verlieh ihm neue Kraft, der Nebel verflüchtigte sich und bald standen sie auf dem Gipfel.

Der sechzigjährige Jäger und Wildheuer Bernhard Vögeli ist ein begnadeter Erzähler, der weit in die Nacht hinein die Runde der Sennen und auch Dürler mit seinen atemberaubenden Schilderungen in Bann schlägt. *Er hatte von früher Jugend an die Steinwüsten und Firne, die den Tödi umgeben, durchstreift, und sich mit den Schrecknissen, die dem Wanderer in den Regionen des ewigen Schnees begegnen, vertraut gemacht.* Einmal war er mit einem Räf Schabzieger auf dem Kistenpass in den Bisennebel geraten und hatte sich während der Nacht vor dem Erfrieren gerettet, indem er sich immerzu bewegte. Lächelnd schneidet er sich ein Stück Käse ab, spiesst es aufs Messer und schiebt es zwischen seine braunen Zähne, meint kauend: «Die erste Nacht überlebt man immer.»

«Die erste Nacht?»

«Wenn einen der Berg nicht mehr loslassen will, wenn einen Kälte, Sturm und Gewitter peinigen. Erst in der zweiten Nacht gehts um Leben und Tod, wenn man unterkühlt und ausgehungert ist.»

Schon als Knabe habe er ein unerklärliches Verlangen gespürt, hinaufzusteigen in diese Regionen, der Tödi sei das Ziel seiner höchsten Wünsche und Träume gewesen. Kaum jemand habe das verstanden, denn das Besteigen eines Berggipfels diene ja nicht wie die Jagd oder das Wildheuen dem Lebensunterhalt, sondern sei im Grunde genommen sinn- und zwecklos. Vielleicht sei es gar, wie die Alten meinten, Gott versucht oder die Götter, dort hinauf zu steigen, denn niemand wisse, was einen hoch über den Wolken erwarte. Nun sei aber eine neue Zeit, man glaube nicht mehr an Geister und Götter, man glaube eher, was man mit eigenen Augen erblicke und mit eigenen Händen anfasse, als was die Alten erzählten oder der Pfarrer von der Kanzel herab predige.

«Sind Sie müde, Junker Dürler?» Vögeli nimmt einen tüchtigen Zug vom Gebrannten, in seinen listigen Augen spiegelt sich das Feuer.

«Erzählt weiter, erzählt!», fordert ihn Friedrich von Dürler auf.

Und so fährt der Alte fort: «Als dann Herren aus der Stadt den Berg versuchten und scheiterten und später das Gerücht ging, zwei Surselver hätten ihn von Süden her gemeistert, da hat sich in meinem Kopf ein Plan geformt. Den Wasserdoktor Thut habe ich eingeweiht und der hat mir seinen Vetter als Begleiter geschickt.»

Die beiden Jungen am Tisch blicken stolz in den Rauch ihrer Pfeifen. Sie haben die Ärmel ihrer Hemden hochgekrempelt, die Knöpfe stehen bis tief in die Brust hinab offen, so dass ihre muskulösen Körper im Schein des Feuers bronzefarben schimmern. Sie brauchen keine Turnübungen, um sich zu stählen, denkt Dürler. Von kühnen Jagden erzählen sie, vom Klettern in senkrechten Wänden und von Felsbändern, über die sie gekrochen sind auf allen Vieren, schuhbreit über Abgründen. Angst scheinen sie nicht zu kennen. Was sie treibt, ist nicht eine unerklärliche Macht, wie den alten Vögeli, sondern die Aussicht, falls das Unternehmen gelingt, sich abenteuerlustigen Gästen des Stachelbergbades als Bergführer anzudienen.

Zwei Mal hatten die drei den Berg angepackt, im Juli und Anfang August, bis sie schliesslich triumphierten. Jedes Mal bestanden sie unglaubliche Abenteuer, die sie abwechslungsweise so anschaulich schildern, als ob sie Dürler Angst einjagen wollten. Einmal mussten sie eine Nacht an eine Felswand gelagert auf dem Gletscher verbringen, von Kälte geschüttelt, anderntags stürzte Gabriel Vögeli in eine Gletscherspalte, war aber zum Glück ans Seil gebunden, so dass man ihn mit grosser Mühe wieder herausziehen konnte. «Wie ein Kalb aus einer Güllengrube!»

Die Geschichten der Bergler schrecken Friedrich von Dürler keineswegs ab, im Gegenteil, je haarsträubender die Schilderungen geraten, während sich die Schnapsflasche allmählich leert, desto heftiger wird sein Verlangen, mit diesen Männern solche Wagnisse durchzustehen, mit ihnen in Abgründe und Gletscherspalten und in den Tod zu blicken und an dieser Erfahrung zu wachsen.

Schliesslich verkriechen sich die drei ins Heu. Er jedoch findet keinen Schlaf, es drängt ihn ins Freie, wo der Vollmond hell und kalt über dem schwarzen Grat steht. Er sitzt auf einer Bank an die Wand der Hütte gelehnt, seine Gedanken verlieren sich in Raum und Zeit. Wenn es in der Höhe in den Gletschern kracht, fährt ihm ein erregender Schauer über den Rücken.

19. August 1837. *Winzigen Kobolden gleich*
Dank der gütigen Vorsehung, die die beschriebenen Männer so sichtbarlich schüzte. Ruhm aber auch und bleibendes Verdienst dem lieben Junker Fridrich Dürler von Zürich, der alles Gute herzlich liebt! Aber auch die gebührliche Achtung und Anerkennung dem gedachten Bernhard Vögeli, Vater, Gabriel Vögeli, Sohn und Thomas Thut jgr. in Linthal.

Unterzeichnet haben den Artikel vom 20. August in der Glarner Zeitung vier respektable Herren aus Glarus, darunter der *Pfarrer J. M. Leuzinger* und *Hauptmann J. Paravicini*. Friedrich von Dürler faltet den Ausschnitt, legt ihn ins Buch zurück. Es ist der Beweis für ihre Tat, sein Name wird zuerst genannt, denn ohne sein Zeugnis, ohne die Begleitung eines in wissenschaftlichen Kreisen anerkannten Herrn aus der Stadt, hätte die Welt die Leistung der drei Einheimischen niemals zur Kenntnis genommen. Auch wenn er selber ohne die geringsten wissenschaftlichen Resultate, ja nicht einmal mit einer Skizze oder topografischen Karte zurückgekehrt ist. Allzu stark hat ihn der Aufstieg in Anspruch genommen, seine Führer hatten gedrängt, waren fast ohne Pause marschiert und geklettert.

Um halb drei in der Nacht sind sie losgezogen, der Mond leuchtet in die Hänge über der Alp, taghell sind die Kuppen und Grate, nachtschwarz die Schattenmulden. Die Nagelschuhe vor ihm werfen Funken, wenn sie über Felsplatten kratzen, wortlos und schwer atmend folgt er den Männern, die Seile umgehängt haben und eine kurze Leiter mit sich schleppen.

«Die ist wichtiger als der Barometer», hat Vögeli hingeworfen.

Tatsächlich kann man sie auf dem Gletscher gut gebrauchen, um Spalten zu überbrücken und Eistürme zu überklettern. Frischer Schnee ist gefallen, so dass Vögeli eine andere Route suchen muss als eine Woche zuvor, über trügerischen Schneebrücken und zwischen dunklen, mit Wasser gefüllten Klüften. Sein Instinkt leitet ihn sicher. Man bindet sich ans Seil, obwohl das Dürler unnötig findet, schnallt Fusseisen an. Einmal bricht neben ihnen ein Eisturm mit gewaltigem Krachen in sich zusammen, von den Hängegletschern über der Schneerunse rutschen kleine Lawinen ab, zischen an ihnen vorbei in die Tiefe, gefolgt von kaltem Windhauch. Um sich schneller in Sicherheit bringen zu können, lösen sie sich wieder vom Seil. Höher oben stecken sie die Leiter in den Schnee, um schneller voranzukommen.

Letztes Hindernis ist eine gewaltige Spalte, die vor einer Woche noch nicht da gewesen sei, wie Vögeli beteuert. Als letztes Zeichen von Leben findet Dürler im Schnee ein paar Blätter, die der Wind von weit her getragen hat, und eine tote Libelle, die er sorgsam aufhebt und in ein Tuch einschlägt. Jetzt liegt sie auf seinem Schreibtisch, zart und mit schillerndem Panzer und schon etwas verstaubt. *Nicht weit davon sassen traurig zwei, vielleicht ebenfalls auf einer Untersuchungsreise begriffene Krähen, die über das Erscheinen lebendiger Wesen sehr verwundert schienen.*

Die Spuren, welche die drei bei der ersten Besteigung in den Firn getreten haben, werden wieder sichtbar und so kommen sie gut voran. Der junge Thut schlägt in den letzten Metern vor dem Sattel zwischen dem Glarner Tödi und dem Rusein mit der Axt Stufen ins Eis. Es ist Mittag, als sie sich auf dem Grat gegen Osten wenden und nach kurzer Wanderung das Gipfelsignal erreichen. Das Kreuz, aus Stecken, einer Schnur und Tuchfetzen improvisiert, hat der Wind umgeworfen. Es ist der Beweis, dass sie den Gipfel schon einmal erreicht haben.

Überwältigt von der Rundsicht bleibt Dürler stehen, erkennt das grüne Tal der Linth mit Dörfern, Häusern und Kirchen. Linthal, das Bad Stachelberg am Hang unterhalb von Braunwald. Dutzende von Gipfeln verschmelzen mit den Wolken, in blauer Ferne verlieren sich Täler und Ebenen in einem Meer aus Dunst. Er kennt kaum einen der Berge, denn das Panorama der Alpen ist ihm nur von Zürich aus vertraut. Aus dieser Perspektive, die noch kein Menschen vor ihnen erblickt hat, bieten sie ein ganz anderes Bild. In seiner trunkenen Hochstimmung könnte er über Berge und Täler hinwegschreiten.

Die drei Begleiter jauchzen und jodeln, doch bald dringt aus ihren trockenen Hälsen nur noch ein Krächzen, als ahmten sie die Rufe der Krähen nach. Dürler holt ein kleines Fernrohr aus dem Rucksack, blickt in die Tiefe und kann *beobachten, wie gleich nach dem gegebenen Zeichen die Leute sich zwischen dem Dorfe und dem Badegebäude, wahrscheinlich um sich gegenseitig Mittheilung zu machen, hin und her bewegten, und wie dann am letztern Orte eine Menge Personen an die offenen Fenster des Speisesaales sich drängten und den Altan füllten.*

Später erfährt er, wie überrascht die Gesellschaft im Tale ist über den Anblick von *Menschen, die, winzigen Kobolden gleich, auf der noch vor kurzem unersteiglich geglaubten Kuppe umherirrten.* Er denkt an seine Mutter, die dort unten steht, voller Furcht hinaufblickt und sich dann in ihr Zimmer zurückzieht und sich mit einem bitteren Gebräu aus Alpenkräutern zu beruhigen versucht.

Die Gipfelstürmer befestigen die Fahne an den Stecken, so gut es geht, setzen sich, essen ein paar Bissen Brot und Trockenfleisch, obwohl sie kaum Hunger verspüren. Den brennenden Durst, «Hungerdurst» nennen ihn die Bergler, versuchen sie mit Schnee zu stillen, in den sie Branntwein mischen. Der alte Vögeli, der einen erschöpften Eindruck macht, legt sich in den Schnee, und bald verrät ein leises Stöhnen und Schnarchen, dass er eingeschlafen ist. Die Jungen hocken stumm nebeneinander auf ihren Räfen, die gewaltige Aussicht, aber auch die Müdigkeit haben ihnen die Sprache geraubt.

Plötzlich stösst Thut einen Ruf aus, zeigt gegen Süden. *Zur grossen Überraschung der Gesellschaft bewegte sich, als sie eben am Mittagsmahle sass, ein Schmetterling (papilio brassicae), den die Winde nach dieser Region des Todes hinaufgetragen hatten, in mattem Fluge an ihr vorbei.* Der Kohlmeisling erinnert Dürler an seine naturwissenschaftliche Mission, die er vollkommen vergessen hat. Rasch misst er mit dem einzigen Instrument, einem Thermometer, die Temperatur, findet neun Grad an der Sonne und gegen acht im Schatten. Dann zählt er seine Pulsschläge, hundertzehn in der Minute, im Tale sind es stets achtzig. Seine Messungen sind so bescheiden, dass er die Resultate im Kopf behalten kann.

Die Sonne hat den Zenit überschritten, als der alte Vögeli erwacht. Drei Uhr ist es, als man aufbricht und nach kurzer Beratung entscheidet, die etwas höhere Ruseinspitze im Westen nicht mehr zu besteigen.

Ein Fehler, wie Dürler schon bald erfahren muss, denn hätten sie noch eine Stunde geopfert und eine weitere Nacht auf der Alp zugebracht, statt gleichentags ins Tal zurückzukehren, dann wäre ein für allemal klar gewesen, wer den höchsten Gipfel des Tödi erstmals von Norden bestiegen hat – und vielleicht zum ersten Mal überhaupt. Wegen diesem Versäumnis werden ihm Hegetschweiler und andere vorhalten, seine Partie sei zwar oben, aber doch nicht auf der höchsten Spitze gewesen.

19. August 1837. *Manche stille und laute Fürbitte*

Der Abstieg ist lang und gleicht den dramatischen Erzählungen des alten Vögeli. Eis- und Felslawinen donnern die Schneerunse hinab, kaum sind sie dem Schlund entronnen. Mehrmals brechen sie auf dem aufgeweichten Gletscher in Spalten ein. Schliesslich rennt und rutscht jeder für sich allein abwärts, als gehe es um sein Leben. So stark der Berg sie angezogen hat mit seiner unerklärlichen Macht, so heftig will er sie jetzt abschütteln. Alle Erschöpfung ist vergessen, es scheint, als wären ihnen Flügel gewachsen, und nun segeln sie mit unendlicher Leichtigkeit über Schutthalden und Schneefelder hinweg zu Tal.

Um halb sieben erreichen sie die Panthenbrücke über dem Tierfehd, dem hintersten Teil des Linthtales, wo sie eine Gesellschaft von Kurgästen und Linthalern erwartet. Der Erfolg hat alle vereint und verbrüdert, es ist keine Feindseligkeit zwischen Einheimischen und Fremden mehr zu spüren. Hauptmann Paravicini habe ein Fest gestiftet und vorbereitet, wird berichtet. So schreitet man frohgemut weiter talaus. *Bis zum Badegebäude ertönten an allen Fenstern Begrüssungen und feierliche Glückwünsche; ja der Pfarrer des Dorfes selbst ermangelte nicht, als der Zug sich bei seinem Hause vorbeibewegte, in einer passenden Anrede die Kühnheit und das Selbstvertrauen der Wanderer zu loben.*

Man habe atemlos mitverfolgt, wie sie sich dem Kulm des Tödibergs näherten, erzählt der Pfarrer, *und manche stille und laute Fürbitte stieg aus den teilnehmenden Herzen zu dem Allmächtigen empor.* Die Glarner Zeitung wird später sogar berichten, die Bergsteiger hätten auf dem Gipfel *Gott für den geleisteten Beistand u. Schutz inbrünstiglich gedankt.* An ein Gebet oder etwas Ähnliches kann sich Friedrich von Dürler zwar nicht erinnern, aber vielleicht hat die dünne Luft sein Gedächtnis etwas beeinträchtigt. Dankbar ist er, als er seine Mutter vor dem Kurhaus in die Arme schliessen kann, er ist verschwitzt, seine Waden und die Blasen an den Füssen schmerzen. Er küsst die Mutter auf den Mund, was er sonst nie tut, und sie flüstert: «Du bist mir wieder geschenkt, mein Sohn. Dank dem Herrgott.»

Das Fest ist bescheiden, denn die meisten Gäste sind bereits abgereist. Die Kunde von einem Volksaufstand hat sich im Tal verbreitet. Näfels und Oberurnen widersetzen sich der neuen Verfassung, welche die Landsgemeinde im Jahr zuvor beschlossen hat. In Glarus sammeln sich Truppen, um die renitenten katholischen Gemeinden in die Knie zu zwingen, Zürich hat Verstärkung in Marsch gesetzt. Die Badegäste fürchten, bei einem Ausbruch von Kämpfen das Tal nicht mehr verlassen zu können.

Friedrich von Dürler misst den Berichten nicht allzu grosse Bedeutung bei. So berauscht und beschwingt ist er vom Sieg über den Tödi, dass ihn nichts mehr schrecken kann. Er muss nur seine Mutter beruhigen, für die der Kuraufenthalt alles andere als eine Erholung für die Nerven gewesen ist.

In der Rückschau erscheint ihm die Besteigung als symbolträchtiges Ereignis. Während Reformiert gegen Katholisch zum Kampf rüstet im Tal, während Liberal gegen Konservativ marschiert, besiegt ein liberaler katholischer Luzerner aus Zürich mit drei reformierten Glarner Hinterländern den Tödi. War es nicht das Zeichen einer neuen Zeit? Zeigte es nicht aller Welt, dass Menschen unterschiedlicher Herkunft und Konfession gemeinsam ein grosses Ziel erreichen können? Kommen nicht alle weiter, wenn sie sich ans gleiche Seil knüpfen, statt sich wegen ihrem Glauben und ihrer Weltanschauung gegenseitig die Köpfe einzuschlagen?

Bevor Friedrich von Dürler das Buch zur Seite legt, liest er den letzten Satz von Hegetschweilers Bericht, der ihn oft zu Tränen gerührt hat. Gescheitert und geschlagen, liess er den Tödi, seinen grossen Traum, hinter sich. *Aus Blitz und Donner, Schnee und Regen stiegen wir aus dem Lande der Wolken zu den heimischen Hütten von Linthtal hinab.*

Vielleicht wird der grosse Pionier nun für immer ins Land der Wolken zurückkehren, denkt Dürler. Er klappt das Buch zu, stellt es aufs Bord über seinem Bett. Dann tritt er ans Fenster, blickt hinaus. «In Gassen» ist es still geworden. Nach einem schwarzen Tag ist die Stadt in Nacht versunken. In diesem Augenblick fasst er den Entschluss, den Tödi nochmals zu besteigen, zur Ehre von Hegetschweiler. Diesmal jedoch den allerhöchsten Gipfel, der noch immer wartet: den Piz Rusein.

7. September 1839. *Die Rache Gott überlassen*

Eine so *ungeheure Menge Menschen* hatte die Stadt Zürich noch nie gesehen. Es ist Samstagmorgen, der 7. September 1839. Ein frischer Wind ist aufgekommen, reisst Blätter von der Tiefenhoflinde, wirbelt sie übers Pflaster. Auf dem Paradeplatz drängen sich die Menschen Leib an Leib, Tausende sind es, und immer mehr strömen von der Poststrasse und vom Talacker her nach, die Menge wächst vom Münsterhof über die Brücke bis in die Grosse Stadt. *Alles war da zusammen, arm und reich, alt und jung, Herr und Bauer, alles fühlte sich da als Glied eines schönen Vaterlandes.* So erinnert sich ein Augenzeuge. Von sieben- bis achttausend Menschen berichten Zeitungen.

Stadtbürger und Landschäftler stehen in Gruppen, die sich gegenseitig argwöhnisch betrachten und werweissen, was die nächsten Tage wohl bringen werden. Werden die alten Vorrechte und Zunftordnungen wieder eingeführt, wird es wieder Gnädige Herren und Untertanen geben, Vollbürger und Hintersassen? Kettenhaft und Folter? Kommt es zur blutigen Abrechnung mit den Radikalen, die sich nach Baden abgesetzt haben? Wird die Guillotine aufgebaut und der Henker seines Amtes walten? Doch insgeheim spüren alle, dass sich die Zeit nicht zurückdrehen lässt, dem Sieg der Konservativen zum Trotz.

Zeitungen mit den Namen der erschossenen Landleute gehen von Hand zu Hand, da und dort liest sie einer laut vor, während andere zuhören und dazu andächtig ihre Hüte ziehen. Die provisorische Regierung verspricht in einer Proklamation, Ruhe und Ordnung wieder herzustellen, das Zentralkomitee ruft auf, Treue zu schwören *dem neu geretteten Vaterlande und der provisorischen Regierung.*

Noch ziert sich die Tagsatzung, die neue Ordnungsmacht und Staatsführung anzuerkennen, die Herren Gesandten debattieren, antichambrieren, intrigieren, tafeln und bechern. *Hauptgegenstand der Conversation war ein mitleidiges, ich möchte fast sagen, verächtliches Beurtheilen unseres Musterkantons, das uns Alle tief beschämen musste,* schreibt Regierungsrat Heinrich Weiss, der sich nach Winterthur abgesetzt hat.

Die liberalen Kantone fürchten, das Feuer der Reaktion könnte auch auf ihre Hauptorte übergreifen. Zürich hat drei Bataillone aufgeboten, die Stadt zu schützen, denn noch immer kreist das Gerücht, Truppen aus andern Kantonen sammelten sich unter Führung der Radikalen um zurückzuschlagen. An die «Freundeidgenossen» geht die Warnung, *dass eine solche Intervention im gegenwärtigen Augenblicke zu den traurigsten Folgen führen, und den von Euch beabsichtigten bundesbrüderlichen Zweck jedenfalls verfehlen würde.*

Trommeln dröhnen, unter Applaus ziehen die Mitglieder des Zentralkomitees ein, denen eine Ehrenkompanie Scharfschützen eine Gasse durch die Menge bahnt. Die Herren besteigen eine aus Brettern gezimmerte Tribüne über dem Brunnen auf dem Paradeplatz. Dicht besetzt sind die Fenster und Zinnen der Häuser rundum, auf dem Balkon des Hotels Baur stehen Gäste und Tagsatzungsgesandte, Aperitifgläser in Händen, die Damen richten ihre Operngucker in die Runde.

Stille macht sich breit. Die Männer ziehen ihre Hüte, das Militär nimmt Haltung an, während Hürlimann-Landis und Rahn-Escher reden, die neuen starken Männer im Staat. Wenn sie in ihren schwarzen Fräcken ihre Arme beschwörend in die Luft schwingen, erinnern sie Friedrich von Dürler an die zwei zerzausten Krähen, die über den Grat des Tödi flatterten. Er hat eine Abteilung der Bürgerwache auf den Platz geführt und vor dem Hotel Baur Aufstellung genommen. Eingreifen, falls ein Tumult ausbricht, lautet der Befehl.

«*Das Zürcher Volk ist ein hehres christliches Volk*», ruft Hürlimann-Landis aus. Die Menge jubelt. Der grosse Rat werde aufgelöst, Neuwahlen durchgeführt. Die herrschende «Classe politique» habe das Vertrauen des Volkes verspielt, die Radikalen hätten den heiligsten Willen des Volkes missachtet. Hürlimann und Rahn-Escher reden der Versammlung ins Gewissen, die radikalen Häupter in Ruhe zu lassen. Durch ihre Flucht in Frauenkleidern hätten sie sich selber bestraft und lächerlich gemacht. «*Lieber wollte ich, dass eine Kugel heute noch meine Brust durchbohrt, als dass sich das Volk an irgendeinem öffentlichen Gebäude vergreift und etwa versucht, mit Gewalt Gefangene zu befreien.*» Hürlimann-Landis reisst seinen Frack auf, entblösst seine Hemdbrust. *Das Volk solle keine Rache üben, sondern die Rache Gott und den Gesetzen überlassen an denen, die aus missverstandenem Eifer gegen ihre Väter und Brüder die Waffen ergriffen.*

Applaus antwortet auf diese Geste. *Hr. Hürlimann-Landis erwähnte auch des betrübten Vorfalls mit Herrn Hegetschweiler, welchen, wenn er nicht schwer verwundet darnieder läge, das Vertrauen des Volkes zur ersten Stütze auch der neuen Regierung würde erhoben haben.* Ein Raunen zieht durch die Menge, klingt es doch wie das Eingeständnis, Hegetschweiler habe sich tatsächlich an einem Komplott beteiligt.

Bevor Hürlimann-Landis weitersprechen kann, ruft jemand aus der Menge: «Freiheit für die Gefangenen von Uster!» Und nun schreien andere: «*Ja, heute noch, heute noch!*»

«Heraus mit den Gefangenen!» Fäuste fahren in die Luft, manche umklammern eine Waffe, die friedliche Stimmung droht umzuschlagen. Die Zwischenrufe haben alle daran erinnert, dass die Verurteilten des Brandes von Uster noch immer in Kettenhaft schmachten. Im Laufe der Jahre hat man sie fast vergessen ob all der politischen Wirren. Soll man sogleich das Gefängnis stürmen? Die

Unruhe steigt, der Lärm schwillt an. Hauptmann Dürler dreht sich zu seinen Männern, gibt das Zeichen, sich bereit zu halten.

Hürlimann-Landis gelingt es schliesslich, die Kundgebung zu beruhigen und zu Ende zu führen. Die Begnadigung der Männer von Uster sei gewiss, verspricht er, doch müsse man das dem erneuerten grossen Rat überlassen, denn alles solle nach Gesetz und Recht sich vollziehen. «Es soll eine generelle Amnestie erlassen werden für alle Vergehen im Zusammenhang mit der politischen Bewegung der vergangenen Monate.» Man müsse den Blick in die Zukunft richten, die neue Macht werde ihr Bestes geben. «So wahr uns Gott helfe!»

Und wieder Applaus, Hochrufe, Trommelwirbel. Generelle Amnestie heisst, dass auch das Attentat auf Hegetschweiler ungesühnt bleiben wird, denkt Friedrich von Dürler, während er seine Abteilung zum Postgebäude führt.

Noch ist einige Hoffnung zur Rettung von R. R. Hegetschweiler vorhanden, steht an diesem Tag in der Neuen Zürcher Zeitung.

September 1839. *Lüge und Verläumdung*

Für die Sieger steht fest: Der Attentäter ist einer der Geschlagenen. Haben die Radikalen den *ganz in einen ängstlichen Konservativen umgewandelten Regierungsrat Dr. Hegetschweiler* nicht wiederholt des Verrats bezichtigt, einer Verschwörung mit dem Zentralkomitee zum Sturz der Regierung? Was liegt näher als der Verdacht, dass Kavallerieleutnant Heinrich Fenner, dem Hegetschweiler die Zettel mit der Kapitulation überreicht hat, seine Pistole zückte und den vermeintlichen Verräter auf der Stelle erschiessen wollte.

Die Freitagszeitung, das Sprachrohr der Konservativen, nimmt das Gerücht auf. *Und als er zwischen den Parteien, sie abmahnend den Bericht des Rates ihnen entgegen haltend, stand, da traf ihn eine Kugel, die ein Kavallerist, welcher kaum 6 Schritte weit von ihm war, auf ihn abfeuerte. Man sagt allgemein, der Schuss sei von Fenner von der Forch gethan worden.*

Einen Tag später ist gar vom *Mörder in Uniform* die Rede, der *mit Schrot und gehacktem Blei* auf den Friedensstifter gefeuert habe. Fenner hat sich abgesetzt wie die andern Offiziere, lässt sich zwei Tage später aus dem Untergrund vernehmen durch ein Inserat in der Neuen Zürcher Zeitung: *Der Unterzeichnete (...) begnügt sich vorläufig, diess als eine Lüge und Verläumdung zu bezeichnen, und behält sich vor, nach seiner Rückkehr den Verfasser des betreffenden Zeitungsartikels hiefür gerichtlich zu belangen, und das diessfallsige Urtheil öffentlich bekannt zu machen.*

Inzwischen ist publik geworden, dass Hegetschweiler durch einen Schrotschuss verletzt, Fenner aber seine Pistole bestimmt nicht mit Schrot geladen hatte. Alle von den Truppen Getöteten oder Verwundeten wurden durch Kugeln getroffen, deshalb ist es unwahrscheinlich, dass das kantonale Militär den verhängnisvollen Schuss gefeuert hat.

Heinrich Weiss, der als erster auf den verletzten Hegetschweiler stiess, will einen «glaubwürdigen Augenzeugen» kennen, der das Attentat beobachtet habe: *Es ist und bleibt eine reine Unmöglichkeit, dass Fenner damals nur einen Schuss hätte tun können, am allerwenigsten auf Hr. Hegetschweiler; denn dieser ging auf ihn zu, bevor er getroffen war, und letzterer hätte nicht den Säbel, die Pistolen und die Papiere zugleich in der rechten Hand halten können, mit der linken hielt er die Zügel des Pferdes, das ihm genug zu schaffen gab.* Es sei vielmehr wahrscheinlich, dass eine verirrte Kugel der Landleute, die noch vereinzelt gegen die Truppen feuerten, *absichtslos den rückkehrenden Hegetschweiler getroffen hat.*

Weiss will niemandem Schuld zuschieben, um sich nicht weiter unbeliebt zu machen, widerspricht sich aber selber, indem er schreibt, was die Ärzte festgestellt haben. Dass der Schuss nämlich *von unten aufwärts* abgegeben wurde. Es kann also nur der gezielte Schuss eines Attentäters gewesen sein, der aus nächster Nähe kniend auf sein Opfer angelegt hatte. Versteckt zwischen den Kutschen, die vor dem Hotel Baur standen, hatte er auf sein Opfer gelauert.

Schon die folgende Freitagszeitung entlastet Fenner, bringt seine Anzeige ebenfalls im Wortlaut, weist jedoch jede Verantwortung für die Verleumdung von sich. *Wie er uns dafür verantwortlich machen will, dass wir dasjenige aufnehmen, was man sich in allen Gassen erzählte, das begreifen wir nicht.*

Auf dem Rückweg über die Forch dringen marodierende Landschäftler in die Gastwirtschaft von Fenners Eltern ein, halten sich an Speis und Trank schadlos und wüten derart, dass Vater Fenner die Flucht ergreift. Er befürchtet Sippenhaft, weil sein Sohn untergetaucht ist, setzt sich über den Greifensee ab, will in den Thurgau, doch bei Fehraltorf nehmen ihn sieben Männer fest. Nach einem Handgemenge kann er entkommen, wird bei Pfäffikon wieder aufgestöbert. *Hier setzte sich Alles gegen das Riedt und den Wald hin in Bewegung, ihn aufzufangen.* Eine Hetzjagd beginnt, die schliesslich von Bezirksrichter Zimmermann beendet wird, dem die Rachegefühle offenbar die Vernunft nicht ganz getrübt haben. Es geht auch das Wort vom Anzünden des Wirtshauses auf der Forch.

Pfarrer Bernhard Hirzel will von den Ausschreitungen seiner Pfäffikoner Schäfchen nichts gehört haben. Er behauptet gar, er habe sich beim radikalen Wirt Ziegler in Oberstrass erkundigt, ob ihm etwas abhanden gekommen sei, und der habe sich *nicht über die geringste Veruntreuung zu beklagen gehabt, sondern bei dem Rückzuge seien sogar Mehrere gekommen, um ihn zu fragen, was sie schuldig seien, da sie des Nachts vorher vergessen hätten zu bezahlen.*

7. September 1839. *Höchstes Glück auf Erden*

Hunderte von Kerzen brennen in Pfäffikon, als der Landsturm heimkehrt, Pfarrer Hirzel an der Spitze, Staub auf den Schuhen, mit müdem Schritt. Die Psalmen aus den vertrockneten Kehlen klingen dürr und dürftig. Das Volk ist auf den Strassen, Schulkinder singen, Hände recken sich der siegreichen Schar entgegen. Wo sie vorbeischreiten, kommt verhaltener Jubel auf, der Pfarrer hebt die Hand zum Gruss. Eine schwarze und eine weisse Fahne tragen die Männer an seiner Seite, die Farben symbolisieren die Freude über den Sieg und die Trauer über die Toten.

In einer kurzen Rede auf dem Dorfplatz vor der «Krone» versichert der Pfarrer, dass die Männer nicht umsonst gestorben seien, sondern gefallen, *um aus dem irdischen Tode der lieben Einzelnen das ewige Seelenheil der ganzen Gemeinde mit Gottes Gnade immer herrlicher aufblühen machen.* Nur mühsam gehen ihm die Worte über die Lippen, während des Rückmarschs über Schwamendingen und Schwerzenbach haben ihn Zweifel geplagt. In sich gekehrt hat er Fuss vor Fuss gesetzt, bleischwer sind ihm die Beine geworden nach den zwei durchwachten Nächten, nach den Aufregungen und Kämpfen, den Feiern und Reden. Und nach zahllosen Bechern Wein, die man «dem neuen Zwingli» gereicht hat, der die Gläubigen zum Sieg führte.

Der grosse Reformator ist gefallen im heiligen Kampf, Hirzel jedoch lebt. Andere sind an seiner Statt in den Tod gegangen. Die verstümmelten Opfer wollen ihm nicht aus dem Kopf, verfolgen ihn wie Gespenster in Tag- und Nachtträumen. Warum habe ich sie in den Kugelregen geführt? Wie wird mich Pfäffikon empfangen, nachdem wir in Zürich einen toten und vier schwer verwundete Mitbürger unserer Gemeinde zurückgelassen haben?

Als Bürger, sagt er sich, war es meine Pflicht, mich an die Spitze der Erhebung zu stellen. Kein Ruf des Herrn war ergangen, sondern die Notwendigkeit der Geschichte, der Zwang der Verhältnisse haben ihn gedrängt, sein *höchstes Glück auf Erden, das Arbeiten am Weinberge des Herrn, opfern zu sollen dem allgemeinen Besten und dem Heile des Vaterlandes.*

Nun ist er zurückgekehrt, sich seiner Gemeinde zu stellen. Männer stehen im Kreis, Fäuste in den Hosensäcken vergraben. Eine Frau drängt sich vor, schleppt zwei Kinder an der Hand hinter sich her. Schwarze Lumpen trägt sie, das Gesicht ist von Tränen geschwollen. Sie tupft mit einem Tuch die rote Nase, leere Augen blicken den Pfarrer an, der beinahe seine Fassung verliert, den erstbesten Bibelvers stammelt, der ihm in den Sinn kommt. «Der Herr hats gegeben, der Herr hats genommen, der Name des Herrn sei gelobt.»

Er kennt die Frau. Ihren Mann, einen rechtschaffenen fünfzigjährigen Weber und guten Sänger, haben zwei Säbelhiebe niedergestreckt. Man hat es ihr berichtet, kaum lag der Hans Jakob Weber von der Vorderbalm in der Predigerkirche auf dem Schragen. Die Leute scharen sich enger um den Pfarrer und die Witwe, die ihm zaghaft eine Hand entgegenstreckt. Hirzel ergreift sie, erschauert ob ihrer Kraftlosigkeit und Kälte.

Die Frau murmelt: «Verlassen Sie uns nicht, Herr Pfarrer, bitte ...»

Rundum beifälliges Nicken und Murmeln. Nun reichen ihm auch die Kinder die Hand ohne ihn anzublicken, ärmlich gekleidete, schwindsüchtige Kreaturen. Er fährt ihnen über die Haare, als ob er sie segne. Die Familie ist verschuldet, seit der Vater ein Haus bauen liess. Ein erwachsener Sohn, Vettern und Tanten drücken Hirzel stumm die Hand, ihre Blicke sind gesenkt. Dann drängt der Zug weiter in die Wirtschaften, wo Speis und Trank auf die Helden wartet.

Hirzel ist es, als schreite er über Wolken. Man hat ihn wieder aufgenommen in der Gemeinde, die Menschen haben ihm vergeben. Man bittet ihn, mitzukommen in die «Krone», sich mit einem währschaften Abendbrot zu stärken, vielleicht nochmals das Wort an die Bürger zu richten, doch er schüttelt den Kopf. «Genug», sagt er, «ich bin erschöpft. Frau und Kind warten.»

Es drängt ihn nach Hause, ein ungutes Gefühl hat ihn beschlichen. Er schreitet die Strasse hinab gegen die Kirche und das Pfarrhaus. In den Fenstern ist kein Licht, nirgends brennt eine Kerze. Finster die Fassade, die gegen den Garten geht, nur in der Kammer der Magd meint er, flackere trübes Talglicht. Die Haustür ist unverschlossen wie immer, doch kein Laut ist zu vernehmen. Im Korridor schreckt er eine Katze auf, sie streicht ihm um die Beine. Es riecht nach Abort, nicht nach einem warmen Nachtessen, wie er gehofft hat. Durch Stuben und Kammern schreitet er, spürt dabei, wie ihm die Angst den Atem raubt. Während der vergangenen zwei Tage hat er sich nie derart gefürchtet, nicht einmal, als die Kugeln rund um ihn einschlugen und seine Leute fielen.

Jetzt wird ihm die plötzliche Leere zur Qual. Ohne Licht zu machen setzt er sich an den Tisch in der grossen Stube. Beten, denkt er, beten. Seine Lippen bewegen sich lautlos. «Vater unser, der du bist in dem Himmel, geheiligt sei dein Name, dein Reich komme ... Dein Reich, für das wir gekämpft haben, mit Feuer und Schwert ... Vater, vergib ...»

Durchs Fenster sieht er den Spiegel des Pfäffikersees, dahinter einen Streifen der Alpen, auf denen letztes Licht glüht, eine rötliche Himmelserscheinung, die allmählich erlischt.

Seine Augen gewöhnen sich an die Dunkelheit, er sieht einen Zettel auf dem Tisch liegen, ein Fetzen Papier, ein paar Wörter hingekritzelt. Er weiss, was da steht, ohne zu lesen. Seine Frau Elisabeth ist zu ihren Eltern verreist, den Toblers, hat den fünfjährigen Arnold mitgenommen. Für immer, wie sie schon oft gedroht hat?

Hat er sich nur an die Spitze des Aufstandes gestellt, um der Kälte des Hauses, den ewigen Streitereien zu entfliehen, die man nach aussen hin zu verbergen versucht. In einem Dorf wie Pfäffikon lässt sich nichts verstecken. Als Student schon hat er sich mit Elisabeth verlobt, einem Mädchen, *dessen stolze Schönheit ihn mächtig angezogen hatte.* Doch die *leidenschaftlich beschleunigte Ehe zeigte sich bald als unselige Verbindung, die ihn vollends verwirrte.*

Sein Freund Johann Caspar Bluntschli weiss: *Die Gatten passten nicht zueinander. Er hatte ein liebesbedürftiges Herz und traf auf eine gehaltene, eisige Kälte.*

Die Leute tuscheln, wenn sich Pfarrer Hirzel mit Frau und Kind auf der Strasse zeigt, sie wissen mehr, als ihm lieb ist. Wollte er der Gemeinde durch seinen Einsatz seine Gottesfurcht, seine moralische Standhaftigkeit beweisen? Seine uneigennützige Nächstenliebe gar? Ein Biograf vermutet: *So hatte die Gemeinde Ersatzfunktion: Die Liebe, die er seiner Frau nicht entgegenbringen konnte, kam ihr zugute.*

War etwa die Leidenschaft, mit der er sich in den Kampf warf, auch ein Ersatz für die Leidenschaften und Begehrlichkeiten, die in ihm erwachen, wenn er den Töchtern aus der Gemeinde Konfirmationsunterricht oder Kinderlehre erteilt? Immer wieder entgleiten ihm die Zügel, die er sich selbst auferlegen will. Nicht mehr das klare Denken des Wissenschaftlers und Theologen treibt ihn, sondern ein Trieb, über den er keine Macht hat.

«Herr, vergib uns unsere Schuld, wie auch wir vergeben unseren Schuldigern. Und führe uns nicht in Versuchung …» Er kniet am Fenster, Mitternacht vorbei, Neumond, kein Licht und kein Laut mehr draussen. Er betet, bittet um Vergebung und Kraft, doch keine Antwort kommt vom Himmel. Der erkaltete Schweiss jagt ihm Schauer über den Rücken, in die Ehekammer mag er nicht und dort ins verlassene Bett steigen. Aus dem Siegesrausch ist er unvermittelt in die tiefste Melancholie gestürzt.

Wenn es doch ihn getroffen hätte, wünscht er sich, dann könnte er jetzt vor den Thron des Allerhöchsten treten und Rechenschaft ablegen. Der Gedanke an Freitod steigt in ihm auf, wie schon oft in Momenten der Verlassenheit. Freiwillig hinübertreten ins Jenseits. Doch Freitod ist Sünde, denn nur der Herr hat das Recht, uns zu rufen, er allein. Hätte Gott eine Kugel in sein Herz gelenkt, er wäre als ein Märtyrer im Glauben gestorben und dadurch unsterblich geworden. Doch ist ihm diese Gnade nicht widerfahren. Gott hält noch andere Aufgaben für ihn bereit.

Im Korridor kauert die Katze auf einer Kommode. Er hebt sie hoch, drückt sein Gesicht in ihr Fell. Dann zieht er seine Schuhe aus, wäscht am Kessel seine schmerzenden Füsse, kühlt sein heisses Gesicht. Barfuss schleicht er die Treppe hinauf, die Stufen knarren leise unter seinem Schritt. Vor der Kammer der Magd bleibt er stehen, atmet tief, bevor er die Klinke drückt. In der Dunkelheit er-

kennt er die Umrisse der Bettstatt, die Gestalt unter Leinen und Laubsäcken, im Schlaf eingerollt wie ein Fötus im Mutterleib. Er berührt ihre Haare, sie bewegt sich, fährt auf. «Wer ist da?»
«Ich bins. Hab keine Angst, Kind.»
«Der Herr Pfarrer?»
«Mach keinen Lärm. Es geschieht dir nichts Böses. Es ist mir nur kalt, so kalt.» Er schlüpft zu ihr, umfängt ihren schmalen Körper, drückt ihn an sich. Wärme umfängt ihn und ein Geruch, der ihm die Besinnung raubt.

7. September 1839. *Ziemlich besser, jedoch nicht ausser Gefahr*

Herrn R. R. Hegetschweiler befindet sich diesen Nachmittag um 3 Uhr ziemlich besser, als gestern, jedoch nicht ausser Gefahr. Man schöpft Hoffnung, nach dieser Notiz in der Neuen Zürcher Zeitung, einen Tag nach dem Putsch. Der Landsturm ist abgezogen, die Stadt kehrt zum Alltag zurück. Die Kirchen werden vom Unrat gereinigt und gelüftet, Hausfrauen spazieren auf Strassen und in Gassen, als wäre nichts geschehen, Beamte kehren zurück in Kontore. Vor dem Rathaus, dem Stadthaus, vor der Post und auf allen Zugängen zur Stadt sind Wachen aufgezogen, Bürger in blauer Uniform mit geladenem Gewehr, den Säbel aufgesteckt.

Der Glarner Tagsatzungsgesandte Dietrich Schindler eilt zwischen zwei Sitzungen ans Lager seines Freundes im Postgebäude. Abgestandene Luft schlägt ihm entgegen, von Schweiss, Urin und feuchtem Stroh geschwängert. Hegetschweiler liegt begraben unter Leintüchern und Wolldecken. Er ergreift seine Hand, lässt sie gleich wieder fahren. Kalt wie ein Gletscher fühlt sie sich an.

«Erkennst du mich, Johannes?» Schindler wiederholt seine Worte deutlich und langsam in seiner singenden Mundart, doch Hegetschweiler gibt keine Antwort. Nur ein Laut kommt ihm einmal über die Lippen, der klingt wie «Eis». Schweiss rinnt ihm über die linke Gesichtshälfte, im Mundwinkel klebt Schaum. Durch den

Verband über dem Kopf und dem rechten Auge sickert bräunliche Flüssigkeit aus der Wunde.

Er ist am Tödi, denkt Schindler. Eis! In seinen Fieberträumen sieht er den Bifertenfirn, die Felsplatte über der Schneerunse, auf der wir zusammen sassen vor siebzehn Jahren. Damals hätte er den Gipfel erreicht, er allein mit den Führern. Wir waren ihm eine Last, wegen uns scheiterte die Expedition. Es ist wie in der Politik: der Weitsichtige und Mutige wird von der Masse der Mittelmässigen gehemmt. Allzu viel Mittelmass drängt sich heute in die Ämter und Räte, während die bedeutenden Geister sich vom Staat ab und der aufstrebenden Wirtschaft zuwenden.

Ein Pfleger in weissem Kittel legt dem Verletzten einen Stoffbeutel mit Eisstücken an die linke Schläfe.

«Eis im Sommer? Woher habt ihr das?»

«Von der Bierhalle des Herrn Baur am Münsterhof. Man sägt es im Winter auf dem Klöntalersee.»

«Und das schmilzt nicht bis im September?»

Der junge Mann nickt. «Das Eis von den Bergseen ist hart und klar. In einem guten Keller hält es sich über den Sommer.» Er tupft dem Verletzten den Schweiss von der Stirn.

Medizinstudent sei er, erklärt er, und assistiere Professor Locher.

«Ihr seid aus dem Thurgau, dem Dialekt nach?»

«Herrmann Walder aus Münchwilen. Mein Vater ist dort Arzt.»

«Und was glaubt ihr?» Schindler deutet auf den Verletzten.

Walder zuckt die Schultern. «Professor Locher meint, die Trepanation habe die Schmerzen gelindert. Ein starker Bluterguss drückte aufs Hirn. Aber der Herr Staatsrat ist noch nicht über den Berg.»

«Fieber, eiskalte Hände. Ist das nicht eigenartig?»

«Der Körper wehrt sich. Das Blut strömt zur Wunde und kämpft gegen die Infektion.»

Schindler setzt sich auf einen Schemel, stützt seinen Kopf in beide Hände, die Ellenbogen ruhen auf den Knien. Das Attentat auf seinen Freund bestärkt ihn in einem Plan, der in seinem Kopf reift: Zum Teufel mit der Politik! Die Ränkespiele der jüngsten Zeit ekeln ihn. Die neue Verfassung, für die er gekämpft hat, will Freiheit und Rechtsgleichheit garantieren. Doch die Konservativen wühlen weiter, wollen sogar die Schulpflicht wieder abschaffen. Die Armen sollen ihre Kinder in die Fabrik schicken, nicht an die Universität.

Der Straussenhandel hat auch im Glarnerland Wellen geworfen, die Glarner Zeitung hat für die Radikalen Partei ergriffen, *im Interesse der Wissenschaft, der Lehrfreiheit, der einzig wahren Grundlage des Zwinglianismus, sprachen wir daher für die Berufung des Herrn Dr. Strauss.*

Jakob Heer, der Pfarrer von Matt, ein Freund Hegetschweilers, schleuderte dagegen in einer Broschüre Blitz und Donner gegen Strauss und *eine gewisse Parthei, die dem Christenthum, als einer beschwerlichen Fessel schon längst abhold war.*

Dietrich Schindler fühlt sich zwischen den Extremen aufgerieben. Der Kanton ist verschuldet wegen Ausgaben, welche die Landsgemeinde noch unter der alten Ordnung beschlossen hat. Nun lastet das Volk die Schuld an der leeren Staatskasse der liberalen Regierung an. Im Frühling hat er seinen Rücktritt vom höchsten Amt bekannt gegeben. *Mir und den Behörden hat es nie am guten, redlichen Willen, jene Grundsätze zu verwirklichen, gefehlt, wohl aber an der Kraft.*

Schindler ist entschlossen, sich ganz aus der Politik, ja selbst aus dem geliebten Glarnerland zu verabschieden. Warum sich in Ämtern aufreiben, sich gar den Kugeln eines Attentäters aussetzen wie Freund Hegetschweiler, wenn man seine Kräfte anderswo fruchtbarer einsetzen kann? In Schindlers Kopf nimmt der Plan, aus dem Glarnerland wegzuziehen und in Zürich eine neue Existenz aufzubauen, immer deutlichere Gestalt an. Sein Bruder leitet eine Textilfabrik im Vorarlbergischen, er selber ist vorderhand noch stiller Teilhaber. Die Zukunft heisst Wissenschaft, heisst Industrie, heisst Geschäft, heisst Wirtschaft. Die Politik hat abgewirtschaftet.

Die neue Zürcher Regierung scheint zum Glück moderat zu sein, eine Konkordanz, ein Kompromiss zwischen Neu und Alt. An den Sitzungen der Tagsatzung hat er sich dafür eingesetzt, dass die andern Kantone den Tatsachen ins Auge blicken und die neue Macht anerkennen. Soll sie beweisen, dass sie einen Staat nicht nur umstürzen, sondern auch lenken kann. Die liberale Idee der freien Märkte und des Handels wird nicht begraben. Dafür garantiert Hürlimann-Landis, der Unternehmer vom Zürichsee, der neue starke Mann in Zürich.

Nochmals ergreift Dietrich Schindler Hegetschweilers Hand, beugt sich über ihn, drückt sie sacht. «Gute Besserung, Johannes, mein Freund», sagt er laut. Vielleicht vernimmt er seine Worte, sagt man doch, dass Bewusstlose die Geräusche und Stimmen in ihrer Umgebung wahrnehmen, auch wenn sie nicht darauf reagieren.

«War der Herr Regierungsrat jemals bei Bewusstsein?», fragt er den Studenten, der mit frischen Bettlaken auf dem Arm hereinkommt.

Er wisse nichts Genaues, sagt Walder. Nur Gerüchte.

«Gerüchte? Welche?» Schindler lässt die Türklinke fahren.

«*Hegetschweiler solle gesagt haben, dass er den, welcher ihn verwundet, kenne, seinen Namen aber mit ins Grab nehmen wolle.*»

«Ins Grab? Mein Gott, ich dachte, es gehe ihm besser.»

«Es ist nur ein Gerücht, mein Herr. Andere sagen, er habe nie etwas anderes gesprochen als nach Eis verlangt.»

Voller Unruhe eilt Schindler davon.

8. September 1839. *Von tiefstem Schmerz darniedergebeugt*

«Ist dir kalt, Johannes?»

Wer ist das? Anna Katharina, meine Liebe? Mir ist heiss, mir ist kalt. Wo bin ich?

«Hast du Schmerzen?»

Schmerzen, ja. Und es ist so dunkel hier.

Ihre Stimme ist ein Hauch, so unwirklich wie das Echo auf dem Gletscher. Thut hat dem Pistolenschuss einen Jauchzer hinterhergeschmettert, selbst dieser Urschrei versickert in der eisigen Einöde. Ödiberg, Tödiberg. *Die schwache Fortpflanzung des Schalls erregte ein eigenes Gefühl von Leere,* hat er in seinem Buch geschrieben.

«Bitte, Anna Katharina, verlass mich nicht.»

Eine Hand streicht über seine heisse Stirn, umschliesst und wärmt seine kalten Finger. Eine Stimme flüstert, trägt das Echo der grossen Liebe, der glücklichen Jahre im Doktorhaus in Stäfa am See. Thut hat Recht gehabt. In den letzten Augenblicken zieht unser Leben an uns vorüber. Die Seele schwebt auf ihrem Weg in die andere Welt über die Bilder unserer Erinnerungen hinweg, über die Berge und Täler einer Landschaft, die das Schicksal geformt und gefaltet hat. «Wo bin ich?»

Die Stimme raunt ihm ins Ohr. «Im Postgebäude in Sicherheit. Man hat nach Professor Locher geschickt.»

Ein Bild blitzt durch sein Gehirn. Er hastet durch die Poststrasse, den Stock erhoben, zwei Zettel in der Hand. Übergibt sie dem Dragonerleutnant beim Hotel Baur. Er dreht sich um. Sieht einen Schatten neben sich, geduckt und grün und hört den Knall, dumpf und schwer und ohne Widerhall.

Nur auf einige Augenblicke schien das Bewusstsein zurückzukehren, indem er durch einzelne Worte einige Verordnungen zur Behandlung seiner Wunde ertheilte und den von tiefstem Schmerz darniedergebeugten Seinen, wenigstens durch Händedruck, versicherte, dass seine treue Liebe auch am Grabe nicht weiche.

Anna Katharina neigt sich über ihn, ohne seine Hand loszulassen.

«Bitte verlass mich nicht», murmelt er. Möchte sie um Verzeihung bitten, dass er sie alleingelassen hat mit ihrer Angst, als er aufgebrochen ist zur ersten Expedition vor genau zwanzig Jahren. Frohgemut hat er Stäfa verlassen, ist ins Linthtal gewandert, auf den Berg zu, der ihm entgegentrotzt mit seinem steinernen Antliz, seiner eisstarrenden Krone.

«Tödi, das klingt wie Tod», sagte sie. Küsste ihn, wandte sich rasch den Kindern zu.

Verzeih mir, Anna Katharina.

Zu Tode erschöpft sinkt er nieder, legt den Kopf aufs Eis, spürt die Kälte in seine Schläfe dringen.

8. September 1839. *Muth! Trost! Hoffnung!*

Von fern schwebt das Glockengeläut des Fraumünsters in den dumpfen Raum, begleitet die leise Stimme von Katharina Hegetschweiler, die aus einem Brief von Freunden liest, den ein Eilbote gebracht hat. *Mögen Sie, theure Freundin, bey dieser herben Prüfung die nöthige Kraft finden, dem Leidenden das zu seyn, was Sie nach ihrer edlen Denkungsart gewiss wünschen u. wolle dem gnädigen Gott gefallen, den Mann wieder gesund werden zu lassen, dem Vaterstadt u. Vaterland so Vieles verdankt. (...) Im Geiste sind wir immer bey Ihnen; Muth! Trost! Hoffnung!*

Ihre Stimme erstickt, Tränen ziehen Bahnen durch den Puder auf ihren Wangen. Welch trauriger Sonntag. Johann Jakob, der Bruder, ist aus Rifferswil herübergekommen, zu Fuss über den Albis, begleitet von ihrem Sohn Fritz, der beim Onkel logiert. Niemand hat sie in der Stadt belästigt oder beschimpft, obwohl man beide als standhafte Radikale kennt. Im Februar, auf dem Höhepunkt des Straussenhandels, unterzeichnete Jakob als erster eine Eingabe von liberalen Rifferswilern an die Regierung, die sie aufforderte, standhaft zu bleiben gegen die Reaktion. Die Brüder zerstritten sich deswegen.

«So findet sich die Familie unter tragischen Umständen wieder vereint», murmelt er, zieht ein Tuch aus dem Hosensack, dreht sich zur Wand und schneuzt seine Nase.

Das Gespräch, das er zuvor mit Professor Locher geführt hat, von Arzt zu Arzt, hat ihn alles andere als beruhigt. Trepanation, er weiss es, ist beinahe ein Todesurteil.

«War das nötig?», hat er den Professor gefragt.

«Absolut! Es war das Einzige, was wir tun konnten. Ihr Bruder wäre längst am Hirndruck gestorben.»

«Wird das Unvermeidliche nicht einfach hinausgezögert, sein Leiden verlängert?»

Locher trommelt mit zwei Fingern auf den Tisch. «Was hätten Sie getan, Herr Kollega?»

Jakob zweifelt. Aber er schweigt, beugt sich dem Urteil des erfahrenen Chirurgen.

Er tröstet seine Schwägerin, setzt sich dann zum Bruder und redet mit ruhiger Stimme auf ihn ein. Manchmal gelingt es, eine Seele durch Worte am Entfliehen zu hindern. Er redet und glaubt, die kalte Hand gebe ihm durch ihren Druck eine Antwort, er fühlt sich mit seinem Bruder verbunden, nicht mit Worten, sondern von Leib zu Leib.

Er erzählt ihm, wie sein Sohn Fritz am Mittwoch an einer Versammlung von Freisinnigen und Radikalen auf der «Platte» teilgenommen habe, wo man seinen Vater öffentlich des Verrats bezichtigte, der Verschwörung und Kollaboration mit dem Zentralkomitee. Es sei kein Name gefallen, nur Andeutungen, *ein gewisses Mitglied des Regierungsrates habe sich geäussert, es sei sicher, auch in einer neuen Regierung wieder seinen Platz zu finden.*

«Da hat sich dein Fritz erhoben, hat in die Runde geschaut, und als alles schwieg, hat er gesagt: «*Wenn so etwas von einem Mitglied geäussert worden ist, dann muss es wenigstens ein sehr hinkendes gewesen sein.*» Stolz sei er auf den Mut seines Neffen.

Johann Jakob glaubt, ein leises Zucken der Hand seines Bruders zu spüren, so, als ob er sie seinem Sohn reichen wollte. Eine versöhnliche Geste. «Er will dir die Hand geben», sagt er leise.

Fritz tritt ans Lager, zwischen den Onkel und die Mutter, die ihr Gesicht mit einem Schleier bedeckt hat. Er zögert, dann greift er nach der kalten Hand seines Vaters, hält sie lange und schweigend zwischen beiden Händen.

8. September 1839. *Ich habe nichts gesehen*

«Da kommt unsere Pfäffiker Ehrenbürgerin!», ruft Friedrich Ludwig Keller durch den Kurgarten in Baden, lehnt sich in seinem Sessel zurück und lacht, dass es schallt wie das Wiehern eines Pferds. Mit steinernem Gesicht schreitet Johannes Sulzberger am Tisch des Radikalenführers vorbei, spürt einmal mehr, wie ihm spöttische Blicke folgen, hört hinter sich Damen tuscheln.

«Achten Sie nicht auf den Schwätzer», sagt Bruno Übel. Steht auf, stellt unwillkürlich die Absätze zusammen, rückt Sulzberger einen Stuhl und bietet ihm ein Glas an. Die Offiziere am Tisch tragen zivil, doch ihre Haltung ist militärisch, steifer Rücken, Kinn hoch, das Gesäss gespannt. Die Gesichter sind noch immer von der Niederlage gezeichnet, von der Schmach, dass sie ihre Truppen im Stich gelassen und sich in unwürdiger Art aus dem Staub gemacht haben.

Im Musikpavillon setzen drei Streicher zu einem Tänzchen an. Schwalben kreisen über dem Grat der Lägern, am Himmel ziehen faserige Wolkenschlieren.

Übel schenkt den Offizieren ein, zuletzt dem jungen Fenner, der bleich und in sich gekehrt zuoberst am Tisch sitzt.

«Solche Schwätzer wie der da drüben gehören ausgepeitscht!» Übel setzt sich, hebt sein Glas gegen den Tisch, an dem Keller residiert, in einer modischen Jacke mit Pelzkragen und Pelzbesatz, ein rotes Seidenfoulard locker um den Hals geknotet, auf dem Kopf ein Käppchen aus Samt. «Zum Wohl die Herren.»

Der Zürcher Grossratspräsident Jonas Furrer sitzt Keller gegenüber, rund um ihren Tisch noch weitere Männer aus der radikalen Partei, zwischen ihnen ein Strauss junger Damen in luftigen Kleidern und mit rosa gepuderten Wangen.

Die Politiker prosten den Offizieren zu. Keller beugt sich vor, gibt offenbar einen zweideutigen Witz zum Besten, denn die Damen erröten und kichern hinter ihren Fächern.

«Ich gehe wieder nach Afrika», sagt Übel, «ich habs satt bis hier.» Deutet mit der flachen Hand an die Stirn. Er habe von den Politikern verlangt, sich mit seinen Männer in Ehre nach Dietikon zurückziehen zu können, um an der Kantonsgrenze ordentlich zu demobilisieren. Der Emissär der provisorischen Regierung, Rahn-Escher, habe ihm das verweigert. So habe jeder auf eigene Faust seine Haut retten müssen. «Selbst die Araber haben mehr Ehrgefühl im Leib, das kann ich Ihnen versichern, meine Herren.»

Der junge Fenner berichtet, auf dem Ritt nach Baden sei aus einem Hinterhalt auf ihn geschossen worden. Übel ereifert sich, nun werde der tapfere Leutnant auch noch beschuldigt, ein Attentäter zu sein. Staatsrat Hegetschweiler sei zwischen den Fronten angeschossen worden, somit könne niemand behaupten, das Militär habe auf ihn gezielt. *«Ich habe nichts gesehen, welches dies glauben lässt.»*

Mit einem Zug leert Übel sein Glas, greift nach der Flasche und schenkt sich nach.

Sulzberger deutet mit dem Kopf zum Tisch, von dem Gelächter herüberschallt. «Eine Schande ist es, wie die radikalen Politiker hier ein *fröhlich-frivoles Emigrantenleben* führen mit Wein, Weibern und Kegelspiel und keinen Finger krümmen für uns Soldaten. Dabei sind wir nur ihren Befehlen gefolgt.»

Von ihm werde in der Stadt erzählt, *er habe wie ein Wüthrich eingehauen und zweien Unbewaffneten die Köpfe zerhackt,* sagt Übel. Dabei habe er weder Pistole noch Säbel in der Hand gehabt, sondern seine Truppen kommandiert.

Fenner erzählt, er habe in der Storchengasse den Doktor Schoch mit seinem Pferd an die Wand gedrückt, weil er den Radikalen für einen Aufständischen gehalten habe. Er hätte ihm den Schädel gespalten, wenn der Befehl zum Einhauen gekommen wäre. «Jetzt sitzt der Schoch drüben am Tisch.» Sie hätten über den Vorfall gelacht und es *sei Friede und Freundschaft zwischen ihnen.*

«Leutnant Fenner war mein tüchtigster Offizier. Dass man ihn zum Attentäter stempeln will, ist ein Skandal.» Übel gibt dem Kellner ein Zeichen, eine neue Flasche aufzutischen. *«Warum tun die Glaubenskomitees nichts, um den Hass der von ihnen geleiteten Mas-*

sen von einem Offizier abzulenken, der wegen seines braven Charakters und wegen seines Aufschwungs in der Gefahr in jeder Armee zu den Ausgezeichneten gehören würde?»

Statt einer Antwort greift Sulzberger zum Glas. «Meine Herren, trinken wir wenigstens auf Bruderschaft, wenn uns alle Welt im Stich lässt.» Die Gläser klingen über dem Tisch gegeneinander, der Wein funkelt in der Sonne und wirft rötliche Steifen über das weisse Tischtuch. Der Oberst berichtet, er habe bei Wettingen in der Limmat die Prügel treiben sehen, die die Landstürmer in der Stadt in den Fluss geworfen hätten. «Als ich näher hinschaute, bemerkte ich rote Schlieren im Wasser. Ich erschrak zu Tode, weil ich dachte, nun habe die Blutjustiz begonnen.» Eine Frau habe ihn dann aufgeklärt, dass die rote Farbe aus den Stoffdruckereien im Glarnerland stamme. Das Rot der Krappwurzeln, die sie zum Färben brauchten, sei so kräftig, dass man es bis Baden hinab im Fluss sehen könne, wenn die Glarner ihre Tücher flotschten.

Glas um Glas heitert sich die Stimmung der Offiziere auf. Als der Kellner eine Flasche Burgunder präsentiert, die der Herr Grossratspräsident den Offizieren spendiere, rückt man die Tische zusammen, die Damen verteilen sich rundum, wedeln mit ihren Fächern und stellen sich mit Vornamen vor, die nicht nach besonders vornehmer Herkunft klingen. Dafür duften ihre Parfüms nach teuren Boutiquen.

Während die Runde singt und lacht, will Jonas Furrer von Major Übel wissen, was er denn politisch von der ganzen Sache halte. Er sei doch mit den Eschers verschwägert, einer der führenden liberalen Familien der Stadt.

Übel wiegt den Kopf. Die Regierung habe Fehler gemacht, gewiss. «*Ein Theil ihrer Mitglieder stand mit dem Glaubenskomité bereits in Verbindung, ein anderer hatte die richtige Einsicht, aber nicht Muth genug; ein kleiner Theil, welcher auch den Muth hatte, fühlte sich zu isoliert.*» Stadt und Landschaft Zürichs seien jedenfalls unter der liberal-radikalen Führung aufgeblüht, ein Fortschritt in Gang gekommen. Die Kirche sei niemals in Gefahr gewesen, wie die Religiös-Konservativen behaupteten. Die Zürcher Kirche stehe seit vielen hundert Jahren sicher und hätte auch noch zwei Jahre bis zu den nächsten Wahlen standgehalten. Dann hätten die Glaubensmänner den Umschwung demokratisch herbeiführen können. «*Die christliche Kirche ist dadurch gross geworden, dass sie der Gewalt gesetzliche Ordnung entgegenstellte; durch Unrecht, durch Aufruhr wird sie nicht nur nicht wachsen, sondern zu Grunde gehen.*»

«Das letzte Wort ist also nicht gesprochen», meint Furrer.

Übel nickt. «Da bin ich mir sicher.»

Während ihres Gesprächs haben sich die Tische geleert. Die Streicher im Pavillon kratzen eine romantische Zigeunerweise, auf dem gepflästerten Platz drehen sich die Politiker und die Offiziere mit den Damen im Tanz, dass Röcke und Bänder fliegen und der Staub aufwirbelt. Übel blickt zum Grat der Lägern, wo sich die Schwalben sammeln. Nach Süden, denkt er. Nach Afrika.

September 1839. *Der letzte Überrest des Glaubens*

Heiter und heiss kündigt sich der 9. September an. Die Tagsatzung nimmt im Rathaus ihre unterbrochenen Sitzungen wieder auf. Man schreitet zur *Berathung des Kommissionsberichts über die Organisation der Bundesarmee* und kommt zum Punkt 3: Kavallerie. Die Gesandten streiten über die Kontingente der Kantone, über Bewaffnung und Ausrüstung. Anschauungsunterricht haben sie inzwischen genossen, doch einigen können sie sich nicht. Die Gräben im Land sind zu tief.

Im Grossmünster versammelt sich am Morgen der Grosse Rat von Zürich zu seiner letzten Sitzung. *Das Gebrüll einzelner roher Menschen*, Zwischenrufe, Beschimpfungen, zustimmendes oder ablehnendes Geschrei und Getrampel bei vielen Voten *zeugten von dem Zustande der politischen Auflösung*. Selbst in den heiligen Hallen ist jede Achtung vor dem Gegner verschwunden. Trotz des Tumults bestätigt der Rat die provisorische Regierung, dankt ab und beschliesst Neuwahlen.

Ludwig Meyer von Knonau bleibt skeptisch. Er unterstützt in der Regierung *eine Amnestie in Beziehung auf die vorgegangenen Bewegungen.* Als es aber um die Säuberungen der Ämter, Behörden und Gerichten von den Radikalen geht, widersetzt er sich, bleibt jedoch in der Minderheit. Die so genannte «trockene Guillotine» fegt die radikalen Tagsatzungsgesandten, Staatsanwälte, Richter, Räte, Professoren, Lehrer und Pfarrer aus ihren Ämtern und kappt die Verbindung zum Siebnerkonkordat der liberalen Kantone.

Meyer übernimmt als provisorischer Regierungsrat das Bauwesen und versucht, die Arbeiten, die ins Stocken gekommen sind, wieder in Gang zu bringen. Das Leben muss weitergehen. Doch im Grunde hat der aufgeklärte Staatsmann resigniert, an den Sitzungen der provisorischen Regierung nimmt er nicht mehr teil. Sein Glaube an die Vernunft in der Politik und an die Kraft der Demokratie ist durch den Putsch endgültig erschüttert. Denn *von dem Volke wich der letzte Überrest des Glaubens, dass die Regierung auf einer höheren Stufe stehe. Es hatte zu klar gesehen, wie es mit einem Stosse eine solche niederwerfen und wie leicht es eine andere aufstellen könne.* Nicht wer die besten Argumente hat, sondern wer am lautesten schreit, kommt zum Ziel, denn *jede Geschichte lehrt, dass, wenn eine grössere Anzahl Menschen, die neben einander wohnen, sich täglich die nämliche Sache in die Ohren rufen, man am Ende sich auf eine unbegreifliche Weise die sonderbarsten Dinge einprägt.*

Am 16. und 17. September finden im Kanton Zürich Neuwahlen statt, ein einziger Radikaler wird wiedergewählt, drei Viertel der Ratsmitglieder ausgewechselt. An der ersten Versammlung, zwei Tage später, kriecht der wankelmütige Johann Jakob Hess zu Kreuz. *Ich finde mich verpflichtet, offen vor aller Welt meinen Irrtum zu bekennen und ich bereue besonders tief, dass ich auch wesentlich zu den letzten Missgriffen beigetragen habe, die am Ende zu Entscheidungen führten, welche die höchste Gefahr dem Vaterlande brachten.* Der politische Wechselbalg wird als Bürgermeister bestätigt.

Ludwig Meyer von Knonau sitzt am Mittagstisch, als sich der Weibel Herrliberger melden lässt. «Herr Regierungsrat, der neu gewählte Grosse Rat hat Sie eben in indirekter Wahl als ein Mitglied desselben berufen.»

Meyer legt Messer und Gabel auf die Serviette, blickt gedankenverloren zum Fenster: «Ich bin doch zu alt.»

«Herr Regierungsrat, mit Verlaub. Ich bin zwar nur ein einfacher Weibel, aber fast so alt wie Sie. Trotzdem bleibe ich, was immer auch kommt.»

«Was immer auch kommt?» Meyer lächelt. «Was soll denn noch kommen, Herrliberger?»

Der Weibel hebt die Schultern.

«Warten Sie.» Meyer bedeutet der Magd, das Essen abzutischen, nur das Glas Wein und ein Stück Brot nimmt er mit ins Kontor. Er lässt nach einem Sekretär schicken. Die Sätze, die er diktieren will, hat er schon im Kopf. Er bedanke sich für die ehrenvolle Wahl, doch die Umstände, sein Alter und seine Gesundheit erlaubten ihm nicht, sie anzunehmen.

Der Sekretär legt ihm das Blatt zur Unterschrift aufs Pult. Meyer überfliegt den Text, nickt, greift nach dem Kiel. Wie soll er unterschreiben? Regierungsrat? Provisorischer Staatsrat?

Da klopft es erneut. Eine Delegation der Universität lässt um eine kurze Audienz bitten.

«Was wollen denn die noch von mir?»

Meyer lässt bitten, schüttelt Hände, man kennt sich, erkundigt sich nach gegenseitigem Wohlbefinden, feierliche Worte fallen. Dann entrollt einer der Herren ein Pergament mit Siegel, das den Siebzigjährigen zum Doktor der Philosophie ernennt.

Ein Lächeln knittert sein schmales Gesicht. «Nun weiss ich wenigstens, wie ich unterzeichnen soll.»

Er tunkt den Federkiel in Tintenfass, kritzelt: «Dr. phil. Ludwig Meyer von Knonau» unter seine Demission. Sagt, er freue sich ausserordentlich, denn die Ehrung beweise immerhin, *dass, ungeachtet der streng orthodoxen Richtung der Zeit, man von Staats wegen die Philosophie noch anerkenne.*

9. September 1839. *Jene wundersüsse Musik*
Überirdisch ist der Anblick des schwarzblauen Himmelszeltes, wie es über die weissen und blauen Firnen ausgespannt ist. De Saussures Himmelsfarbe, Da Vincis stratosphärisches Schwarz. Ganz deutlich kann er es sehen. Er setzt Fuss vor Fuss, fühlt seine Glieder leichter werden mit jedem Schritt, fühlt wie alles von ihm fällt, die Angst, die ihn immer begleitet hat wie ein böser Schatten, die Melancholie, in die er in den Nächten am Berg versunken ist. Beschwingt klettert er über blankes Eis, erreicht den Grat, schreitet weiter auf dem schmalen First, hoch über dem Abgrund.

Gegen Westen hat er sich gewandt, die Sonne im Gesicht, hinüber zum Piz Rusein, zum höchsten Gipfel des Tödimassivs. Eine Stufe noch, windgepresster Schnee, Steine ragen aus der Verwehung, eine Wechte wuchtet weit über den Grat hinaus. Dann ist nur noch Luft und Leere um ihn, keinen Schritt mehr geht es höher. Er spürt seinen Atem kaum, trotz der dünnen Luft, trotz dem anstrengenden Aufstieg, er bleibt stehen, allein und einsam und überwältigt von der Weitsicht, den Gipfeln und Tälern, die sich zu seinen Füssen ausbreiten wie die Wellen eines Meeres aus Stein und Eis, das sich in der Unendlichkeit des Alpenraumes verliert.

Er will jauchzen, doch seine Kehle ist trocken, kein Laut dringt aus ihr. Nur den Wind hört er, der über die Kämme streicht, über Zacken und Spitzen und Felsnadeln, und er vernimmt *jetzt jene wundersüsse Musik …, welche man nach alten Sagen hier zuweilen in der Luft hört.*

Er lauscht den sphärischen Klängen und dem Krachen eines Eissturzes in der Tiefe und fühlt sich so glücklich wie nie zuvor in seinem Leben.

Es ist Montag, der 9. September 1839, drei Tage nach dem Putsch. *Abends 8 Uhr verliess sein Geist diese irdische Hülle, um zu seiner wahren Heimath einzugehen.*

10. September 1839. *Ein Opfer der Gerechtigkeit*

Zürich, 10. Sept. Heute früh um 6 Uhr ist Hr. Staatsrat Dr. Hegetschweiler an seiner Wunde gestorben. Wenn das Opfer edler Menschenleben den Kampf, der sie verzehrte, zu einer heiligen Sache erhebt, so ist es nun der Kampf für den Frieden, der diese Weihe erhalten hat. Der verewigte Staatsmann sank, von der Kugel getroffen, als er sich mit der Losung zum Frieden unter die Streitenden stürzte.

Die Neue Zürcher Zeitung irrte sich im Zeitpunkt des Todes, doch das war Nebensache, galt es doch, den einstmals liberalen Politiker zum Helden der konservativen Bewegung umzuschminken. Denn ein Held war Hegetschweiler posthum geworden. Der als Verräter verdächtigte ewige Zauderer und Zögerer hatte sich durch die Umstände seines Todes zum mutigen Friedenskämpfer erhoben. Ludwig Meyer von Knonau, der ihn zuvor als «ängstlichen Konservativen» abkanzelte, lobte: *Gross und als Vorbild für die unverdorbene Jugend wird er sich an diejenigen anreihen, deren Gedächtnis die Nachwelt ehrt.*

Selbst Pfarrer Hirzel sprach vom *Tod des unvergesslichen Hegetschweiler, dessen Leben Tausende jetzt noch mit ihrem eigenen erkaufen würden.*

Ein Dichter namens Johann Melchior Krieg besang ihn in einer Lobeshymne, die er *den für das Vaterland und Religion gefallenen Kämpfern und allen Verehrern des Welterlösers* widmet, als eine Art Winkelried, der sich furchtlos in die gegnerischen Speere wirft.

> *Hegetschweiler, der ja ohne Waffen*
> *Muthig drang durchs ganze Volkesheer*
> *Ward durch einen Schuss verwundet schwer*
> *Friede wollte dieser Gute schaffen,*
> *Wo sie für ihr Heiligstes kühn stritten,*
> *Und er fiel! – Nun hat er ausgelitten.*

Die konservative Freitagszeitung verglich Hegetschweilers Tod mit jenem des Gelehrten Johann Caspar Lavater, der 1801 an einer Schussverletzung starb, die ihm ein Soldat während der Schlacht bei Zürich beigebracht hatte. Es bildete sich sogar die Legende, Hegetschweiler und Lavater hätten auf dem Totenbett die gleichen Worte gesprochen: «*Fraget mich nicht, wer mich geschossen hat.*»

Für die Radikalen blieb Hegetschweiler ein Verräter, der vor dem Putsch mit den Konservativen konspiriert hatte. Ein radikaler Verseschmied spottete:

> *Ein Andrer schiesst ihn vor den Kopf,*
> *da stürzet gleich der arme Tropf,*
> *Es war der Staatsrath Hegetschweiler,*
> ...
> *Er fiel gerade als wie ein Vieh,*
> *Ein Opfer der Gerechtigkeit,*
> *Schon längst der Nemesis bereit.*

Die konservativ dominierte neue Macht war an einer Klärung der Umstände des Attentats nicht interessiert, nachdem der Versuch misslungen war, den Schuss dem Dragonerleutnant Fenner in die Stiefel zu schieben, also den politischen Gegnern. Es war ein Schönheitsfehler des «Heiligen Kriegs», dass einer der Landstürmer, ein Gotteskrieger also, aus dem Hinterhalt geschossen hatte. Ein überführter Attentäter aus den eigenen Reihen hätte schlecht ins politische Kalkül der neuen Herren gepasst. Die liberal-radikalen Staatsanwälte waren geflohen und durch konservative ersetzt, von denen einer, David Rahn, klar bekannte, *dass der Staat aber bei dieser Untersuchung kein Interesse hat.*

Die gegenseitigen Schuldzuweisungen verstummten nicht. Religiös-Konservative behaupteten, auch den Truppen sei Schrot ausgeteilt worden. Augenzeugen hätten beobachtet, wie ein Dragoner schoss. Liberale und Radikale beriefen sich darauf, dass der Schuss von unten nach oben gefallen sei, also niemals von einem Pferd herab, und dass nur die Landstürmer Jagdflinten getragen hätten.

Der zuverlässigste Zeuge, der Berner Tagsatzungsgesandte Steinhauer, hatte *einen Mann in grüner Jagdkleidung das Gewehr hoch nehmen und einen Augenblick später Hegetschweiler fallen sehen.* Ein Jäger also oder ein grün uniformierter Scharfschütze aus der vordersten Linie der Landstürmer? Oder doch ein Dragoner, denn auch die Kavallerie trug «dragonergrüne» Uniformen mit roten Streifen und Stehkragen. Steinhauer blieb zeitlebens der Meinung, Hegetschweiler habe seinen Mörder gekannt, ihn *aber auf dem Todbette nicht nennen* wollen.

Der Sturm der Behauptungen und Meinungen verwehte die Spuren. Wer war der Mörder? Warum hatte er geschossen? Warum ausgerechnet auf den Friedensboten? Hatte er Hegetschweiler aufgelauert? Welche Rechnung wurde da beglichen? Hatte sich der Schütze aus Wut über die eigenen Opfer rächen wollen, wie das einige Landstürmer gegenüber Pfarrer Hirzel angedroht hatten? War Hegetschweiler das Opfer einer Verwechslung, etwa mit dem seit dem Brand von Uster verhassten Regierungsrat Fierz?

Am 21. September setzte der neu gewählte Grosse Rat die Amnestie für sämtliche Straftaten im Rahmen der Unruhen in Kraft, als *Act der Grossmuth und Versöhnung*. Politisch ein geschickter Schachzug, historisch dagegen eine nicht wieder gut zu machende Unterlassung.

Und ein Affront gegenüber der Familie des Opfers. Die Hegetschweilers beharrten auf einer Obduktion der Leiche, um Klarheit über den Schuss und die Todesursache zu bekommen.

Am Dienstagnachmittag, den 10. September, führte Professor Locher-Zwingli im Postgebäude die Sektion durch, assistiert von zwei Ärzten. Der Befund zeigte eindeutig, dass es ein Schrotschuss war, der kaum von den Truppen stammen konnte. Zwei Schrote steckten zwischen Haut und Knochen, ein drittes, steiler aufgepralltes Geschoss hatte den Schädel und die Hirnhaut verletzt und eine Blutung verursacht. Locher notierte: *Aus dem so eben Angeführten ergibt sich wol zur Genüge, dass die Verletzung tödtlich sein musste und eben so, dass der Verletzte durch einen Schrotschuss von der Seite, in der Richtung von hinten nach vorn getroffen worden sein musste.*

Die Neuen Zürcher Zeitung veröffentlichte den Sektionsbefund, der provisorische Regierungsrat und die Ärztegesellschaft nahmen ihn zur Kenntnis und legten ihn *ad acta*.

Es war wohl das schlechte Gewissen, das den neuen Amtsbürgermeister Konrad von Muralt bewog, der Witwe Katharina Hegetschweiler finanzielle Unterstützung anzubieten. *Ich kann mir die Möglichkeit denken dass, überrascht durch die Umstände, Sie sich in einiger augenblicklicher Geldverlegenheit befinden könnten.*

Ein Faux-Pas sondergleichen, denn die Hegetschweilers waren als wohlhabende Familie bekannt. Die Erben konnten am 20. Januar 1840 ein Vermögen von *22 000 Franken* aufteilen. Eine Summe, die etwa zwölf Jahreseinkommen eines Bürgermeisters entsprach – oder hundert eines Primarlehrers. Man besass noch das Haus im Kehlhof in Stäfa und weitere Guthaben. Bei der Erbteilung erhielt die Witwe an eingebrachtem Gut, Erbanteil und Nutzniessung 16 000 Franken, Tochter Kätherli vom Rest einen Fünftel, die Söhne Fritz und Emil je zwei Fünftel. Fritz hatte das meiste schon im Voraus bezogen und wahrscheinlich auch verbraucht.

Noch viel peinlicher als der ungeschickte Brief des Amtsbürgermeisters waren die «Erbstücke», die man der Familie nach der Sektion zustellte: Den durchschossenen Hut und den *Trepan*, den Professor Locher aus Hegetschweilers Schädel gebohrt hatte. Ein talergrosses Knochenstück von grauer Farbe mit splittrigen Einschlägen zweier Schrotkugeln.

Dass Frau Katharina *zeitlebens gegen die Konservativen heftig erbittert war,* wie ein Historiker schreibt, ist verständlich.

Frühling 1845. *Eine Tochter des Landes zu verführen*
Ist es nicht sonderbar, dass die Menschen so gerne für die Religion fechten und so ungern nach ihren Vorschriften leben? Das Wort des deut-

schen Physikers und Schriftstellers Georg Christoph Lichtenberg trifft exakt auf den heiligen Krieger Bernhard Hirzel zu. Schon wenige Wochen nach dem Putsch weiss eine Zeitung aus einer *Quelle, die wir für zuverlässig halten müssen,* zu berichten: *Der Mann Gottes hatte nämlich in einem schönen Augenblicke die Schwachheit, eine Tochter des Landes zu verführen.*

Vorerst macht der «September-General» eine steile politische Karriere, und die Pfäffiker Schafe lieben und loben ihren Hirten wie nie zuvor. Er predigt, besucht Kranke *bey Tag und Nacht,* schlichtet Ehestreitereien, unterrichtet Kinder und Konfirmanden. *Er habe zur Verbesserung des sittlichen Lebens sehr viel beigetragen: er verdiene und geniesse allgemein ungetheiltes Lob und Achtung.* Diese Einschätzung aus einem Dokument klingt ironisch. Denn Hirzels grosse «Schwachheit» waren junge Frauen, meist einfacher Herkunft, doch von natürlicher Schönheit und Anmut. Er sucht ein *geistig regsames, heiteres, kindliches Wesen, verbunden mit unbedingter Hingebung, der offensten Aufrichtigkeit und einer mächtigen Opferkraft, mit einem Wort, mein weibliches Ideal.* Vielleicht das Gegenbild seiner Mutter, die dem Alkohol verfallen ist, sich mit Männern herumtreibt und sogar mit den eigenen Hausknechten ins Bett steigt.

Zwei Wochen nach dem Putsch wird Pfarrer Hirzel in den Grossen Rat des Kantons Zürich gewählt, dann auch in den Erziehungsrat. Der fortschrittliche Seminardirektor Ignaz Thomas Scherr muss gehen. An seiner Stelle übernimmt ein Theologe die Leitung des Lehrerseminars in Küsnacht. Pfarrer, Lehrer und Beamte, die man als «Straussen» verdächtigt, verlieren ihre Stelle. Die Lehrfreiheit der Hochschule wird von den neuen Machthabern massiv bedrängt.

Doch das Pendel schlägt bald wieder zurück. Die konservativen Behörden versagen so kläglich, dass die Liberalen und Radikalen nach wenigen Jahren wieder an die Macht zurückkehren. Schon am 22. November 1841 treffen sie sich zu einer grossen Kundgebung in Uster und applaudieren dem vertriebenen Bürgermeister Conrad

Melchior Hirzel. Die Wahlen im Mai 1842 geraten zum Triumph der Fortschrittlichen, sie fegen die Hälfte der Konservativen aus dem Grossen Rat.

Ludwig Meyer von Knonau, der weise Staatsmann, hatte diese Entwicklung schon im Frühling vor dem Putsch vorausgesehen: *Wir können die Gegenpartei durch nichts mehr in Verlegenheit setzen, als wenn wir abtreten; denn sie kann im Wesentlichen nichts anderes thun, als wir.*

Die liberale Presse prangert immer wieder Pfarrer Hirzels *grobe Unsittlichkeit* an. Über seine Liebesverhältnisse mit Mädchen und Mägden zirkulieren Spottlieder, in einem ist gar die Rede von einem *Pfaff, von dem viel Kinder kamen.* Der Druck wird so gross, dass er im Februar 1845 sein Amt aufgeben muss und mit seiner Familie zurück ins Haus der Eltern nach Enge zieht, in den «Abendstern».

Auch sein Stern ist am Sinken. Seine Frau verlässt ihn endgültig. Er hilft dem Vater, einem fast erblindeten und kränklichen Trinker, bei seinen Geschäften. Immer wieder lässt er sich mit Mädchen ein, verspricht einem «Anneli» aus dem Badischen sogar die Heirat, doch seine Frau will sich nicht scheiden lassen.

Schliesslich findet er seine grosse Liebe, sein *weibliches Ideal: Anna Maria Welti,* ein Kind Heimatloser, katholisch getauft und Schneiderin von Beruf. *Dieses Mädchen musste mein werden, und koste es Leben und Ehre und Seligkeit,* schreibt Hirzel, den die falsche Konfession der Angebeteten nicht im Geringsten stört. Eine Zeitlang verkehrt er aber auch noch mit dem Anneli, bis er unter Tränen der Anna Maria verspricht: *Du bist mein, ich dein! Eher sterben als dich lassen!*

Der ehemalige Privatdozent, der hochbegabte Gelehrte und Orientalist versucht an der Universität wieder Fuss zu fassen. Er stellt ein Gesuch zur Habilitation in den Fächern *Sanskrit, Griechisch, Latein, Gohtisch, Alt-, Mittel- und Neu-Hochdeutsch, Hebräisch, Arabisch, Chaldäisch (…) in orientalischer Philosophie und Theologie, sowie christlicher Theologie.*

Gemäss Beschluss des Erziehungsrates, dem er selber bis vor kurzem angehört hat, muss er sich einer Probevorlesung unterziehen, der auch Hegetschweilers Freund Oswald Heer als Dekan der philosophischen Fakultät beiwohnt. Eine Demütigung, während der er sich zu einer politischen Rechtfertigung hinreissen lässt: *Und, wieder eingetreten in ein rein wissenschaftliches Leben, werde ich mit allen Geisteskräften, die mir Gott gegeben hat, zu bekämpfen suchen die bodenlose, autoritätsleere, aufgeblasene Aufklärerei der gegenwärtigen Zeit.*

Die Schlussworte seiner Probevorlesung zeigen einen tiefen Hass gegen Aufklärung und Fortschritt. Hirzel befindet sich damit politisch im Abseits, denn inzwischen steht die Schweiz vor dem Sieg der liberalen Kräfte.

Eine Kampagne der liberalen Presse schleudert haufenweise Schmutz auf den *September-General und Ex-Pfarrer von Pfäffikon und seine schwülstige und persönlich anmassende Probe-Vorlesung.* Eine Zeitung schreibt gar, *wenn das so weitergehe, könnte am Ende die Hochschule noch, statt des Zuchthauses, die Zufluchtsstätte für Aufrührer werden.*

Dem Zuchthaus steht Hirzel bald näher als dem Lehrstuhl. Er kann sich zwar aufs Wintersemester 1846/47 habilitieren, schreibt neun Vorlesungen aus, doch keine findet einen Hörer, nicht einmal eine öffentliche über die *Grammatik des Zürcher-Dialekts.* Hirzel erhält also keine Gelegenheit, *vorerst noch ein Zeugniss meiner wissenschaftlichen Fähigkeiten abzulegen und dann zu sterben,* wie er sich vorgenommen hat.

Bernhard Hirzel ist arbeitslos geworden und hoffnungslos verschuldet. Sein Vater lässt in seiner Abwesenheit seinen Hausrat pfänden. Er verlässt das Elternhaus, findet bei Marie Weltis Bruder Jakob Unterkunft und ein Darlehen durch einen Wechsel auf sein Erbe. Auch ihre Mutter leiht ihm Geld. Doch sein Vater enterbt ihn zugunsten seines Sohnes Arnold. Die Wechsel werden damit wertlos. Zu allem Überfluss meldet sich auch noch der Vater des badischen Anneli, das von ihm ein Kind erwartet, und macht Ansprüche geltend. Am 1. November 1846 reist Hirzel ab nach Paris, er flieht vor den Gläubigern und dem drohenden Gefängnis.

Juni 1847. *Ähnlich wie der Dichter Kleist*

Ach, warum bist du gefallen
in die Hand der Kinder des Trugs,
oder ach
der Kinder des Übermutes
Siehe des Todes sterben
musst auch du:
denn nach der Sünde folgt Tod
von Ewigkeit zu Ewigkeit

Während seiner letzten Monate in Pfäffikon hatte Hirzel dieses Gedicht in hebräischer und deutscher Sprache verfasst und unter dem Titel «Gericht des Todesboten über den Erdkreis» drucken lassen.

Den Freitod, den er immer wieder ankündigte, inszenierte er dramatisch, wie so vieles in seinem Leben. *Ähnlich wie der Dichter Kleist mit seiner Freundin den Tod in der Nähe von Berlin gesucht, begab auch er sich mit seiner treuen Marie in der Nähe von Paris an einen stillen Ort. Da lebten sie noch ein paar Tage geeint und bereiteten sich auf den Tod vor. Sie starben freiwillig an dem gemeinsam genossenen Gift.*

Es war Sonntag, der 6. Juni 1847, man stellt sich einen heiteren Frühsommertag vor, ein Dorf in der Nähe von Vincennes am Fuss des Mont Avron, eine Herberge, zwei unglücklich Liebende, er kurz vor seinem vierzigsten Geburtstag, sie noch nicht zwanzig. Sie beten lange, auf den Knien auf dem harten Holzboden der Kammer. Bitten um Vergebung für ihr Leben in Sünde. «*Sein Wille geschehe und sei ewig gepriesen, auch wenn es meine Verdammung wäre.*»

Draussen Licht im heiteren Grün der Buchen, eine Amsel singt, ein leichter Wind flüstert durch die Blätter. Lange halten sie sich umfangen, drücken sich fest aneinander und weinen. Dann greift er zum Glas auf dem Tisch, reicht es ihr. Sie zögert, blickt ihn an aus ihren rot geweinten Augen, ein letztes Mal. Er nickt, er lächelt. «Nun denn, in Gottes Namen, vorwärts!»

Nein, das sagt er nicht. Er denkt ihn vielleicht nur, den Satz, der sein Leben verändert hat, acht Jahre zuvor, als er seine Leute zum «heiligen Kampf» führte.

Marie trinkt hastig, verschluckt sich und hustet. Er klopft ihr den Rücken, sie gibt ihm den Becher zurück. Er leert ihn in einem Zug. Dann legen sie sich aufs Bett, umarmen sich, er spürt, wie Krämpfe ihren Körper durchschauern. *«Kind, liebes Kind, ich will dich nicht verlassen!»*, flüstert er ihr ins Ohr. Dieselben Worte, mit denen er von ihr Abschied nahm, als er ein halbes Jahr zuvor Zürich verliess, auf der Flucht vor Gläubigern und dem Gericht. Alles wiederholt sich, denkt er, in den letzten Augenblicken. Denn Erde bist du, und zur Erde musst du zurück, steht geschrieben. Die ewige Wiederkehr des immer Gleichen.

Eine schlecht bezahlte Hauslehrerstelle bei der reichen Familie Bouffé war sein einziges Auskommen in Paris. Trotzdem holte er Marie nach, die sich vor Sehnsucht verzehrte, ihm Briefe mit ihrem eigenen Blut schrieb. *Ich kann es nicht mehr länger aushalten, ich sterbe vor langer Zeit.*

In Paris leidet Marie unsäglich, meist getrennt von Bernhard und der Sprache nicht mächtig, wird sie krank an Herz und Lunge, bekommt Fieber und Krämpfe, *Kopfweh und erbrechen zum erbarmen*. Und immerzu weint und weint sie.

Ende Mai fordert Jakob Welti durch einen Agenten Bernhard Hirzel auf, seine Schuld von sechshundert Franken binnen acht Tagen zu begleichen, sonst würde er ihn bei seinem Arbeitgeber Bouffé verklagen. Bernhard flüchtet mit Marie aufs Land, mietet ein Zimmer in einem Gasthaus. Ein paar Tage arbeitet er verzweifelt an einer Novelle, «Die Heimatlosen», in der Hoffnung, mit Literatur etwas Geld zu verdienen. Ein paar Tage leben sie ihre Liebe, ihre Leidenschaft. Schliesslich schickt er die Novelle unvollendet seinem Jugendfreund, dem konservativen Juristen und Politiker Johann Caspar Bluntschli in Zürich. Im gleichen Umschlag steckt auch ein Abschiedsbrief.

Marie und er seien zum Tode entschlossen, schreibt er, die Novelle für Bluntschli *ein Andenken an seinen unglücklichen und durch Marie auch im Sterben noch glücklichen Freund*. Marie fügt Grüsse an ihre Mutter und ihre Angehörigen bei. *Sagen Sie ihnen, dass ich freiwillig und gern mit meinem Bernhard sterben will, da die Menschen uns verhindern, miteinander zu leben.*

Eng umschlungen liegen sie auf den Leinentüchern, ihre wachsbleichen Gesichter sind sich nahe, ihre Haare ineinander verwoben. Draussen Sonne, die Amsel auf dem nahen Ahorn singt unentwegt. *Hirzel büsste, was eine ganze grosse Partei verschuldet, so zu sagen allein*, wird eine Zeitung schreiben.

1947. Oberländer Wortführer

Eine der Fresken, die 1947 bei der Renovation der Kirche in Pfäffikon entdeckt werden, zeigt das Jüngste Gericht: Ein Fluss scheidet das Paradies und die Hölle, in der ein Teufel mit einem Morgenstern auf eine Schar nackter schwangerer Frauen losprügelt, bevor er sie ins Fegefeuer stösst. Auf dem Fluss treiben drei Jungfrauen auf Brettern, eine betet. Vielleicht landet sie doch noch auf der Seite des Paradieses, wo ein Engel die guten, nicht geschwängerten Jungfrauen empfängt. Über allem schwebt der barmherzige Heiland auf einem Regenbogen. Während des Bildersturms der Reformation wurde das Fresko übertüncht, so dass es Pfarrer Hirzel nie sehen konnte. Eine Gedenktafel am Pfarrhaus erinnert an den unglücklichen «Septembergeneral»:

Einstiger Amtssitz von Pfarrer Bernhard Hirzel
Oberländer Wortführer im Züriputsch 5./6. Sept. 1839

Herbst 1847. *Medizinalangelegenheiten*

Die Niederlage jener «ganz grossen Partei» erlebte Bernhard Hirzel nicht mehr. Im November 1847 brach in der Schweiz ein kurzer Bürgerkrieg aus. Die von liberalen und radikalen Kantonen dominierte Tagsatzung schickte Truppen gegen den Sonderbund der katholisch-konservativen Kantone der Innerschweiz, Freiburgs und des Wallis. Die Fortschrittlichen siegten, der Liberalismus triumphierte.

Oberst Paul Eduard Ziegler, der am 6. September 1839 als Stadtpräsident mit der Bürgerwache die konservativen Putschisten unterstützt hatte, kommandierte auf der Seite der Liberalen ein Zürcher Bataillon und zeichnete sich bei den Kämpfen aus. Aus Luzern brachte er als Trophäe die Waffen Ulrich Zwinglis zurück nach Zürich, welche die Katholischen dem gefallenen Reformator 1531 in der Schlacht bei Kappel abgenommen hatten.

Der Sonderbundskrieg dauerte 26 Tage; hundert Tote und über dreihundert Verletzte forderten die Schlachten bei Gisikon und Meierskappel. Dann war der Weg für den modernen Schweizer Bundesstaat frei. Erster Bundespräsident wurde Jonas Furrer aus Winterthur.

Auch der Kavallerieleutnant Heinrich Fenner machte im jungen Bundesstaat Karriere. Nach dem Putsch hatte er sich ins Ausland abgesetzt, zog 1844 nach Winterthur als *Gutsbesitzer und Rittmeister*. Fenner brachte es zum Oberstleutnant im Generalstab und Waffenchef der Kavallerie. Schliesslich war er 1857 bis 1867 liberaler Zürcher Regierungsrat, verantwortlich unter anderem für *Inneres, Justiz, Medizinalangelegenheiten*, also ein Nachfolger in Hegetschweilers Amt.

12. September 1839. *Zu den Höhen der Seligen emporgestiegen*

Diesen Abend ist die Leiche Hrn. Hegetschweilers beigesetzt worden. Die Verwandten des Verewigten, unmittelbar nach ihnen die hiesigen Freimaurer, deren Mitglied er gewesen, seine ärztlichen Kollegen, der provi-

sorische Staatsrath, der Stadtrath von Zürich, die Professoren der Hochschule und der Kantonsschule, die physikalische Gesellschaft, einige Tagsatzungsgesandte, die Studierenden, die Bezirkskomités, die Bürgergarde von Zürich, alle in schwarzer Kleidung, und Tausende von Stadt und Land begleiteten den Sarg von dem Postgebäude, wo Hegetschweiler gefallen und gestorben war, zum Kirchhofe, und begaben sich von dort in die St. Peterskirche, wo Hr. Helfer Fäsi den Gefühlen der trauernden Bürger Worte verlieh. Das in der Stadt befindliche Militär erwies den vorbeigetragenen Überresten des Verblichenen militärische Ehren.

Am Donnerstagnachmittag ziehen Wolken auf, das Wetter schlägt um. Windböen wirbeln durch die Gassen, in Staub gehüllt schreitet der Trauerzug dahin, einer Herde schwarzer Schafe gleich, die mit ihren Hufen ein sandiges Feld aufwühlen. Dumpf schlagen die Glocken von St. Peter, während die Menschen dem Sarg über den Paradeplatz an die Sihlstrasse folgen, zum Friedhof St. Anna, wo schon Lavater und Usteri ruhen.

Nach kurzer Andacht geht es zurück zur Peterskirche, die Trauergäste drängen sich ins weite Schiff. Die Emporen, auf rötlichen Marmorsäulen ruhend, sind zum Bersten voll, so dass Friedrich von Dürler fürchtet, sie könnten über ihm einstürzen. Den Wänden entlang und im Mittelgang stehen die Menschen mit gefalteten Händen, gesenktem Blick. Offiziere in Paradeuniform mit blitzenden Knöpfen und Schnallen, Notabeln in Frack und Zylinder, die Damen mit schwarzen Hüten, Schleier vor den Gesichtern, die so bleich sind wie die Gipsstuckaturen an der Decke.

Dürler schwitzt in der Uniform, vom steifen Kragen ist sein Hals wund gescheuert. Verstohlen fährt er mit dem Finger zwischen den Stoff und die Haut, sucht sich Erleichterung zu verschaffen. Er sitzt bei den Mitgliedern der Naturforschenden Gesellschaft, eingezwängt zwischen Melchior Ulrich und Ferdinand Keller. Blickt zu den runden Fenstern, die aussehen wie Bullaugen, so dass er das Gefühl bekommt, die Kirche sei tatsächlich ein Schiff, eine überfüllte Arche, die auf einem Meer dahintreibt.

«Ist es nicht eigenartig», flüstert ihm Ferdinand Keller ins Ohr, «Lavater war hier Pfarrer, bis ihn draussen im Hof ein Attentäter in die Hüfte schoss. Nun ist ihm Hegetschweiler auf ähnliche Weise gefolgt.»

Pfarrer Fäsi würdigt den Verstorbenen als ein Vorbild in jeder Hinsicht, der sein Leben für das Wohl aller gegeben hat. *Wir lassen unser Leben auch dann für die Brüder, wenn wir uns nicht weigern, unerquickliche und doch für das Wohl des Ganzen unentbehrliche Geschäfte zu verrichten.*

Dürler wischt sich mit dem Ärmel der Uniform den Schweiss ab. In sich versunken lauscht er den monotonen Worten des Pfarrers, tauscht verhaltene Blicke mit Ferdinand Keller.

Ist das ein beklagenswerther, ist das ein unrühmlicher Tod? ... Er ist auf dem Feld der Ehre gefallen; ihn hat sein Gott eines glorreichen Todes gewürdigt; er durfte gleich seinem Erlöser sein Leben für die Brüder lassen; er ist auf rauher und blutgetränkter, aber ruhmbekränzter Bahn zu den Höhen der Seligen emporgestiegen ...

Die Stimme von der Kanzel versickert in der überfüllten Kirche. Einzelne Worte dringen in Friedrich von Dürlers Bewusstsein, lassen Bilder aufsteigen. Zu den Höhen der Seligen! Der Tödi! Er erinnert sich an die Begegnung auf den Lindenhof, die Bemerkung Hegetschweilers, das eigentliche Ziel, die höchste Spitze des Massivs, sei noch nicht erreicht. Nun kommen ihm diese Worte wie ein Vermächtnis vor, eine Aufforderung an die Nachwelt, durch die Tat zu beweisen, dass das Streben nach den Höhen der Alpen und den Gipfeln der Erkenntnis weitergehe, trotz aller Rückschläge. Sein Plan ist gefasst.

Nach dem Schlussgebet bleibt er stehen, sieht die Familie Hegetschweiler hinter Pfarrer Fäsi durch den Mittelgang schreiten, die Witwe tief verschleiert, den Blick starr auf den Boden geheftet. Ihren Namen hat er gelegentlich bei Verhandlungen der Armenpflege vernommen, sie ist im *Verein für Belehrung und Versorgung weiblicher Sträflinge* tätig, nach dem Vorbild der *Barmherzigen Liebe* der Engländerin Elizabeth Fry, die im Sommer die Schweiz besucht hat. Katharina Hegetschweiler hat im Stillen viel Gutes getan, hat Frauen in den Gefängnissen Mut zugesprochen, die Prüfung durchzustehen, die ihnen auferlegt ist, und einen Neubeginn zu wagen. Nun hat das Schicksal ihr selber eine schmerzvolle Prüfung auferlegt.

Die Tochter, die am Arm eines Onkels folgt, blickt stumm vor sich hin. Sie und ihre beiden Brüder hat Pfarrer Fäsi von der Kanzel herab ermahnt, *einen Namen, dem des Vaters Verdienste einen so guten Klang gaben, zu ihrem Ruhm zu tragen.*

Die Kirche leert sich, die Trauergäste treten ins düstere Licht der St. Peterhofstatt, Wolken lasten über den Dächern. Eine Weile stehen sie beisammen, schütteln Hände, die Stimmen werden allmählich lauter. «Herr Professor, Herr Oberst, Herr Grossrat ...» Die Abdankungsfeier hat die Fronten für ein paar Stunden verwischt, Liberal und Konservativ haben sich im Schwarz der Trauer vereint.

Später sitzen die Mitglieder der Naturforschenden Gesellschaft in der «Waag» bei einem Imbiss, in Gedenken an das verstorbene Ehrenmitglied. Besinnliche Worte werden gesprochen, Gläser gehoben. Das Tischgespräch dreht sich um die Frage, an der sich noch immer die Geister scheiden: Wer war der Attentäter? In diesem liberalen Kreis sind die Meinungen gemacht: Es war einer vom Landsturm, der Schuss galt nicht nur Hegetschweiler, sondern dem Fortschritt schlechthin. Es war ein Attentat auf einen Wissenschaftler und damit auf die Wissenschaft und die Aufklärung. Die Stimmung ist gedämpft, wer weiss, welche Auswüchse die Reaktion noch treiben wird.

Es dunkelt, als Friedrich von Dürler die wenigen Schritte zu seinem Haus «In Gassen» geht, Ferdinand Keller begleitet ihn. Vor der Tür bleiben sie stehen. «Ich habe einen Entschluss gefasst», sagt Dürler halblaut.

«Ach ja? Ich bin gespannt ...»

«Den Tödi besteigen, den höchsten Gipfel, den wir vor zwei Jahren verpasst haben. Hegetschweilers Traum soll verwirklicht werden.»

«Du glaubst also nicht an das Gerücht, dass Gämsjäger aus der Surselva schon vor fünfzehn Jahren den Rusein bestiegen hätten?»

«Glauben wir wieder?», fragt Dürler. «Vielleicht finden wir Spuren. Eine Flasche, einen Steinmann.»

«Oder eine Speckschwarte.» Keller lächelt. «Wann soll die Expedition losziehen?»

«Im Sommer. Meine Führer sind avisiert. Bist du diesmal mit von der Partie?»

«Leider nein. Meine Leber plagt mich. Das alte Leiden, das ich aus England mitgebracht habe.» Keller drückt seine Hand, hält sie fest. «Gib Acht auf dich, Friedrich.»

«Jetzt sprichst du wie meine Mutter.»

«Sie kennt dich. Sie weiss, was für ein Draufgänger du bist.»

«Ich pass schon auf. Und meine Führer sind zuverlässig.»

Keller gibt Dürler einen Stoss in die Rippen. «In meinem Buch ist dir ein Ehrenplatz gewiss! So oder so.» Er drückt den Freund an seine Brust. «Deine Expedition wird ein Zeichen sein, dass der Fortschritt nicht aufzuhalten ist.»

Sie halten sich umfangen, bis sich Schritte nähern. Eine Schar betrunkener Studenten torkelt durch die Gasse, sie schwenken ihre Mützen und gröhlen: «Und wenn ich einst gestorben bin, so sollt ihr mich begraben. In einem Fass voll Branntewein, da werd ich selig schlafen …»

«Disgusting», murmelt Keller. Dann eilt er davon.

September 1838. *Doch warnet ihn freundlich die Stimme*

Die *Versammlung der allgemeinen schweizerischen Gesellschaft für die gesammten Naturwissenschaften* vom 12. bis zum 14. September 1838 in Basel hatte Friedrich von Dürler als Mitglied aufgenommen und ihn dadurch in den Stand eines anerkannten Wissenschaftlers erhoben. Auf der Liste der Kandidaten figuriert er unter Nummer 33 als Physiker, obwohl er weder durch physikalische Publikationen noch durch Forschungsergebnisse aufgefallen war. Er war Autodidakt, der *seine Mussestunden zum Studium Physik* benutzte. Vor seiner Fahrt zum Tödi hatte er gar den Barometer zerbrochen, *das Emblem der wissenschaftlichen Achtbarkeit*, so dass er auf dem Gipfel bloss seinen Puls und die Lufttemperatur messen konnte. Das Unternehmen lieferte keine brauchbaren wissenschaftlichen Ergebnisse. Auch als «Conservator» der antiquarischen Gesellschaft machte sich Dürler nicht eben verdienstvoll, musste er doch an den Sitzungen, die er nur selten besuchte, wiederholt ermahnt werden, endlich ein *Inventar der Sammlung* von Fundstücken anzufertigen, die er betreute, oder Berichte über Ausgrabungen in das dafür vorgesehene Buch einzutragen.

Die Aufnahme in die naturwissenschaftliche Gesellschaft verdankte Friedrich von Dürler seinem «Spaziergang» auf den Tödi und der Fürsprache seines Freundes Ferdinand Keller, dem Aktuar der Zürcher Sektion.

Keller würdigt Dürlers Besteigung ausführlich in seinem Buch «*Das Panorama von Zürich. Schilderung der in Zürichs Umgebungen sichtbaren Gebirge, nebst Beschreibung der im Jahr 1837 ausgeführten Ersteigung des Tödiberges.*» In dem Werk, das 1840 bei Orell, Füssli und Compagnie erscheint, hebt er den jungen Zürcher als eigentlichen Tödipionier auf den Sockel, während er die mögliche Besteigung von Süden durch Bündner Gämsjäger als unglaubwürdig darstellt. Ganz im Geist der Zeit, dass nur eine Leistung, die durch wissenschaftlich anerkannte Personen vollbracht wird, auch als historisch gelten soll. Gämsjäger und Bauern zählen nicht, und auch ein kleiner Armensekretär würde vergessen, hätte er sich nicht in wissenschaftlichen Zirkeln Freunde geschaffen.

Unter den 115 Namen auf der Teilnehmerliste der Basler Versammlung figurieren Naturforscher wie Jean Louis Agassiz aus

Neuenburg, der berühmte Gletscherforscher, oder der Geologe Arnold Escher von der Linth, der schon Hegetschweiler zum Tödi begleitet hatte. Hegetschweiler selber, seit seinen Expeditionen zum Tödi Ehrenmitglied der Gesellschaft, nahm seit Jahren nicht mehr an den Versammlung teil, wohl wegen der Überlastung durch seine vielen Ämter und Pflichten. Mit Ferdinand Keller waren auch der Parlamentsabgeordnete und Schriftsteller Henry Seymour aus London und sein Sohn Henry Danby gekommen, dessen Erzieher Keller während seiner Jahre in England gewesen war.

Friedrich von Dürler hätte in Basel eine politische und wissenschaftliche Elite angetroffen, doch fehlt er auf der Liste der Teilnehmer. Vielleicht hatte er eine Abscheu gegen Sitzungen, wanderte lieber mit seinem Hündchen in freier Natur oder beschäftigte sich mit Ausgrabungen. Ganz in dem Sinne des *Liedes der schweizerischen Naturforscher*, das die Versammlung im Chor nach der Melodie «Von ferne sei herzlich gegrüsset» zur Eröffnung sang:

Die Bienen auch bleiben
Nicht immer und ewig zu Haus,
So will es den Forscher auch treiben
Ins Freie, ins Weite hinaus

Wohin es ihn treibe und trage,
Bleibst du, o Natur, ihm zur Seit›,
Und ob er auch Grauliches wage,
Ihn schützet dein treues Geleit.

Doch warnet ihn freundlich die Stimme,
Verfolge nicht länger die Spur,
Nicht einsam verwegen erklimme
Die Felsen, die schaurigen, nur.

Der junge Naturforscher Friedrich von Dürler freilich hörte die warnende Stimme nicht. Er bereitete sich vor, die schaurigen Felsen des Tödi ein zweites Mal zu erklimmen.

7. März 1840. *Von nun an keine Unterstützung zu verabfolgen*

Die ersten Märztage des Jahres 1840 brachten kaltes, trockenes Wetter. Die Bise faucht durch die Gassen, dick vermummt eilen die Menschen dahin. Oft ist es am Morgen mehrere Grade unter Null, gemessen nach der Skala des Franzosen Réaumur. Der Himmel ist klar, wie eine Kristallgruppe glitzern die Alpen am Horizont.

Wenig hält Friedrich von Dürler in diesen Tagen in der Stadt. Kaum schliesst er die Tür des Kontors hinter sich, zieht es ihn ins Freie. Nach einem Imbiss schlüpft er in seine neuen Lederstiefel, die der Schuhmacher mit dicken Kappennägeln beschlagen hat, greift sich den Alpenstock, setzt den Hut auf und schreitet über die Bleicherwegbrücke am Schanzengraben hinaus nach Enge und weiter über die Allmend gegen den Üetliberg. Sein Hündchen jagt voraus, es kennt den Weg so gut wie er selber.

Dürler stählt seinen Körper täglich, trägt weder Handschuhe noch Mantel, sondern nur eine Lodenjacke, um sich gegen die Kälte abzuhärten. Das Knirschen und Kratzen der Schuhnägel auf dem Kopfsteinpflaster und dem Kies der Wege erregt ihn, er eilt dahin, überholt Pferdefuhrwerke, die über die Allmend holpern.

Wenn er die Stadt verlässt, kommt es ihm vor, als lebe er in zwei Welten. Die eine ist das Kontor mit den Akten, die sich stapeln. Abhörbogen über Waisen und Witwen, über behinderte, verarmte und kranke Menschen, die sich lesen, als sei die Erde ein einziges Jammertal. Entflieht er in die Natur, die Wiesen im ersten Anflug von Grün, die gefrorenen Bäche am Üetlibberghang mit ihren Skulpturen aus Eis, die Tannen mit ihren Reifbärten, dann fühlt er sich in eine märchenhafte Traumwelt versetzt. Manchmal scheint ihm, das Elend der Stadt, dem er in seinem Beruf täglich begegnet, sei nur dazu da, ihm die Augen zu öffnen für die Schönheit der Schöpfung. So wie das Licht erst wahrgenommen wird durch den Schatten, den es wirft.

Friedrich von Dürler schreckt aus Gedanken. Noch steht er am Schreibpult, einen Papierbogen vor sich, Notizen auf einem Handzettel. Ein Sitzungsprotokoll ist zu erstellen. Das Kontor ist düster, nur wenig Licht fällt durch die Fenster in den Steinmauern, die schmal sind wie Schiessscharten. Ein ehemaliges Kloster im Südflügel der Augustinerkirche beherbergt die städtische Armenpflege, die vor dem liberalen Umschwung noch «Almosenamt» hiess. Die neue Ordnung hat zumindest neue Wörter geprägt, auch wenn vieles noch beim Alten geblieben ist. Manchmal scherzt jemand, Friedrich von Dürler sei der einzige Katholik, den man seit der Klosteraufhebung während der Reformation in diesen Räumen dulde. Ob er vielleicht ein verkappter Mönch sei? Im Scherz gesagt, im Ernst gemeint. Dass ein so stattlicher und wohlhabender Junker, Hauptmann und angesehener Wissenschaftler im Alter von 36 Jahren weder Familie, Ehefrau noch Verlobte hat, gibt hinter vorgehaltener Hand zu tuscheln.

«Sie sind wohl mit dem Üetliberg verheiratet», stichelt einer vom Stehpult am Fenster her.

«Lieber mit dem schönen Uto als mit einer hässlichen Ute», scherzt Dürler. Kaut am Federkiel. Das Formulieren fällt ihm schwer, seine Gedanken wandern weg. Warum verplempere ich hier meine Zeit? Er könnte vom Vermögen des Vaters bequem leben, sich seinen physikalischen Forschungen und Bergreisen widmen, den Ausgrabungen und dem Amt des «Conservators» der antiquarischen Gesellschaft. Ein Privatgelehrter werden wie Ferdinand Keller. Mit der Tödibesteigung hat er sich einen Namen gemacht, ist ein anerkannter Wissenschaftler, obwohl er keine Universität besucht hat, nur kaufmännische Schulen. Eigentlich verabscheut er die staubige Luft im Kontor, die Schreibarbeiten, die Aktenablagen, die endlosen Sitzungen und Debatten über ein paar Rappen Unterstützung, über

Versorgungsanstalten und Suppenküchen und Einweisungen in Armen-, Waisen- und Irrenhäuser. Doch dann sieht er wieder einen armen Schlucker vor sich, verdreckt und stinkend, von Krätze verkrustet und in Lumpen gekleidet, er stellt ihm die Fragen, die auf dem Abhörbogen vorgedruckt sind: *Wohnverhältnisse, Familien und Verwandtschaft, Mass des Bedürfnisses, Bericht des Armenvaters, Gutachten und Antrag der Armen-Commission, Beschluss der Armenpflege* ...

Wenn er sich mit einem lebendigen Schicksal auseinandersetzen muss, sagt er sich: In der Erde wühlen nach Vergangenem ist das Eine, unbekannte Fels- und Eiswüsten erforschen das Andere, doch den Menschen die Hoffnung auf eine bessere Zukunft machen das Dritte und vielleicht gar das Wichtigste. Friedrich von Dürler hat ein weiches Herz, ein Mensch sei er, *der alles Gute herzlich liebt*, hat die Glarner Zeitung über ihn geschrieben.

«Wie oft haben Sie den Üetliberg eigentlich schon bestiegen, Junker Dürler?», fragt der Kollege am Fenster.

Dürler überhört die Anspielung. «Vielleicht hundertmal, vielleicht zweihundert. Ich habe nicht gezählt.»

«Man sagt, im Sommer wollten Sie den Tödi nochmals packen.»

«Sagt man? Wer sagt das?» Dürler lächelt, ohne von der Arbeit aufzublicken. Wie klein doch die Stadt ist. Man lässt eine Andeutung fallen in einer fröhlichen Kaffeerunde und am nächsten Morgen weiss es jede Marktfrau auf dem Münsterhof.

«Haben Sie denn keine Angst vor den gefährlichen Bergen?»

«Ich war ja schon oben. Warum sollte ich Angst vor etwas haben, das ich kenne?»

«Man sagt, so hohe Berge betreten sei Gotteslästerung! Sünde sei es ...»

«Ich bin doch katholisch, ich kann beichten, wenn ich gesündigt habe.» Dürler legt den Federkiel weg und lacht. Die Kollegen im Kontor stimmen ein.

Da geht die Tür. Sogleich verstummten alle, die Federn beginnen eilig zu kratzen. Der Amtsvorsteher steht auf der Schwelle, blickt um sich, dann tritt er an Dürlers Pult. «Ist das Protokoll fertig?», fragt er.

«Sogleich. Noch ein paar Sätze.»

«Bringen Sie es herüber. Es eilt.»

Friedrich von Dürler setzt die Feder an, ein Satz quält sich dahin. *Zugleich schien es der Commission zweckmässig, wenn das Quästorat angewiesen würde, von nun an durchaus keine Unterstützung zu verabfolgen, als diejenigen welche nunmehr neuerdings bewilligt worden sind, oder solche welche gemäss früherer Beschlüsse zu bestimmten Terminen noch im Laufe dieses Jahres abgereicht werden sollen.*

Actum, den 7. März 1840
Für die Prüfungs Commission
Dürler

Er betrachtet seine Unterschrift, während die Tinte trocknet. Die schwungvollen Kreise, mit denen er zum D ansetzt, der Schwanz nach dem r, der sich unter seinen Namen durchringelt. Ein graphologisch gebildeter Freund meinte einmal, aus Friedrichs Unterschrift lese er Selbstbewusstsein, Liebe, aber auch eine Portion Übermut. Vielleicht ist es so, sagt sich Dürler, während er das Protokoll durch den Korridor zum Vorsteher trägt. Ohne Liebe würde ich diese Arbeit nicht tun, ohne Selbstbewusstsein hätte ich es nicht zum Mitglied der Naturforschenden Gesellschaft gebracht, und ohne Übermut? Ohne Übermut wohl nicht auf den Tödi.

Der Vorsteher nimmt den Bogen entgegen, überfliegt ihn. «Sparen müssen wir, wie Sie sehen, Junker», sagt er. «Sparmassnahmen! Das ist die neue Politik.» Er macht eine Pause, als ob er einen Einwand erwarte oder eine Bestätigung.

Dürler nickt flüchtig. «Sparen, selbstverständlich ... Sparen ist eine Tugend.» Er hütet sich, die Behörden zu kritisieren, die jetzt viele Errungenschaften der Liberalen wieder rückgängig machen wollen. Es hat Stimmen gegeben, die aus der Armenpflege wieder ein Almosenamt machen wollen oder sie ganz abschaffen, damit die

Bedürftigen wieder zu Bettlern werden. Religiöse Fundamentalisten wollten sogar die Hochschule schliessen, was ihnen fast gelungen ist. Die neuen Behörden haben hervorragende Wissenschaftler und Pädagogen aus dem Amt gejagt, weil sie Radikale oder Ausländer waren. Den Seminardirektor Scherr, den Chirurgen Schönlein, den Obergerichtspräsidenten Keller.

«Sie können gehen», brummt der Vorsteher. Dürler schliesst die Tür, holt seine Jacke und verlässt das Amt.

Es ist Samstag, eine kalte Sonne steht über den Dächern des Tiefenhofs, als er auf einem kleinen Umweg über den Paradeplatz seinem Haus zustrebt.

8. März 1840. *In Erinnerung an die glücklichen Tage*

Sonntag, den 8. März gegen drei Uhr sagte er zu seiner Mutter, er wolle noch auf den Üetli gehen, da es so schön sei, er wisse einen Weg, der ihn schnell wieder zur Stadt bringen werde. Sie warnte ihn, diesen Weg zurückzumachen, da er wegen des Eises gefährlich sein könne.

«Ich hab ja mein Testament gemacht, Mutter!», scherzt Dürler. Sein Hündchen kauert auf dem Boden der Kammer und trommelt mit dem Schwanz auf den Teppich. Es spürt den gleichen Drang nach Freiheit wie sein Meister.

«Mit so etwas macht man keinen Spass, Friedrich.» Ihr Blick ist voller Gram, sie seufzt.

«Ach Mutter. Ich geh ja nur auf den Üetli. Was ist da schon dabei?»

«Warum hast du ein Testament aufgesetzt, wenn deine Abenteuer so harmlos sind? Warum?»

«Das Testament betrifft die Expedition im Sommer.»

«Diesmal ohne mich», sagt sie. «Ich ertrage das nicht mehr. Immer diese Angst. Wenn doch der Vater noch da wäre ...»

Dann wäre ich wohl nicht mehr zu Hause, denkt Dürler. Der Vater, den er als Neunzehnjähriger verloren hat, bleibt eine blasse Gestalt in seiner Erinnerung. Kaufmann, der seinen Sohn ebenfalls ins Handelsfach drängen wollte, obwohl es ihn zu den Studenten zog, zur Wissenschaft und zur Kunst. Ein begabter Zeichner ist er geworden, ein Forscher, ein Sportsmann und Alpinist. Kein Handelsmann. Geld interessiert ihn nicht. Doch er hat gehorcht, Schulen besucht, buchhalten und korrespondieren gelernt, doch *die wenige Lust, welche er von jeher für diesen Stand hatte, vermochten ihn bald dem Comptoir Abschied zu geben.*

«Warum musst du denn nochmals auf den elenden Berg? Du bist ja schon oben gewesen.»

«Aber nicht auf der höchsten Spitze!»

«Ist das wichtig? War die Aussicht nicht schön genug? Warum also die Gefahr?»

«Es ist wichtig, Mutter. Nur wer auf der allerhöchsten Spitze stand und das auch beweisen kann, hat den Berg wirklich besiegt. Ich muss auch noch Messungen machen.» Er greift sich die Libelle vom Tisch, lässt sie durch die Luft schweben, als lebte sie noch. «Das letzte Mal haben ich nur dieses Insekt mitgebracht. Das genügt nicht für die wissenschaftliche Reputation.»

«Puh, wie garstig! Und voller Staub! Die Magd sollte hier wieder einmal sauber machen.»

«Die hat in meinen Zimmer nichts zu suchen.» Dürler legt die Libelle auf den Tisch zurück, zieht eine Schublade auf, nimmt einen Bogen Papier heraus, hält ihn der Mutter hin. «Hier, mein Testament. Du kannst es lesen.»

«Ich sehe doch nicht mehr gut im düsteren Licht.»

«Mach dir keine Sorgen. Zwei hervorragende Führer werden mich begleiten im Sommer. Thomas Thut und Gabriel Vögeli. Dieselben wie vor drei Jahren. Nur der alte Vögeli ist nicht mehr von der Partie. Den beiden vermache ich je 90 Gulden, sollte mir etwas zustossen. Dazu der Gemeinde Linthal *500 Gulden zugunsten des Schulfonds und 250 Gulden zugunsten des Armenfonds.*»

«Über tausend Gulden! Wie lange muss ein Mensch dafür arbeiten!»

«Ein Fabrikarbeiter etwa fünf Jahre. Ein Bauernknecht noch viel länger.» Friedrich zuckt die Schultern. «So viel soll es mir wert sein. Meine Führer sind tapfere und gute Männer.»

«Wenn das der Vater wüsste!» Die Mutter presst das Tüchlein, das sie in Hand hält, vor den Mund.

«In Erinnerung an die glücklichen Tage, die er im Tal der Linth und vor allem auf seinen Bergwanderungen verlebt», liest Friedrich aus dem Testament vor. «Die Leute dort hinten sind arm, sie setzen ihr Leben aufs Spiel um uns Herren aus der Stadt auf Berge zu führen. Sollte mir etwas zustossen, so ist mein Vermögen bei ihnen am besten angelegt.»

Er legt das Papier in die Schublade zurück. Als er aufblickt, sieht er, wie die Mutter Tränen von den Wangen tupft. Er umarmt sie. «Keine Angst, Mutter. Es wird schon alles gut gehen. Keine Angst.»

Dann greift er nach seinem Stock. Das Hündchen springt an seinen Hosenbeinen hoch, bellt vor Freude. «Komm!»

Draussen ist es kalt, er haucht in die Hände. Sein Atem dampft.

8. März 1840. Er könnte seine Tabakspfeife zerbrechen

Der junge Seewein mundet, ein Stäfner ist es, und das ermuntert einen aus der fröhlichen Runde, das Glas zu heben und einen Trinkspruch auf den verstorbenen Regierungs- und Staatsrat Hegetschweiler zu sprechen, nicht ohne Ironie, denn es sind zumeist liberale und radikale junge Leute, die sich im neuen Gasthaus auf dem Üetliberg getroffen haben. Der Tafelmajor, schon etwas angeheitert, gibt einen Vers zum Besten, der an der Fasnacht herumgeboten worden ist:

Von Hegetschweilers Fall und Tod,
Will ich nichts weiter melden,
Als dass von hinten kam der Schrot
Durch einen Glaubenshelden.

Gläser klingen, man greift sich Käse, Brot und Speck von einem Brett in der Mitte des Tisches. Friedrich von Dürler ist hungrig, vom Kolbenhof ist er durch den steilen Wald hochgeklettert, mit blossen Händen hat er sich an Wurzeln und gefrorenen Grasbüscheln festgeklammert, oft sogar seinen Alpenstock in den harten Grund gerammt als Griff und Stütze. Er fühlt sich in bester Form, der Wein und die Runde von Freunden stimmen ihn heiter.

Das Haus hat er in Gedanken versunken verlassen, die Ängste der Mutter haben ihm aufs Gemüt geschlagen. Doch jetzt stimmt er ein in den Chor von vaterländischen und studentischen Liedern.

«Student sein, wenn die Veilchen blühen ...» Bald ist Frühling, bald Sommer, der konservative Spuk wird vorübergehen wie die dunkle Jahreszeit.

Es wird politisiert, man fragt ihn nach seiner Meinung zum Attentat auf Hegetschweiler, nachdem einer eine abstruse Verschwörungstheorie der Konservativen zum Besten gegeben hat. Der radikale Weiss habe Hegetschweiler absichtlich ins Feuer geschickt, es sei eine abgekartete Exekution gewesen. Man habe einem Dragoner Schrot zu laden befohlen, um die Schuld den Landstürmern in die Schuhe zu schieben. «Was findest denn du, Friedrich?»

Dürler wiegt den Kopf. «Ich denke, es war ein Unglück», meint er. «Ein zufälliger Schuss, in der Hitze des Gefechts. So wie einen am Berg ein fallender Stein treffen kann.»

«Du glaubst also nicht an Absicht?»

«Nein, das glaube ich nicht. Hegetschweiler war doch in Stadt und Land beliebt und geachtet.»

«Du warst Offizier der Bürgerwache. Hast du nichts gesehen oder gehört?»

«Nein», sagt Dürler. «Ich war noch nicht eingerückt, als der Schuss fiel.»

«Unser Friedrich ist doch ein wahrer Gutmensch», spöttelt einer. «Einer, der die Welt durch eine rosa gefärbte Gletscherbrille betrachtet.»

Der Utowirt Friedrich Beyel geht mit der Weinkaraffe herum, schenkt ein. «Eine Runde aufs Haus, meine Herren.»

Dürler legt seinen Finger aufs Glas. «Genug, danke.»

«Hab ichs nicht gesagt? Nicht mal tüchtig trinken mag unser Muttersöhnchen! Gewiss stellt ihm Mama ein Glas Milch auf den Tisch, wenn er nach Hause kommt.»

Dürler beisst die Zähne zusammen. Sollen sie spotten! Er wird ihnen zeigen, wer ein Mann ist.

Von Hegetschweiler und dem Putsch springt das Gespräch auf den Stadtpräsidenten Ziegler, dem im Januar ein Ehrendegen verliehen worden ist für seine Haltung am 6. September. «Für die Septemberschande!», schmettert einer in die Runde. «*Von seinen Mitbürgern*, steht in den vergoldeten Säbelgriff graviert. Ich pfeife drauf!»

Auf dem Üetliberg fühlt man sich freier als in den Cafés und Schenken der Stadt, die Zungen sind lockerer, kein Spitzel hockt in einem Winkel. «Hätte die Bürgerwache ihre Pflicht erfüllt, die Stadt und die Behörden geschützt, so wäre es nie zur Schiesserei und zum Putsch gekommen. Ziegler ist der wahre Verräter! Ziegler ist der Schuldige, und nicht irgend ein verblendeter Bauer aus dem Kellenland, der mit einer Schrotflinte dem Pfarrer Hirzel hinterher gestolpert ist.»

Es dämmert, als die Männer sich erheben, vor das Gasthaus treten, das Beyel vor wenigen Tagen auf dem Uto-Kulm eröffnet hat, nicht weit von der Ausgrabungsstätte, wo Dürler mit der Antiquarischen Gesellschaft den Resten der Üetliburg nachforschte. Ein stattlicher Holzbau mit zwei verzierten Giebeln und einem Zwischentrakt. Mit Säulen gestützte Balkone gegen Süden bilden gedeckte Portikos. Bei warmem Wetter wird man im Freien speisen und das Alpenpanorama bewundern können.

Auf dem Vorplatz setzt der Tafelmajor zu einer kurzen Ansprache an, lobt den weitsichtigen Wirt Beyel, schlägt den Bogen vom modernen Uto-Kulm zu der zerfallenen Burg, einem Relikt des untergegangenen Feudalismus. Das Gasthaus dagegen stehe für den Aufbruch, den Drang nach oben, zum Licht der Erkenntnis. Es stehe für eine liberale Wirtschaft, die vom Tourismus, von der Neugier der Menschen nach Aus- und Einsicht, nach der Natur und ihren Wundern lebe. «Schon spricht jemand davon, eine Dampfbahn auf den Berg zu bauen, so dass Zürich zur Attraktion für Menschen aus aller Welt wird, der Üetliberg aber auch zum Erholungsziel von Alt und Jung aus der Stadt selber.» Es komme nicht von Ungefähr, fährt er weiter, dass dieser Bau im schwarzen September des vergangenen Jahres begonnen und in diesem heiteren Frühling vollendet worden sei. «Das Gasthaus auf dem Üetliberg steht als Symbol für den Fortschritt, der sich nicht aufhalten lässt, jetzt nicht und in aller Zukunft nicht!»

Die Männer klatschen, rufen: «Bravo! Es lebe der Fortschritt! Es lebe die Wissenschaft! Es lebe die liberale Schweiz!»

Dann macht man sich auf den Abstieg gegen Uto-Staffel, wo ein Zickzackweg durch den steilen Wald hinunter ins Albisgüetli führt. Einer schreitet hinter dem andern, um in der Dämmerung keinen Fehltritt zu machen, einige schwanken, vom Wein beschwingt, halten sich am Gürtel des Vordermanns fest. Man singt, scherzt und lacht.

Beim Uto-Staffel bleibt Friedrich von Dürler stehen. «Ich weiss hier einen Weg, der viel schneller ins Tal führt. Kommt einer mit?» Mit dem Alpenstock deutet er auf die Senke im Grat, dahinter, sagt er, ziehe eine Holzschleife direkt zum Kolbenhof hinab. Als geübter Berggänger rutsche er da in Windeseile zu Tal. «Wer wagt es, mich zu begleiten?»

Die Prahlhanse, die ihn zuvor als Muttersöhnchen und Gutmenschen verspottet haben, heben nur die Schultern und sehen sich an. Einer ruft, nein danke, *er könnte seine Tabakspfeife dabei zerbrechen*.

«Machen wir doch einen Wettlauf», schlägt Dürler vor. «Wir treffen uns im Café Littéraire. Wer zuerst ist, dem bezahlen die andern den Abendschoppen.»

«Es soll gelten!», schallt aus dem Kreis. Die Freunde sehen zu, wie Friedrich von Dürler zur Holzschleife schreitet, eine steile Rinne, bedeckt von Laub, das mit Reif überzuckert ist. Wo sie hinführt, ist im Dämmerlicht nicht zu erkennen.

«Wie die Schneerunse am Tödi!», ruft Dürler aus, blickt sich um und hebt den Daumen. Dann klemmt er den Stock zwischen die Beine, lässt einen Jauchzer steigen, so wie die Linthaler Führer, wenn sie einen Schneehang abrutschen. Reif stiebt und Laub wirbelt auf, das Hündchen folgt ihm mit Gekläff, überkugelt sich, kommt wieder auf die Beine. Dürler verschwindet im Abgrund.

8. März 1840. *Im schnellen Schusse abwärts*
Neue Zürcher Zeitung, 11. März 1840. Letzten Sonntag Abends fand der als kühner Bergsteiger bekannte Hr. v. Dürler in Zürich am Üetliberg seinen Tod. Er trennte sich beim Hinuntersteigen von seinen Begleitern, um auf einer Holzbahn nach Hause zu gelangen. Am Fuss derselben fand man ihn todt mit eingestürzter Hirnschale. Hr. v. Dürler hatte in früheren Zeiten um unser Turnwesen viele Verdienste.

Vielleicht erwachte er in der Nacht nochmals aus dem bewusstlosen Dahintreiben in Kälte und Schmerz. Spürte, wie ihm sein Hündchen das zerkratzte und von Dreck verschmierte Gesicht leckte. Höllisch brennen die Schürfungen. Er versucht sich zu drehen, was ihm schliesslich mit grösster Anstrengung gelingt, so dass er durch die Baumkronen den Himmel erahnen kann, einen Stern zu erkennen glaubt. Die Venus vielleicht, hoch über dem schwarzen Grat leuchtend. Stern der Liebe.

«Geh, hol Hilfe», vermag er seinem Hündchen mit matter Stimme zuzuflüstern, doch sein treuer Begleiter versteht ihn nicht. Leckt die Hand, die er ihm entgegenschiebt. Eiskalt der Grund und hart, sein Körper schmerzt, als seien alle Knochen gebrochen. Sein Hündchen jault, beginnt zu bellen. Er hört es nicht mehr.

In der Dunkelheit des Abends wurden die Bewohner des «Kolbenhof» durch das auffallende Gebell eines Hundes in ihrer Ruhe gestört und veranlasst, nachzusehen, was wohl die Ursache davon sei. (...) Das Hündchen schlug unter fortwährendem Gebell – wie um die Leute aufzufordern ihm zu folgen – den Weg nach dem Berg hin ein und führte auf diese Weise die im «Kolbenhof» aufgestörten Männer weit hinauf zu einer Holzschleife, wo sie dann unten an einem hohen Absatz die Leiche des Dürler fanden. So schildert *ein naher Verwandter* die Bergung des Toten.

Ein anderer Zeitzeuge, Heinrich Rudolf Schinz, Präsident der Zürcher Sektion der Naturforschenden Gesellschaft und Professor für Zoologie an der Universität, schreibt dagegen, man habe den Verunglückten erst am andern Morgen gefunden, unter einem kleinen Eiswall im Abhang liegend, mit gebrochenem Genick. *Wahrscheinlich kam er im schnellen Schusse abwärts auf eine kurze Eisfläche und überstürzte mit aller Gewalt des Falles und des Körpergewichts auf den Kopf, so dass die Halswirbel zerbrochen und den Tod schnell herbeiführten.* Auch in dieser Version spielt das Hündchen eine Rolle, denn *es sass traurig auf dem Leichnam und wollte niemanden zulassen.* Schinz, ein ausgebildeter Mediziner, hat den Sachverhalt vielleicht genauer getroffen als der «nahe Verwandte» Konrad Escher, ein Schwager von Dürlers Mutter. Ein «Schuss» jedenfalls beendete auch Dürlers Leben, ein Schuss ganz anderer Art wie jener auf Hegetschweiler.

Das Begräbnis erinnert an jenes von Johannes Hegetschweiler. Dürlers Leiche begleitete *eine fast unerhörte Menge zum Grabe, welches nach dem Wunsche seiner Mutter, ungeachtet er katholisch war, auf dem protestantischen Kirchofe, aber nach dem Gebrauche seiner Glaubensgenossen errichtet wurde.* Vereint also auf dem Friedhof die beiden tragisch zu Tode gekommenen Tödipioniere.

Vereint sind sie auch im Nachruf der Naturforschenden Gesellschaft, verfasst von Professor Schinz: *Beide obgleich in ihrer Laufbahn, so wie in ihren Ansichten und Bestrebungen im Allgemeinen sehr verschieden, hatten das gemein, dass sie vortreffliche und unerschrockene Bergbesteiger waren und nach dem Ziele strebten, einen bisher unerstiegenen und für unübersteiglich gehaltenen Berg zu besteigen, was aber nur einem von ihnen gelang.*

Obwohl Friedrich von Dürler am Üetliberg abstürzte und nicht am Tödi, wurde sein Testament vollstreckt. Die Gemeinde Linthal und die Gämsjäger und Führer Thut und Vögeli kamen so zu unverhofftem Geldsegen. Die Gemeinde setzte *dem Tödibesteiger und edlen Menschenfreund* aus Dankbarkeit eine Gedenktafel beim 1840 erbauten Pfarrhaus. Zürcher Freunde richteten auf dem Grat beim Uto-Staffel einen Findling auf, dort wo sie sich von Dürler verabschiedet hatten, bevor er durch die Holzschleife abfuhr, verzierten den Felsbrocken mit eingemeisselten Griffen und einer Bronzetafel.

> *Hier stürzte hinab und starb*
> *Friedrich von Dürler*
> *den VIII. März MDCCCXL*
> *Trauernde Freunde*
> *setzten ihm diesen Stein.*

Juli 1846. *Zur Strafe für seinen Übermuth*

Friedrich von Dürlers Führer Thomas Thut und Gabriel Vögeli versuchten Ende Juli 1846 den Tödi ein weiteres Mal, zusammen mit ihrem Gast Georg Hoffmann aus Basel. Sie wunderten sich, wie stark sich der Bifertenfirn in den sechs Jahren verändert hatte. Eistürme waren verschwunden, der Gletscher in dem heissen Sommer so ausgeapert, dass unzählige Spalten klafften und schwarzes Eis zutage trat. Schliesslich musste die Partie kurz unter dem Gipfelgrat *am Rande eines ungeheuren Gletscherschrundes* umkehren. Beim Abstieg erzählten die beiden Führer, *dass sie von dieser Stelle an bis zum sogenannten Krähenbühl hinunter mit H. Dürler auf ihren Bergstöcken mit grosser Schnelligkeit über das Schneefeld hinabgeglitten seien.* Seine Erben hatten den Junker eingeweiht in die Technik des Abstiegs, die zu seiner Todesfahrt wurde. Sie erzählten Hoffmann auch, wie sich ihr Gast *aus übelverstandenem Ehrgefühl* geweigert habe, sich auf dem schneebedeckten Firn ans Seil nehmen zu lassen, bis Thut ihm erklärte, er kehre um, wenn er sich nicht füge. *Wirklich ereignete sich nachher ein Fall, der H. Dürler Veranlassung gab, seinem Führer für die bewiesene Sorgfalt dankbar zu sein, denn er stürzte in eine der wenigen Gletscherspalten, die sich damals vorfanden, und konnte nur mit Mühe aus derselben herausgezogen werden, wobei er – gleichsam zur Strafe für seinen Übermuth – eine goldene Uhrkette einbüsste.*

13. August 1853. *Den Tödigipfel selbst zu ersteigen*

Dürlers Freund Melchior Ulrich von der Antiquarischen und der Naturforschenden Gesellschaft gelang im August 1853 die dritte Besteigung des Tödi von Norden. Ulrich war auch mit Hegetschweiler gut bekannt und hatte kurz vor ihm im Sommer 1834 schon einen Versuch unternommen, war dabei aber ausgerutscht und gestürzt. Auch mit andern Protagonisten des Septemberputschs pflegte Ulrich enge Freundschaft. Er war Theologe, hatte am Carolinum studiert wie Bernhard Hirzel und Alexander Schweizer. Dann wurde er Schüler des Berliner Theologen Schleiermacher wie der umstrittene Strauss und erhielt schliesslich eine ausserordentliche Professur für neutestamentliche Theologie an der Universität – also zum Thema, zu dem Strauss hätte lesen sollen. Gebirgswanderungen unternahm Ulrich häufig mit Ferdinand Keller. Gelegentlich predigte er am Grossmünster, wo Alexander Schweizer ab 1844 Pfarrer war – und dannzumal Schwiegersohn von Putschführer Hürlimann-Landis. Melchior Ulrich war eine illustre Zürcher Persönlichkeit und ein bedeutender Alpenpionier. Politisch trat er jedoch nicht in Erscheinung.

Fast zwanzig Jahre nach seinem ersten Versuch am Tödi gelang ihm die Besteigung mit Dürlers Führern Thut und Vögeli, dessen Vater Bernhard war inzwischen verstorben. Mit von der Partie waren der Bergführer Johann Madutz aus Matt, ein Freund Oswald

Heers, und die bekannten Alpinisten Antiquar Jakob Siegfried aus Zürich und Statthalter Gottlieb Studer aus Bern. Ulrich schreibt, es sei ihnen gelungen, *Samstags den 13. August 1853 zum dritten Male den Gipfel des Tödi zu erreichen, oder vielmehr zum ersten Male, denn die beiden ersten Ersteigungen beschränkten sich auf das Firnplateau, das die drei Gipfel mit einander verbindet. Es war das erste Mal, dass die beiden Führer den eigentlichen Gipfel des Tödi betraten.* Hatten also Thut und die Vögelis nach ihren Besteigungen doch geflunkert? Und Dürler? Ulrichs Behauptung gibt Rätsel auf. Dürlers rote Fahne fand er jedenfalls nicht mehr und vom Urteil seiner Führer scheint er herzlich wenig zu halten. *Trotzdem beschlossen wir, trotz des Einredens der Führer, die behaupteten, es sei noch eine gute halbe Stunde, den Tödigipfel selbst zu ersteigen, der sich hinter uns als Schneekuppe etwa 100 Fuss hoch erhob. Es war dieses eine Sache von einigen Minuten, ein Beweis, wie wenig selbst Leute, die in den Bergen zu Hause sind, in diesen Regionen einen sicheren Massstab haben.*

30. Juli 1861: *Dank dir, oh Phöbus Apollo!*

Wie Hegetschweiler, so glaubt auch Melchior Ulrich nicht an die Besteigung durch die Bündner Gämsjäger im Jahr 1824, gibt aber zu, dass seine Partie den wirklich höchsten Punkt, den Piz Rusein, auch nicht betreten hat. Es blieb also ein Rätsel bestehen, und so konnte im Jahr 1861 ein weiterer Zürcher Professor, der Chemiker Rudolf Theodor Simler, behaupten, er sei nun wirklich als erster auf der allerhöchsten Spitze des Tödimassivs gestanden, noch vor seinem Bergführer Gabriel Zweifel aus Linthal. In seiner Schrift «Der Tödi-Rusein und die Excursion nach Obersandalp» erzählt er, wie er mit seinem Führer am 30. Juli 1861 auf dem Grat ankam, seine Gefährten sich jedoch wie ihre Vorgänger zum Glarner Tödi wandten. *Ich fasste nun sogleich den Entschluss, nach dem noch unerstiegenen Rusein aufzubrechen (...). Man biegt im Bogen um, nach Süden zu, und gelangt bald auf einen giebelförmig zugeschärften Firn, über den man balancierend hinwegschreiten muss. Hier zeigte es sich, dass Gabriel*

Zweifel kein Hochgebirgsführer war. (...) Zweifel versagte auf einmal den Vortritt und überliess es mir zu gehen wohin ich wolle. Wir banden uns daher mit Hülfe des Seils auf 20 Fuss Distanz zusammen und nun schritt ich vorsichtig, jedoch unerschrocken dem noch nie betretenen Ziele zu. Nach einer Eisstufe erreichen sie den Gipfel. Simler ruft aus: *Der stolze Rusein, der langjährige und eigentliche Gegenstand der Sehnsucht von Spescha und Hegetschweiler, er war besiegt! Dank dir, oh Phöbus Apollo! Dank deiner Huld!*

Rudolf Theodor Simler, Gründer und erster Zentralpräsident des Schweizer Alpenclubs, anerkennt durchaus die Verdienste von Pater Placidus a Spescha und Johannes Hegetschweiler bei der Erforschung des Tödi, sieht sich jedoch selber als den wahren Sieger: *Dagegen darf ich die Ehre, den eigentlichen und höchsten Gipfel des Tödi, den kühn geformten Rusein (...) zuerst betreten zu haben, mit allem Rechte für mich und meinen kühnen Gefährten Herrn G. Sand jr. aus St. Gallen, überhaupt für die Expedition vom 30. Juli 1861 in Anspruch nehmen.*

Im Gedenken an seine Vorgänger verteilt Simler in grosszügiger Pose Namen: *Es ist billig, wenn man einem Manne, der so viele, ja die meisten Verdienste um die Kenntniss der Tödiumgebung und die Auffindung der Durchfahrt zu dieser stolzen Gletscherzinne aufweisen kann – wenn man demselben ein Denkmal setzt. Ich erlaube mir daher die Ruhestation auf der Höhe der gelben Wand, von der aus man unmittelbar das 3. Firnplateau betritt, (...) «Hegetschweilers Platte» zu nennen.*

Auch er selber kam zu Ehren, heisst doch der Gipfelgrat des Tödi heute «Simlergrat», denn dort oben, so berichtete er, *reifte in mir der Gedanke an eine Association.* Zwei Jahre später war er erster Zentralpräsident des neu gegründeten Schweizer Alpenclubs.

Simler schlug vor, Hegetschweiler am Tödi ein Denkmal zu setzen. Die Glarner Sektion Tödi liess, *einem gegebenen Winke mit richtigem Takte folgend,* bei den Gebrüdern Sulzer in Winterthur eine Gedenktafel giessen und sie an der Felswand bei der Hegetschweilerplatte auf 2850 Meter über Meer befestigen, wo sie heute noch hängt. Die Sulzers schenkten die Tafel, *zu Ehren ihres Landsmannes:*

Dem Andenken
Hegetschweiler's
Der Schweizer Alpenclub
1863

Mit der behaupteten Erstbesteigung des Piz Rusein brach Simler eine Kontroverse vom Zaun, die ein halbes Jahrhundert andauerte. Der Bündner Historiker Friedrich Pieth und Pater Karl Hager, Professor an der Klosterschule Disentis und begeisterter Alpinist, gehen in ihrer 1913 veröffentlichten Spescha-Biografie ausführlich auf die Kontroverse ein. *Nicht nur «das überfirnte Scheitelplateau des imposanten Tödi» hatten Curschellas und Bisquolm erreicht, sondern sind wirklich auf dem Russeingipfel gestanden.* Die beiden hatten Spescha die Aussicht vom Gipfel so genau geschildert, dass für seine Biografen «die letzten Zweifel» an dieser Besteigung beseitigt waren. Sie schlossen daraus, dass die Bündner Gämsjäger die Erstbesteiger des Piz Rusein sein müssen, was heute allgemein anerkannt ist. Obwohl: Die Speckschwarte, welche die beiden am höchsten Punkt liegen liessen, hat nie jemand gefunden. Vielleicht haben sie Dürlers «auf einer Untersuchungsreise begriffene Krähen» aufgepickt, oder sie ist, wie seine Uhrkette, im Gletscher verschwunden für immer.

Heute. *Der einzige, der wisse, wer Hegetschwyler erschossen habe*

Erinnerungen können täuschen. Heute wissen wir, dass Erinnerung kein Film ist, den man aus einem Speicher im Gehirn abrufen kann, sondern ein Mosaik, das sich im Augenblick des Erinnerns stets neu zusammensetzt, ein Muster bildet, das oft mehr von den Wünschen des Augenblicks bestimmt ist als von der vergangenen Wirklichkeit. Das gilt auch für das kollektive Gedächtnis. Aus Mosaiksteinen gestalten wir Bilder der Vergangenheit nach den Bedürfnissen der Gegenwart. Manchmal brauchen wir Helden, manchmal Schuldige. Zu den Opfern gehören Täter. Bruchstücke fügen wir zu einem scheinbar Ganzen, interpretieren und füllen die Bruchstellen. Irgendwann finden sich neue Stücke, die nicht ins Bild passen wollen. Also beginnt die Arbeit von vorn. Ein neues Bild entsteht.

Über Generationen hielt sich im Zürcher Oberland das Gerücht, der Bäretswiler Gemeinderatsschreiber und Grossrat Johannes Bürgi, der im Weiler Adetswil wohnte, sei Hegetschweilers Attentäter. Der Medizinhistoriker und Rechtspolitiker Christoph Mörgeli widerlegt es in seiner 1986 erschienenen Dissertation *Dr. med. Johannes Hegetschweiler, Opfer des Züriputschs, Wissenschafter und Staatsmann zwischen alter und moderner Schweiz*. Bürgi habe sich schon im Juni 1839 ins Ausland abgesetzt, weil er Mündelgelder veruntreut hatte. *Diese Spur nach Hegetschweilers Mörder führt also ins Leere.*

Auf eine andere Spur stiess 1991 der Lokalhistoriker Erich Peter im Gemeindearchiv Wetzikon. Im Jahr 1903 erzählte der 73-jährige Heinrich Affeltranger aus Kempten bei Wetzikon dem Pfarrer Josias Flury, *er sei der einzige, der wisse, wer im Straussenkrieg den Hegetschwyler erschossen habe. Ein Jagdfreund seines Vaters, Namens Rüegg von Egglen, war beim Brand in Uster unschuldig auf 8 Jahre ins Gefängnis gesteckt worden. Schuld an der Verurteilung trug Regierungsrat Fierz. Rüegg hasste ihn darum tödlich.* Eine Verwechslung also? Pfarrer Flury protokollierte die Erinnerung des Affeltranger, der zur Zeit des Züriputschs erst neun Jahre alt war, für die Chronik der Antiquarischen Gesellschaft Wetzikon. Erich Peter und der Jurist und Rechtshistoriker Bruno Schmid sind den Spuren des Rüegg gefolgt, haben in verschiedenen Publikationen Widersprüche aufgedeckt, sind dabei aber der Identität und den Motiven *des heute ziemlich gesicherten Täters* näher gekommen als alle Historiker zuvor. Wobei Schmid zugibt, dass seine Darstellung *nicht einfach unwiderlegbar* sei.

Denn der Gerüchte ist auch heute noch kein Ende. In ein Exemplar des Zürcher Taschenbuchs 1998 im Staatsarchiv Zürich, in dem Bruno Schmid der Biografie des Heinrich Rüegg nachforscht, schrieb ein Anonymer: *Der wahre Täter war Kavallerieleutnant Weber von Dürnten.*

6. September 1839. *Beschimpfung und Beleidigung*

Johann Caspar Weber war ein Wirtssohn wie Fenner, sein Vater ein Trunkenbold und Randalierer, der Mitbürger bedrohte, Frau und Kinder misshandelte und dermassen wüten konnte, dass einmal *seine drei Töchter aus dem Fenster springen und beim Nachbarn Schutz suchen.* Nachdem sein Sohn 1842 den «Löwen» in Dürnten übernommen hat, sorgt auch er andauernd für *Ärgernis im Dorf* und muss schliesslich nach Bubikon ziehen, wo er wegen *Beschimpfung und Beleidigung* gebüsst wird.

Ein Charakter, dem ein Attentat im Zorn des Gefechtes zuzutrauen wäre.

Denkbar ist, dass er den Helden spielen wollte, vielleicht sogar jener Kavallerist war, der ohne Befehl auf die Landstürmer lospreschte mit gezogenem Säbel. Dann fielen die ersten Schüsse. Statt Ruhm erntet er Hohn, mit zerschlagenem Gesicht und blutender Nase kriecht er unter seinem toten Pferd hervor, während die Aufständischen an ihm vorbeistürmen. Man kennt ihn, den Sohn des berüchtigten Löwenwirts aus Dürnten, seine Oberländer Landsleute überschütten ihn mit Spott und Verwünschungen. Die grüne Uniform ist verdreckt, sein Pferd tot, der Alte wird ihn zu Hause zum Krüppel schlagen. Also sinnt er auf Rache, versteckt sich, während das Gefecht tobt, in einem Treppenhaus vielleicht, wo ihm eine Magd ein feuchtes Tuch reicht, das er aufs geschundene Gesicht drückt. Schliesslich verebbt der Lärm, er späht hinaus auf die Gasse, eilt dann durch die Poststrasse gegen den Paradeplatz, vorbei an Verletzten und Toten, hebt eine Flinte auf, die einem aus der Hand gefallen ist. Eine gute Waffe, gerade recht für die Fasanenjagd. Und da taucht auch schon so ein blauer Vogel auf, flattert vorbei als hätte ihn der Hund eben aufgestört. Der Jäger geht in die Knie, wie wenn er wildert im Ried, legt an und zielt, die Flinte ist geladen. Da kehrt der blaue Vogel um, rennt ihm direkt vor den Lauf und er schiesst, schiesst sich die geballte Wut und die Schande aus dem Leib. Der grüne Mann, das Schrot, das Motiv der Rache, es könnte so gewesen sein, wahrscheinlich ist es nicht. Beweise, dass der *unbequeme Mitbürger* Johann Caspar Weber ins Attentat verwickelt sein könnte, gibt es keine.

6. September 1839. *Der Tag, den Gott gemacht*

Bleibt als Verdächtiger Heinrich Rüegg, 35 Jahre alt, und man kann sich vorstellen, wie er mitmarschiert im langen Zug, der sich gegen Morgen des 6. Septembers 1839 von Schwamendingen zur Höhe von Oberstrass bewegt. Es dämmert nach der dunklen Nacht kurz vor Neumond, stumm schreiten die Männer dahin. Auf einer Eiche am Rand des Zürichbergwaldes hockt eine Krähe. Rüegg bleibt stehen, legt mit seiner Schrotflinte an, zielt. Die Krähe taucht in den Schatten, flattert weg, als ob sie die Gefahr spüre.

«Krähen bringen Unglück», knurrt er, hängt sich die Flinte nach Jägerart über die Schulter, den Lauf gegen den Boden gerichtet, marschiert weiter. Wenn der Pfarrer an der Spitze ein frommes Lied anstimmt, beisst er auf seine Pfeife und schweigt. Ihm ist nicht ums Singen zu Mute, zu heftig wallt in ihm der Zorn, der sich während Jahren angestaut hat, als trage er eine Ladung Schrot nicht nur in der Flinte, sondern auch in seiner Seele.

«*Dies ist der Tag, den Gott gemacht*», klingt ihm in den Ohren. Hans Jakob Weber von der Vorderbalm, der neben ihm marschiert, mit einem Knüppel bewaffnet, singt für zwei. Sein Tenor schwingt sich tremolierend in die Höhe. Eine Weiberstimme, denkt Rüegg. Weber ist Vorsänger in der Brüdergemeinde, über fünfzig schon, mit zerfurchtem Gesicht, doch mit einer Stimme, so rein wie aus einem Engelchor.

Sie reden wenig. Einmal reicht ihm Weber ein Stück trockenes Brot und etwas Käse, Rüegg gewährt ihm dafür einen Schluck aus der Schnapsflasche, an die er sich selber reichlich hält. Das Feuerwasser heizt seine Wut an und steigert den Mut.

«Dies ist der Tag, den Gott gemacht.» Sieben Jahre hat er auf diesen Tag gewartet, vor sieben Jahren hat man ihn in Uster festgenommen, als die Fabrik schon brannte und er ahnungslos aus dem Aathaler Wald dazutrat, auf dem Weg zur Kundgebung. Vier Tage blieb er in Zürich in Kettenhaft, dann musste man ihn laufen lassen. Ein heiliger Zorn ist geblieben, seit ihn der Regierungsrat Fierz am Oberarm gepackt hat, als wolle er ihm die Knochen brechen, ein Zorn, der sich nicht nur gegen den Fierz, sondern gegen die ganze Regierung richtet, die Obrigkeit in der Stadt, die damals den Oberländern bessere Zeiten versprochen, aber nichts als hohe Steuern und eine Flut von Gesetzen und Erlassen zu Stande gebracht hat.

Zwei Jahre nach Uster hat er wieder Scherereien bekommen, weil sein Hund im Ried bei Betzholz einen Iltis verbiss. Zwei Franken Busse! Wegen einem schäbigen Iltis! Wenn das die neue Zeit ist, dann scheiss ich drauf! Immer wieder belästigt man ihn mit Klagen wegen Wilderns und andern Bagatellen, selbst wegen *ungebührlichen Redens*, wenn er in den Wirtschaften seine Meinung über die gnädigen Herren von Zürich kundtut. Dabei heisst es, seit der neuen Ordnung seien die Gedanken und das Reden frei.

Selbst seine Frau ist zum Pfarrer gelaufen, hat sich beklagt, so dass er ihr zeigen musste, wo der Heiri den Most holt. Mit dem Riemen aufs blanke Hinterteil.

Rasch geht es bergab, Schulden häufen sich, das Höflein auf der Egglen bei Bäretswil muss verkauft werden. Frau und drei Kinder lässt er im Stich, schliesst sich den Neutäufern an, einer Sekte, die sich auf einem einsamen Hof in einer Schlucht am Allmann trifft. Man liest die Bibel, man singt, man betet. Jahrhundertelang hat die Obrigkeit die Täufer verfolgt und verbannt, in Zürich hat man sie in der Limmat ertränkt, die Hinrichtung als eine brutale Taufe vollzogen. Dabei wollen die Täufer nach dem Buchstaben der Bibel leben, nach den Gesetzen des Herrn und nicht nach jenen der Pfaffen und der Obrigkeit. Sie taufen Erwachsene, verweigern den Militärdienst und gelten deshalb als Rebellen. Viele sind nach Amerika ausgewandert, in die neue Welt, wo man auf den grossen Trecks ins Unbekannte allein auf Gott vertraut. Ein Paradies ist denen verheissen, die den Aufbruch wagen und die Reisekosten zusammenkratzen können. Rüegg bleibt im Oberland, schlägt sich mit Almosen und Gelegenheitsarbeiten wie Mäusefangen und Korbflechten durch, zieht von Ort zu Ort.

Als am Donnerstagabend die Glocken Sturm läuten, hält sich Heinrich Rüegg in Pfäffikon auf. Aber nicht nur vom Kirchturm läutet es, es klingelt auch in seinem rechten Ohr. Die Stunde der Rache hat geschlagen.

Er sollte auch mit, wollte noch sein Gewehr holen, doch ein Doktor Suter gab ihm ein Jagdgewehr, das mit einer Schrotladung geladen war. Das weiss der Zeuge Affeltranger vom Hörensagen als Kind zu berichten, gibt es ein Menschenalter später dem Pfarrer von Wetzikon zu Protokoll. Wenn es wahr ist, oder auch nur zum Teil wahr, dann wird doch klar, dass Rüegg durch Zufall zu seiner historischen Rolle gekommen ist, und es ist offensichtlich, dass auch er zu den Verführten gehörte, deren dumpfe Wut in einem Machtspiel missbraucht wurde.

Wenn es denn wahr ist. Dass Affeltranger kein zuverlässiger Zeuge ist, zeigt sich schon daran, dass Rüegg nach seiner Aussage eigentlich noch im Gefängnis hätte sitzen müssen, *unschuldig auf 8 Jahre,* also unmöglich am Putsch hätte teilnehmen können. War er aber dabei, dann reiht er sich jetzt ein in den Landsturm, der sich bei der «Linde» in Oberstrass in Viererkolonne formiert, Pfarrer Hirzel an der Spitze, dann die Scharfschützen in grüner Uniform, die Stutzer geschultert.

Auch Rüegg trägt grün. Warum? Weil er ein Jäger ist, wie die Historiker nachgewiesen haben, kein legaler zwar, aber ein notorischer Wilderer. Im grünen Kleid, aber ohne Waffe, soll er nach Pfäffikon gekommen sein. Wozu? Dort soll er sich spontan den Putschisten angeschlossen haben, mit der Flinte eines obskuren *Doktor Suter*, der auch kein legaler Doktor ist, sondern ein Quacksalber, der vielleicht einen Strauss zu fechten hat mit den Behörden, insbesondere mit dem Präsidenten des kantonalen Gesundheitsrates Hegetschweiler, der die Aufsicht über die Ärzte führt. Motive für ein Attentat sind mehrere denkbar.

Jedenfalls umklammert Rüegg ein Schrotgewehr, aber er schiesst nicht zurück, als der Zug auf dem Münsterhof ins Kreuzfeuer der regierungstreuen Truppen gerät. Er sieht die Kadetten hinter der Fensterbrüstung der «Waag» anlegen, zielen, abdrücken, hört die Kugeln über sich einschlagen. Auf diese Distanz, das weiss der Wilderer, bleibt Schrot ohne Wirkung. Er kauert an einer Mauer, neben ihm steht der Vorsänger Weber, der jetzt verstummt ist, weiss wie ein Leintuch zittert er am ganzen Leib. Seine Finger verkrallen sich ineinander, seine Lippen stammeln ein Gebet, als ein Dragoner heransprengt, ein grüner Blitz auf einem Rappen, der sich bäumt, als der Reiter die Zügel reisst, einen Schlachtruf ausstösst. Rüegg legt an, sieht das Aufblitzen des Degens im Sonnenlicht, verliert den Dragoner aus Korn und Kimme, hört den Säbel die Luft schneiden, hört einen Schrei und sieht den Vorsänger sinken, die Hände noch immer verklammert, den Schädel gespalten, aus dem es gelb und rötlich quillt. Weber kippt zur Seite, bleibt an die Mauer gelehnt liegen.

«Mein Gott, Hans Jakob ...»

Der Dragoner sprengt davon, taucht unter im Schlachtgetümmel. Rüegg sieht Pfarrer Hirzel Fersengeld geben, während die Scharfschützen des Landsturms in aufgelöster Ordnung gegen das Postgebäude stürmen, in dem sich die Regierung verschanzt, wie einige schreien. Andere reissen sie zurück, man solle sich nicht versündigen. Rüegg eilt den Scharfschützen hinterher, sieht einen Mann aus dem Tor des Postgebäudes treten, in blauem Rock und Hut, einen Stock in der Hand.

«Dort, der dort!», ruft jemand.

Die Dragoner sind abgezogen, das Gewehrfeuer verebbt. Nur die Schritte der Fliehenden sind noch zu hören, wie Getrampel einer Schafherde, und die Schreie der Verwundeten, über die sich Helfer beugen. Blut überall, Verletzte, die hinken, einer mit den Händen vor dem Gesicht, zwischen den Fingern rinnt Blut. Rüegg hört eine Stimme aufbegehren, *es seien so viele der Ihrigen getroffen, von den Gegnern sähen sie auch nicht Einen, und doch habe jeder von ihnen seinen Dragoner auf dem Korn gehabt.*

Er umklammert den Lauf der Flinte, der feucht ist vom Schweiss. Angst fällt über ihn, Angst und ein Zorn, der ins Herz fährt. Sein Puls rast. Wenigstens einen von den Gegnern! Wenigstens einen, einen Einzigen.

Er kauert zwischen zwei Droschken, die vor der Säulenfassade eines Hotels stehen, auf dessen Balkon sich feine Herrschaften an dem Tumult ergötzen. Zwischen den Speichen eines Rades sieht er den blauen Mann, klein von Wuchs. Das kann nicht der vierschrötige Fierz sein, der einzige Regierungsrat, den er kennt. Der Mann übergibt einem Dragoner einen Zettel, dreht sich um, jetzt sieht Rüegg sein Gesicht im Schatten der Hutkrempe, bleich und von Furcht verzerrt, im Backenbart schimmern silberne Haare im Licht der Sonne. Graue Augen starren ihn an, erstaunt und leer, als würden sie durch ihn hindurch in weite Ferne blicken. Der Mann zögert, als er die Flinte auf sich gerichtet sieht, will sich wegdrehen, hebt eine Hand, dann krümmt er sich im Feuerschlag.

Durch den Mündungsrauch sieht Rüegg den Getroffenen gegen eine Droschke taumeln und fallen. Er steht auf, macht zwei Schritte rückwärts, dann dreht er sich um und eilt davon.

Personenregister

Affeltranger Heinrich, aus Kempten, der sich 1903 angeblich an den Attentäter Hegetschweilers erinnert.
Agassiz Jean Louis, 1807–1873, Neuenburger Natur- und Gletscherforscher.
Balmat Jacques, Kristallsucher aus Chamonix, Erstbesteiger des Montblanc 1786.
Beyel Friedrich, erster Wirt auf dem Üetliberg 1840.
Bisquolm Augustin, Disentis, Erstbesteiger des Piz Rusein am Tödi 1824.
Bluntschli Johann Caspar, 1808–1881, konservativer Jurist und Politiker, Freund Berhard Hirzels.
Bodmer Johann Jakob, 1736–1806, Landwirt und Fabrikant in Stäfa, Freiheitsheld des «Stäfner Handels» 1795, Grossvater von Katharina Hegetschweiler-Bodmer.
Bodmer Johannes, 1765–1814, Arzt in Stäfa, Vater von Katharina Hegetschweiler.
Bosshard Hans Jakob, Hittnau, Opfer des Züriputschs.
Bouffé, Arbeitgeber Bernhard Hirzels in Paris 1847.
Brunner Carl Heinrich, Kommandant eines Zürcher Infanteriebataillons 1839.
Bürgi David, 1801–1874, Zürcher Regierungsrat.
Bürgi Johannes, aus Adetswil, Gemeinderatsschreiber von Bäretswil 1839, Zürcher Grossrat. Ein Gerücht verdächtigte ihn des Attentats auf Hegetschweiler.
Butler Samuel, 1612–1680, Englischer Satiriker, Verfasser des Epos «Hudibras».
Cagenard Carli, Truns, Diener von Pater Placidus a Spescha.
Curschellas Placi, Truns, Erstbesteiger des Piz Rusein am Tödi 1824.
D'Angeville Henriette, zweite Frau auf dem Montblanc 1836.
Diem Bartholomäus, Wetzikon, Opfer des Züriputschs.
Egli Hans Felix, Verurteilter nach dem Brand von Uster.
Escher Arnold, 1807–1872, Geologe, Sohn von Hans Conrad Escher.
Escher Hans Conrad, von der Linth, 1767–1823, Geologe, Staatsmann, Ingenieur und Künstler.
Escher Konrad, Schwager der Mutter Friedrich von Dürlers.
Escher-Schulthess, alt Oberamtmann von Wädenswil, konservativer Zürcher Regierungsrat nach dem Putsch 1839.
Escher-Zollinger Heinrich, Zürcher Insektenforscher.
Fäsi Hans Kaspar, 1755–1834, Pfarrer in Rifferswil.
Fäsi Johann Ulrich, 1796–1865, Professor. Leistete Hegetschweiler Erste Hilfe am 6. September 1839.
Fäsi Karl Wilhelm, 1793–1852, Pfarrer, hielt Hegetschweilers Abdankung am 12. Septer 1839.
Fierz Johann Jakob, 1787–1861, Küsnacht, radikaler Zürcher Regierungsrat.
Flury Josias, Pfarrer in Wetzikon, der Heinrich Affeltrangers Aussage 1903 über das Hegetschweiler-Attentat aufzeichnete.
Fry Elisabeth, 1780–1845, Englische Sozialreformerin, Vorbild für Katharina Hegetschweiler-Bodmer.
Furrer Jonas, 1805–1861, Fürsprecher in Winterthur, liberaler Politiker und erster Bundespräsident 1848.
Füssli Johann Heinrich, 1745–1832, Verleger und Herausgeber der Neuen Zürcher Zeitung.
Gujer Heinrich, 1801–1868, Müller aus Bauma, Redner am Ustertag 1830.

Hager Karl, 1862–1918, Biologe und Theologe, Professor an der Klosterschule Disentis, Alpinist.
Hardmeier, Zürcher Alpenpionier.
Heer Jakob, 1784–1864, Pfarrer in Matt/GL, Vater von Oswald Heer.
Heer Oswald, 1809–1883, Theologe aus Matt/GL, Botaniker, Professor der Naturwissenschaft an der Universität Zürich. Alpinist, Schüler und Freund Hegetschweilers.
Hegetschweiler Heinrich, 1766–1834, Chirurgus und Gutsbesitzer aus Rifferswil, Vater von Johannes.
Hegetschweiler-Bär Susanna, 1768–1825, Mutter von Johannes Hegetschweiler.
Hegetschweiler Johann Jakob, 1795–1860, jüngster Bruder von Johannes Hegetschweiler, Arzt und Botaniker in Rifferswil.
Hegetschweiler Johannes, 1789–1839, Arzt in Stäfa, Botaniker, Naturforscher, Alpinist, Tödipionier. Zürcher Regierungs- und Staatsrat 1831–1839.
Hegetschweiler Johann Friedrich, 1815–1849, Sohn von Johannes Hegetschweiler, «Doktergsell» in Rifferswil.
Hegetschweiler-Bodmer Anna Katharina, 1793–1864, Ehefrau von Johannes Hegetschweiler.
Hegetschweiler-Kölla Paul Emil, 1816–1869, Sohn von Johannes Hegetschweiler, Friedensrichter und Kreisgerichtspräsident in Stäfa.
Hegetschweiler (Stadler) Elisabeth Katharina, 1819–1855, Johannes Hegetschweilers Tochter «Kätherli». Verheiratet mit dem Zürcher Baumeister Ferdinand Stadler.
Herrliberger, Ratsweibel 1839.

Hess Johann Jakob, 1791–1857, Oberrichter, Zürcher Regierungsrat und Bürgermeister. Blieb auch nach dem Putsch im Amt.
Hirzel Bernhard, 1807–1847, Theologe und Orientalist aus Zürich-Enge, Anführer des Landsturms im Züriputsch, Pfarrer in Pfäffikon 1838–1845.
Hirzel Arnold, 1834–1887, Bernhard Hirzels Sohn.
Hirzel-Bürkli Johannes, 1776–1848, Bernhard Hirzels Vater, Tuchscherer und Gutsbesitzer in Zürich-Enge.
Hirzel-Bürkli Margaretha, Bernhard Hirzels Mutter.
Hirzel-Tobler Elisabeth, 1811–1856, - Bernhard Hirzels Ehefrau.
Hirzel Conrad Melchior, 1793–1843, Oberamtmann in Knonau, radikaler Zürcher Regierungsrat und Bürgermeister.
Hirzel Johann Kaspar, Oberengstringen, 1792–1851, radikaler Zürcher Regierungsrat. Leistet Hegetschweiler Erste Hilfe nach dem Attentat.
Hirzel Salomon, 1790–1844, Oberst, Oberbefehlshaber der Regierungstruppen im Züriputsch.
Hoffmann Georg, Basel. Einer der ersten Tödibesteiger 1846.
Hottinger Johann Heinrich, Zürcher Staatsschreiber zur Zeit des Putschs.
Hürlimann-Landis Hans-Jakob, 1796–1853, Textilfabrikant in Richterswil, Präsident des Zentralkomitees der konservativen Glaubensbewegung 1839. Mitglied der provisorischen Regierung nach dem Putsch.
Hürlimann-Landis Rosine, einzige Tochter von Hans-Jakob, spätere Ehefrau von Alexander Schweizer.

Jahn Friedrich Ludwig, 1778–1852, deutscher Pädagoge, «Turnervater».
Jucker Hans Jakob, Bauernknecht aus Bauma, Opfer des Züriputschs.
Kägi Hans Jakob, Baumwollspinner aus Bauma, Opfer des Züriputschs.
Keller Ferdinand, 1800–1881, Archäologe und Sprachlehrer, Gründer der Antiquarischen Gesellschaft, Entdecker der ersten Pfahlbauten im Zürichsee 1854.
Keller Friedrich Ludwig, 1799–1860, Zürcher Rechtsprofessor, Obergerichtspräsident und politischer Führer der Radikalen.
Kielmeyer Karl Friedrich, 1765–1844, Doktorvater Hegetschweilers in Tübingen.
Kopp Josef Eutych, 1793–1866, Luzerner Historiker, der die Frühgeschichte der Schweiz von den sagenhaften Überlieferungen Rütlischwur, Tell und Gessler befreite.
Kramer Karl, deutscher Emigrant, Radikaler, erster Sekundarlehrer in Pfäffikon, nach dem Putsch entlassen.
Krieg Johann Melchior, Dichter einer Hymne auf Hegetschweiler.
Lavater Johann Caspar, 1741–1801, Zürcher Gelehrter und Physiognomiker.
Legler G., Wirt im «Seggen» in Linthal, Erbauer des ersten Stachelbergbades.
Leuzinger J. M., Pfarrer in Linthal 1837.
Locher-Zwingli Heinrich, 1800–1865, Professor der Chirurgie und Direktor der chirurgischen Klinik Zürich 1833–1860.
Madutz Johann, 1800–1861, Schneider und Bergführer aus Matt/GL.
Marthaler Conrad, Bauernknecht aus Volketswil, Opfer des Züriputschs.
Marti Joh., Arzt aus Glarus. Nutzte als erster das Stachelbergwasser zu Heilzwecken.
Mazzini Giuseppe, 1805–1872, italienischer Freiheitskämpfer.
Metternich Klemens Wenzel, Fürst, 1773–1859, österreichischer Staatskanzler.
Meyer von Knonau Ludwig, 1769–1841, liberaler Zürcher Regierungs- und Staatsrat.
Meyer Hieronymus, Aarau, Bruder von Rudolf Meyer, Alpenpionier, Erstbesteiger der Jungfrau 1811.
Meyer Rudolf, 1768–1825, Alpenpionier und Naturwissenschaftler aus Aarau. Erstbesteiger der Jungfrau 1811.
Mörgeli Christoph, geb. 1960, Medizinhistoriker aus Stäfa, Nationalrat der Schweizerischen Volkspartei SVP, Verfasser einer Dissertation über Hegetschweiler.
Mortier Charles Henri, Graf, 1797–1886, französischer Gesandter in der Schweiz 1839.
Neuhaus Karl, Berner Tagsatzungsgesandter 1839.
Paccard Michel-Gabriel, Arzt aus Chamonix, Erstbesteiger des Montblanc 1786.
Paravicini J., Hauptmann aus Glarus. Empfängt die Tödibesteiger in Linthal 1837.
Peter Erich, Lokalhistoriker, Gossau. Entdeckt 1991 das Dokument im Gemeindearchiv Wetzikon, das Heinrich Rüegg als Attentäter bezeichnet.
Pieth Friedrich, Bündner Historiker. Führt zusammen mit Karl Hager 1913 den Nachweis, dass der Piz Rusein am Tödi 1824 von den Bündnern Bisquolm und Curschellas erstmals bestiegen worden ist.
Pfenninger Hans, Hegetschweilers Knecht.
Pfenninger Johann Kaspar, 1760–1838, Arzt in Stäfa, Freiheitsheld des «Stäfner Handels» 1795.

Rahn David, 1769–1848, konservativer Staatsanwalt nach dem Putsch.

Rahn-Escher Hans Konrad, 1802–1881, Arzt in Zürich, Vizepräsident des Zentralkomitees der konservativen Glaubensbewegung 1839.

Rahn Ludwig, 1770–1836, Religionslehrer Hegetschweilers. Traute Johannes und Katharina Hegetschweiler.

Ries Jakob, Bauer aus Linthal, angeblicher Tödibesteiger 1834.

Rüegg Heinrich, 1804–1873, von Egglen, Bäretswil, Gelegenheitsarbeiter, Neutäufer, Korber und Wilderer. Soll, gemäss der Aussage Affeltrangers, der Attentäter Hegetschweilers sein.

Sand Georg, Alpenpionier aus St. Gallen. Tödibesteigung mit Simler 1861.

Saussure Horace-Bénédict de, 1740 bis 1799, Genfer Universalgelehrter und Montblancpionier.

Schebest Agnes, Opernsängerin, spätere Ehefrau von David Friedrich Strauss.

Scherr Ignaz Thomas, 1801–1870, aus Württemberg, fortschrittlicher Bildungspolitiker, Direktor des Seminars Küsnacht, «Vater der Zürcher Volksschule».

Scheuchzer Johann, 1672–1733, Zürcher Naturforscher und Universalgelehrter.

Schindler Dietrich, 1795–1882, liberaler Glarner Politiker, Landammann 1837 bis 1840, Begleiter Hegetschweilers am Tödi 1822. Glarner Tagsatzungsgesandter 1839.

Schinz Heinrich Rudolf, Professor für Zoologie der Universität Zürich, Präsident der Naturforschenden Gesellschaft.

Schleiermacher Friedrich Daniel, 1768–1834, Berliner Philosoph und Theologe.

Schmid Bruno, Jurist, Rechtshistoriker und Leiter der Paul-Kläui-Bibliothek, Uster.

Schmid Franz Martin, Urner Landamman und Gesandter an der Tagsatzung 1839.

Schoch, Dr., Bekannter von Karl Kramer, Pfäffikon 1839.

Schönlein Johann Lukas, 1793–1864, aus Bamberg, erster Dekan der medizinischen Fakultät der Universität Zürich 1833–1840.

Schweizer Alexander, 1808–1888, liberaler Theologe, Professor für Theologie, Grossrat und Pfarrer am Zürcher Grossmünster. Turnerfreund Dürlers.

Seymour Henry, Lord, englischer Schriftsteller und Parlamentsabgeordneter. Ferdinand Keller war Hauslehrer seines Sohnes Henry Danby.

Siegfried Jakob, Antiquar aus Wipkingen, Alpenpionier.

Simler Rudolf Theodor, 1833–1873, Gründer des Schweizer Alpenclubs, Tödibesteigung 1861.

Snell Ludwig, 1785–1854, Küsnacht, Schriftsteller, Philosoph, Schulreformer und radikaler Politiker deutscher Herkunft. Redaktor des «Republikaners».

Spescha Placidus a, 1752–1833, Benediktinerpater aus Truns, Universalgelehrter, Naturforscher und Pionier des Alpinismus.

Spöndlin Hans Heinrich, 1812–1872, Fürsprecher in Zürich, Sekretär des Zentralkomitees der konservativen Glaubensbewegung 1839.

Spörri Hans Rudolf, Bauma, Opfer des Züriputschs.

Steffan Johann Jakob, 1798–1859, Wädenswil, Redner am Ustertag 1830.

Steiger Jakob Robert, 1801–1862, Arzt und Staatsrat aus Luzern, Begleiter Hegetschweilers am Tödi 1822.
Steinhauer Johann Rudolf, Amtsschreiber aus Fraubrunnen, Berner Tagsatzungsgesandter 1839.
St. Hilaire Isidore Geoffrey, Zoologe aus Paris, Begleiter Hegetschweilers am Tödi 1822.
Strauss David Friedrich, 1808–1874, Theologe in Ludwigsburg, 1839 vom Zürcher Regierungsrat an die Universität berufen, doch vor Amtsantritt pensioniert wegen des «Straussenhandels».
Studer Gottlieb, 1804–1890, Berner Statthalter und Alpenpionier.
Stüssi Albrecht, Linthal, angeblicher Tödibesteiger 1834.
Sulzberger Johannes aus Frauenfeld, 1800–1879, Oberinstruktor der Zürcher Infanterie 1839.
Sulzer Melchior Friedrich, 1791–1853, Zürcher Regierungsrat. Bleibt auch nach dem Putsch im Amt.
Suter J. J., Doktor in Pfäffikon 1939.
Thut Johannes, 1782–1850, Senn und Gämsjäger auf Obbort, Linthal. Naturheiler, «Wasserdoktor». Hegetschweilers Bergführer am Tödi.
Thut Johann Thomas, 1808–1866, Neffe von Johannes Thut, Erstbesteiger des Tödi von Norden 1837, Führer von Dürler 1837.
Thut Melchior, 1736–1784, «Der Riese», entfernter Vorfahre von Johannes.
Trümpy Egidius, 1768–1839, Stoffdruckfabrikant in Glarus.
Übel Bruno, 1806–1840, Kommandant der kantonalen Kavallerie 1839.
Ulrich Melchior, 1802–1893, Zürich, Theologe und Alpenpionier.
Usteri Paul, 1768–1831, Politiker, Arzt und Redaktor der Neuen Zürcher Zeitung. Autor der liberalen Zürcher Kantonsverfassung von 1831.
Vögeli Bernhard, Erstbesteiger des Tödi von Norden 1837.
Vögeli Gabriel, Sohn des Bernhard, Erstbesteiger des Tödi von Norden 1837.
von Dürler Friedrich, 1804–1840, Sekretär der Zürcher Armenpflege, autodidaktischer Naturwissenschaftler und Alpinist, Zweitbesteiger des Tödi von Norden 1837.
von Dürler Franz Xaver, ...–1823, Kaufmann aus Luzern, Friedrich von Dürlers Vater.
von Dürler-Gossweiler Barbara, Friedrich von Dürlers Mutter.
von Haller Albrecht, 1708–1777, Berner Arzt, Dichter, Forscher und Staatsmann.
von Muralt Hans Konrad, 1779–1869, konservativer Zürcher Bürgermeister nach dem Putsch.
von Orelli Konrad, Oberstleutnant, Kommandant der kantonalen Artillerie 1839.
von Reinhard Hans, 1755–1835, Zürcher Bürgermeister, Gesandter am Wiener Kongress 1815.
Walder Hermann, Medizinstudent aus Münchwilen 1839.
Weber Hans Jakob, Pfäffikon, Opfer des Züriputschs.
Weber Johann Caspar, Kavellerieleutnant und Löwenwirt aus Dürnten. Von einer anonymen Person in neuester Zeit als Attentäter Hegetschweilers bezeichnet.
Weiss Heinrich, 1789–1848, Lehrer aus Fehraltorf, radikaler Regierungsrat bis zum Putsch.
Welti Anna Maria, 1827–1847, Schneiderin, in Zollikon eingebürgerte Heimatlose, Bernhard Hirzels Geliebte.

Zeittafeln

Welti Jakob, Spengler in Unterstrass, Anna Marias Bruder.
Wichser Jakob, aus Linthal, angeblicher Tödibesteiger 1834.
Wüst, Landschaftsmaler aus Zürich, Begleiter Hegetschweilers am Tödi 1822. Eventuell ein Sohn des Landschaftsmalers Johann Heinrich Wüst, 1741–1821.
Zehnder Hans Ulrich, Arzt und Zürcher Regierungsrat. Leistete Hegetschweiler Erste Hilfe am 6. Sept. 1839.
Zeller-Horner Heinrich, 1810–1897, Seidenfabrikant, Panoramazeichner, Alpinist.
Ziegler Paul Eduard, 1800–1882, Berufsoffizier, Oberst, Zürcher Stadtpräsident 1839.
Ziegler, Wirt in der «Linde» in Oberstrass 1839.
Zimmermann, Bezirksrichter in Pfäffikon.
Zweifel Gabriel, Simlers Bergführer aus Linthal.
Zwingli Hans Caspar, Zürcher Statthalter 1839.

Johannes Hegetschweiler

1789 14. Dezember: Geboren in Rifferswil.
1804 Kantonsschule Aarau.
1809 Immatrikuliert am Medizinisch-chirurgischen Institut Zürich.
1809 17. Oktober: Immatrikuliert in Tübingen.
1812 Herbst. Rückkehr aus Tübingen.
1813 13. Oktober: Zulassung als Arzt.
1813 24. Februar: Typhusarzt in Rheinau.
1814 Juli. Heirat mit Katharina Bodmer, Praxis im Kehlhof in Stäfa.
1815 Sohn Johann Friedrich.
1815 Mitglied der Naturforschenden Gesellschaft Zürich.
1816 Sohn Paul Emil.
1817 17. Dezember: Freimaurer der Loge Modestia cum Libertate.
1819 Tochter Elisabeth Katharina.
1819 Sommer. Erster Versuch am Tödi mit Hans Thut und Träger.
1820 26. August. Zweiter Versuch am Tödi mit Hans Thut u. a.
1820 27. August. Erreicht die «Hegetschweilerplatte».
1822 Ehrenmitglied Naturforschende Gesellschaft.
1822 Publikation «Helvetiens Flora».
1822 12. August: Dritter Versuch am Tödi mit Dietrich Schindler, Jakob Robert Steiger u. a.
1830 22. November: Redner am Ustertag.
1830 6. Dezember: Mitglied des Grossen Rats.
1831 23. März: Regierungsrat und Mitglied des Staatsrats.
1831 Frühling. Wohnung im Haus Fortuna an der Schipfe in Zürich.
1831 Mai. Schlichten eines Aufstands in Schaffhausen.

1831 9. April: Paul Usteri stirbt.
1831 15. Mai: Rede an der Totenfeier für Usteri in Wädenswil.
1831 25. September: Mitbegründer des liberalen Schutzvereins.
1832 März: Gesandter nach Luzern, Siebnerkonkordat der liberalen Kantone.
1832 20. März: Wahl zum Bürgermeister nach Regierungskrise, er lehnt ab.
1832 22. November: Brand von Uster.
1833 Vater Heinrich Hegetschweiler stirbt.
1834 13. Juli: Eidgenössisches Schützenfest Zürich, Hegetschweiler Schützenpräsident.
1834 17. Juli: Offizieller Tag des Schützenfestes mit Tumulten.
1834 Juli. Vierter Versuch am Tödi mit drei Hirten, Arnold Escher u. a.
1834 Ende. Botanischer Garten auf der Schanze, Oswald Heer erster Direktor.
1837 Juli. Votum gegen den politischen Fortschritt, «unendliche Rede».
1838 18. September: Aufrichte Kantonsspital.
1839 15. Januar: Entlassungsgesuch als Regierungsrat.
1839 26. Januar: Berufung von David Friedrich Strauss an die Universität.
1839 2. März: Bestätigung durch Regierungsrat, Hegetschweiler stimmt dagegen.
1839 21. Juli: Hegetschweiler lässt sich Pass ausstellen für Reise nach Italien.
1839 2. September: Versammlung der religiös-konservativen Opposition in Kloten.
1939 5. September: Pfarrer Hirzel lässt in Pfäffikon Sturm läuten.
1839 6. September: Züriputsch. Hegetschweiler wird angeschossen, schwer verletzt.
1839 9. September: Hegetschweiler stirbt.
1839 12. September: Beerdigung.
1839 21. September: Grosser Rat beschliesst Amnestie für Züriputsch und Brand von Uster.

Friedrich von Dürler

1804 16. April: Geboren in Zürich, Sohn des Luzerners Xaver von Dürler und der Zürcherin Barbara Gossweiler.
1823 Vater stirbt.
1830 c. a., Vorturner im studentischen Turnverein, mit Alexander Schweizer.
1832 Mitglied Antiquarische Gesellschaft Zürich, «Conservator».
1832 Herbst. Er leitet archäologische Grabungen auf dem Üetliberg mit Ferdinand Keller.
1836 Sekretär der Zürcher Armenpflege.
1837 19. August: Tödibesteigung mit Bernhard und Gabriel Vögeli und Thomas Thut.
1837 Herbst. Grabungen auf dem Lindenhof.
1838 September: Mitglied Schweizerische Naturforschende Gesellschaft.
1839 6. September: Teilnahme am Züriputsch als Hauptmann der Stadtbürgerwache.
1840 8. März: Abgestürzt am Üetliberg.

Nachweis der Zitate

5   Hegetschweiler Johannes: Reisen in den Gebirgsstock zwischen Glarus und Graubünden, bey Orell, Füssli und Compagnie, Zürich 1825, 84
5   Ebenda, 84
5   Ebenda, 84
6   Ebenda, 4
9   Mörgeli Christoph: Dr. med. Johannes Hegetschweiler, Dissertation, Zürich 1986, 35
10 Grimms Wörterbuch 1889
10 Meyers Enzyklopädisches Lexikon
11 Zurlinden S.: Hundert Jahre, Bilder aus der Geschichte der Stadt Zürich, Zürich 1914, Band I, 148
11 Antiquarische Gesellschaft Pfäffikon: Züriputsch, Sieg der gerechten Sache oder Septemberschande, Pfäffikon 1989, 85
11 Zurlinden S.: Hundert Jahre, 164
11 Ebenda, 166
12 Ebenda, 152
12 Ebenda, 175
12 Ebenda, 153
13 Ebenda, 142
13 Antiquarische Gesellschaft Pfäffikon: Züriputsch, 225
13 Zurlinden S.: Hundert Jahre, 157
13 Antiquarische Gesellschaft Pfäffikon: Züriputsch, 224
13 Zurlinden S.: Hundert Jahre, 163
13 Denzler Alice in: Zürcher Taschenbuch 1939: Eindrücke eines Thurgauer Medizinstudenten von den Zürcher Ereignissen 1838 – 1840, 199
13 Zurlinden S.: Hundert Jahre, 66
14 Ebenda, 169
14 Zurlinden S.: Hundert Jahre, 242
14 Mörgeli Christoph: Dr. med. Johannes Hegetschweiler, 36
15 Hegetschweiler: Reisen, 1
16 Mörgeli Christoph: Dr. med. Johannes Hegetschweiler, 164
16 Antiquarische Gesellschaft Pfäffikon: Züriputsch, 228
16 Ebenda, 229
16 Ebenda, 229
17 Zurlinden S.: Hundert Jahre, 194
17 Ebenda, 195
17 Weiss Heinrich: Beitrag zur Geschichte der Revolution vom 6ten September 1839, Winterthur 1839, 15
17 Ebenda, 15
17 Ebenda, 16
17 Hirzel Bernhard: Mein Antheil an den Ereignissen des 6. Septembers 1839, Zürich 1839, 1
17 Ebenda, 2
18 Ebenda, 3
18 Ebenda, 4
19 Mörgeli Christoph: Dr. med. Johannes Hegetschweiler, 45
19 Zurlinden S.: Hundert Jahre, 210
20 Weiss Heinrich: Beitrag zur Geschichte der Revolution, Winterthur 1839, 48
20 Hirzel Bernhard: Mein Antheil, 7.
20 Antiquarische Gesellschaft Pfäffikon: Züriputsch, 98
21 Hirzel Bernhard: Mein Antheil, 7
22 Weiss Heinrich: Beitrag zur Geschichte der Revolution, 58
22 Antiquarische Gesellschaft Pfäffikon: Züriputsch, 52
23 Freitagszeitung, 7.9.1839
23 Hegetschweiler: Reisen, 79
24 Ebenda, 81
25 Heer Oswald/Hegetschweiler Johannes: Flora der Schweiz, Zürich 1840, Vorwort VI
25 von Haller Albrecht: Die Alpen, 1729

27	Hager Karl/Pieth Fried.: Pater Placidus a Spescha, Bümpliz-Bern 1913, 354	45	Ebenda, 83
		46	Ebenda, 84
		46	Ebenda, 86
27 a	Spescha Placidus: Beschreibung der Alpen, vorzüglich der höchsten. Handschrift 1823.	47	Ebenda, 91
		48	Ebenda, 92
		48	Heer Oswald/Hegetschweiler Johannes: Flora der Schweiz, XXIII
29	Stüssi Heinrich, in: Neujahrsbote für das Glarner Hinterland, 1967, 16a	49	Hegetschweiler: Reisen, 5
31	Weiss Heinrich: Beitrag zur Geschichte der Revolution, 92	50	Heer Oswald/Hegetschweiler Johannes: Flora der Schweiz, XVII
31	Ebenda, 93	50	Ebenda, XXII
32	Hegetschweiler: Reisen, 81	51	Hager/Pieth: Pater Placidus, 363
34	Mörgeli Christoph: Dr. med. Johannes Hegetschweiler, 42	52	Ebenda, 360
		52	Ebenda, 362
34	Ebenda, 174	52	Ebenda, 362
36	Hegetschweiler Johannes: Kurze Nachricht von dem Gebrauche, den Bestandtheilen und der Wirkung des Stachelberger- oder Braunwalderwassers, Zürich 1820, 7	53	Hegetschweiler: Reisen, Titel
		53	Hager/Pieth: Pater Placidus, 361
		54	Ebenda, 362
		54	Ebenda, 362
		54	Hegetschweiler: Reisen, 191
37	Ebenda, Buchtitel	55	Ebenda, 191
37	Ebenda, 3	55	Hager/Pieth: Pater Placidus, 364
37	Mörgeli Christoph: Dr. med. Johannes Hegetschweiler, 54	55	Hegetschweiler: Reisen, 190
		55	Schweizer Paul: Dr. theol. Alexander Schweizer, Zürich 1889, 53
37	Hegetschweiler: Reisen, 76		
38	Antiquarische Gesellschaft Pfäffikon: Züriputsch, 67	56	Ebenda, 60
		56	Ebenda, 63
38	Ebenda, 67	57	Ebenda, 62
39	Ebenda, 69	58	Ebenda, 63
39	Schweizerische National-Zeitung, 11. 3. 1845	58	Ebenda, 55
		58	Ebenda, 62
39	Antiquarische Gesellschaft Pfäffikon: Züriputsch, 77	59	Ebenda, 23
		60	Ebenda, 53
39	Ebenda, 81	61	Zurlinden S.: Hundert Jahre, 136
39	Egli Arnold in: Ritterhaus-Vereinigung Ürikon-Stäfa, Jahresbericht 1982, 36	62	Mörgeli Christoph: Dr. med. Johannes Hegetschweiler, 82
		64	Largadier Anton: Geschichte der Stadt und Landschaft Zürich, Erlenbach 1945, 114
42	Hegetschweiler: Reisen, 82		
44	Ebenda, 77		
44	Ebenda, 40	64	Egli Arnold u.a: Dr. Johannes Hegetschweiler, Stäfa 1989, 20
45	Ebenda, 84		

64	Mörgeli Christoph: Dr. med. Johannes Hegetschweiler, 74	77	Zurlinden S.: Hundert Jahre, 81
65	Zurlinden S.: Hundert Jahre, 221	77	Mörgeli Christoph: Dr. med. Johannes Hegetschweiler, 109
65	Hirzel Bernhard: Mein Antheil, 9	78	Zurlinden S.: Hundert Jahre, 144
65	Ebenda, 9	79	Schweizerischen Arbeiterbewegung, Zürich 1975, 44
66	Ebenda, 9		
66	Ebenda, 10	79	Ebenda, 44
66	Zurlinden S.: Hundert Jahre, 224	80	Ebenda, 45
67	Antiquarische Gesellschaft Pfäffikon: Züriputsch, 98	80	Hegetschweiler: Reisen, 15
		81	Mörgeli Christoph: Dr. med. Johannes Hegetschweiler, 107
67	Hirzel Bernhard: Mein Antheil, 10		
68	Ebenda, 10	81	Schweizerische Arbeiterbewegung, 45
68	Mörgeli Christoph: Dr. med. Johannes Hegetschweiler, 86	81	Mörgeli Christoph: Dr. med. Johannes Hegetschweiler, 114
69	Ebenda, 85	82	Ebenda, 84
69	Ebenda, 84	82	Rousseau J.J.: Contract Social
70	Ebenda, 86	82	Mörgeli Christoph: Dr. med. Johannes Hegetschweiler, 114
70	Kleist Heinrich: Essay		
70	Kleist: Essay	82	Ebenda, 115
71	Mörgeli Christoph: Dr. med. Johannes Hegetschweiler, 84	83	Ulrich Melchior: Die Ersteigung des Tödi, Zürich 1859, 29
71	Ebenda, 87	83	Müller Iso: Placidus Spescha, Disentis 1974, 142
72	Hirzel Bernhard: Mein Antheil, 11		
72	Ebenda, 11	83	Hegetschweiler: Reisen, 1
72	Uebel Bruno: Bericht des Kavallerie-Majors Bruno Uebel, Zürich 1839, 2	84	Denzler Alice: Eindrücke eines Thurgauer Medizinstudenten, 202
73	Hirzel Bernhard: Mein Antheil, 12	84	Mörgeli Christoph: Dr. med. Johannes Hegetschweiler, 90
73	Ebenda, 12		
73	Ebenda, 16	84	Ebenda, 94
74	Uebel Bruno: Bericht des Kavallerie-Majors Bruno Uebel, 2	84	Ebenda, 147
		85	Zurlinden S.: Hundert Jahre, 117
74	Mörgeli Christoph: Dr. med. Johannes Hegetschweiler, 110	85	Ebenda, 119
		86	Mörgeli Christoph: Dr. med. Johannes Hegetschweiler, 147
74	Zurlinden S.: Hundert Jahre, 84		
75	Mörgeli Christoph: Dr. med. Johannes Hegetschweiler, 60	86	Ebenda, 147
		87	Republikaner, 22.7.1834
75	Ebenda, 62	87	Ulrich Melchior: Die Ersteigung des Tödi, 29
75	Ebenda, 102		
76	Republikaner, 15.4.1831	88	Ebenda, 30
76	Mörgeli Christoph: Dr. med. Johannes Hegetschweiler, 104	88	Keller Ferdinand: Das Panorama von Zürich, Schilderung der in

Zürichs Umgebungen sichtbaren Gebirge, nebst Beschreibung der im Jahr 1837 ausgeführten Ersteigung des Tödiberges, Zürich 1840, 105

90 Ulrich Melchior: Die Ersteigung des Tödi, 32
91 Ebenda, 32
91 Hegetschweiler: Reisen, 70
92 Ulrich Melchior: Die Ersteigung des Tödi, 32
92 Mörgeli Christoph: Dr. med. Johannes Hegetschweiler, 175
93 Meyer von Knonau Gerold: Lebenserinnerungen von Ludwig Meyer von Knonau, Frauenfeld 1883, 477
93 Ebenda, 478
94 Hegetschweiler: Reisen, 4
95 Zurlinden S.: Hundert Jahre, 89
95 Ebenda, 16
95 Ebenda, 90
96 Heer Oswald/Hegetschweiler Johannes: Flora der Schweiz, XX
96 Glarner Heimatbuch, Glarus 1992, 204
97 Heer Oswald/Hegetschweiler Johannes: Flora der Schweiz, Zürich 1840, Buchtitel
97 Kramer Karl in: Ritterhaus-Vereinigung Ürikon-Stäfa, Jahresbericht 1982, 15
97 Heer Oswald: Gemälde der Schweiz, 613
98 Hager/Pieth: Pater Placidus, 347
98 Hegetschweiler: Reisen, 80
99 Nekrolog, 1
99 Heer Oswald/Hegetschweiler Johannes: Flora der Schweiz, XXIV
100 Mörgeli Christoph: Dr. med. Johannes Hegetschweiler, 176
100 Ortsmuseum Stäfa
101 Meyer von Knonau: Lebenserinnerungen, 473
102 Rousseau: Bekenntnisse
103 Goethe: Mignon
103 Heer Oswald/Hegetschweiler Johannes: Flora der Schweiz, XI
104 Weiss Heinrich: Beitrag zur Geschichte der Revolution, 48
105 Zurlinden S.: Hundert Jahre, 187
105 Weiss Heinrich: Beitrag zur Geschichte der Revolution, 56
106 Hirzel Bernhard: Mein Antheil, 12
107 Antiquarische Gesellschaft Pfäffikon: Züriputsch, 40
107 Hirzel Bernhard: Mein Antheil, 13
108 Nekrolog des seligen Herrn Johannes Hegetschweiler, Neue Zürcher Zeitung, Zürich 1839, 4
108 Zurlinden S.: Hundert Jahre, 341
109 Hegetschweiler: Reisen, 84
109 Mörgeli Christoph: Dr. med. Johannes Hegetschweiler, 150
109 Weiss Heinrich: Beitrag zur Geschichte der Revolution, 74
111 Antiquarische Gesellschaft Pfäffikon: Züriputsch, 33
111 Ebenda, 33
111 Ebenda, 33
112 Tagblatt, 12.3.1840
112 Weiss Heinrich: Beitrag zur Geschichte der Revolution, 66
112 Verzeichnis der Stadtbürger und Ansässen, 1840
115 Neue Zürcher Zeitung, Beilage Nr. 107, 7.9.1939
115 Mörgeli Christoph: Dr. med. Johannes Hegetschweiler, 193
115 Schmid Bruno in: Zürcher Taschenbuch 1998, Ein Quellenfund zum Tod von Regierungsrat egetschweiler, 126

117	Züriputschakten, Stadtarchiv Zürich, 28. Februar 1839	134	Ebenda, 232
119	Weiss Heinrich: Beitrag zur Geschichte der Revolution, 75	134	Weiss Heinrich: Beitrag zur Geschichte der Revolution, 76
119	Ebenda, 75	135	Ebenda, 77
120	Ebenda, 76	135	Ebenda, 77
120	Ebenda, 76	136	Ebenda, 78
120	Mörgeli Christoph: Dr. med. Johannes Hegetschweiler, 176	136	Ebenda, 78
		138	Ebenda, 78
120	Weiss Heinrich: Beitrag zur Geschichte der Revolution, 74	138	Hirzel Bernhard: Mein Antheil, 15
		138	Zurlinden S.: Hundert Jahre, 234
120	Mörgeli Christoph: Dr. med. Johannes Hegetschweiler, 158	139	Hirzel Bernhard: Mein Antheil, 16
		139	Ebenda, 16
120	Ebenda, 159	139	Ebenda, 16
121	Ebenda, 159	139	Ebenda, 16
121	Weiss Heinrich: Beitrag zur Geschichte der Revolution, 76	140	Ebenda, 13
		140	Schweizer Paul: Dr. theol. Alexander Schweizer, 64
121	Ebenda, 76	141	Ebenda, 65
121	Ebenda, 76	141	Ebenda, 53
123	Meyer von Knonau: Lebenserinnerungen, 480	141	Ebenda, 53
		142	Ebenda, 53
124	Ebenda, 480	141	Ebenda, 65
124	Ebenda, 480	143	Meyer von Knonau: Lebenserinnerungen, 481
124	Ebenda, 480		
124	Neue Zürcher Zeitung, 27.1.1837	144	Ebenda, 483
125	Zopfi Emil: Die Fabrikglocke, Zürich 1991, 129	146	Zurlinden S.: Hundert Jahre, 236
		146	Meyer von Knonau: Lebenserinnerungen 483
127	Mörgeli Christoph: Dr. med. Johannes Hegetschweiler, 155	146	Zurlinden S.: Hundert Jahre, 237
		146	Meyer von Knonau: Lebenserinnerungen, 484
127	Ebenda, 155		
127	Ebenda, 154	146	Ebenda, 481
128	Zurlinden S.: Hundert Jahre, 140	147	Neue Zürcher Zeitung, 7.9.1839
128	Mörgeli Christoph: Dr. med. Johannes Hegetschweiler, 158	147	Neue Zürcher Zeitung, 7.9.1839
		148	Hirzel Bernhard: Mein Antheil, 14
128	Ebenda, 159	148	Ebenda, 14
128	Ebenda, 159	148	Ebenda, 14
129	Neue Zürcher Zeitung, 21.8.1837	148	Ebenda, 14
129	Neue Zürcher Zeitung, 21.8.1837	148	Antiquarische Gesellschaft Pfäffikon: Züriputsch, 65
130	Neue Zürcher Zeitung, 21.8.1837		
131	Zurlinden S.: Hundert Jahre, 237	149	Hirzel Bernhard: Mein Antheil, 14
133	Ebenda, 232		

149	Antiquarische Gesellschaft Pfäffikon: Züriputsch, 66	166	von Haller: Die Alpen
149	Johannes 12, 35	166	Ebenda
149	Johannes 12, 46	167	Hegetschweiler: Reisen, 79
151	Schweizer Paul: Dr. theol. Alexander Schweizer, 55	167	Ebenda, 79
152	Ebenda, 66	167	Ebenda, 79
152	Antiquarische Gesellschaft Pfäffikon: Züriputsch, 56	168	Sektionsbefund, Nekrolog, 8
152	Schweizer Paul: Dr. theol. Alexander Schweizer,. 27	169	Neue Zürcher Zeitung, 18.6.2003, 51
153	Ebenda, 25	169	Sektionsbefund, Nekrolog, 8
153	Friedrich Ludwig Jahn: Die deutsche Turnkunst, Berlin 1816	169	Ebenda, 8
153	Schweizer Paul: Dr. theol. Alexander Schweizer, 25	170	Antiquarische Gesellschaft Pfäffikon: Züriputsch, 56
153	Ebenda, 25	171	Freitagszeitung, 7.9.1839
155	Keller Ferdinand: Das Panorama von Zürich, 45	171	Zurlinden S.: Hundert Jahre, 240
157	Hegetschweiler: Reisen, 71	171	Neue Zürcher Zeitung, 7.9.1839
158	Verhandlungen der Antiquarischen Gesellschaft, Archiv Landesmuseum	172	Züriputsch-Akten, Stadtarchiv
158	Ebenda	172	Ebenda
158	Keller Ferdinand: Nachgrabungen auf dem Üetliberg. Stadtarchiv Zürich.	172	Zurlinden S.: Hundert Jahre, 238
158	Verhandlungen der Antiquarischen Gesellschaft	172	Neue Zürcher Zeitung, 7.9.1839
158	Geschichte schreiben in Zürich, 12	173	Antiquarische Gesellschaft Pfäffikon: Züriputsch, 45
158	Geschichte schreiben in Zürich, 14	174	Ebenda, 45
159	Hegetschweiler: Reisen, 81	176	Züriputsch-Akten, Stadtarchiv
162	Glarner Zeitung, 24.8.1937	176	Hegetschweiler: Reisen, Buchtitel
164	von Haller Albrecht: Die Alpen,	176	Glarner Zeitung, 24.8.1837
164	Keller Ferdinand: Das Panorama von Zürich, 116	177	Ebenda
165	Hegetschweiler: Reisen, 5	177	Ebenda
165	Ebenda, 4	178	Keller Ferdinand: Das Panorama von Zürich, 115
165	Ebenda, 4	179	Glarner Zeitung, 24.8.1937
165	Ebenda, 5	180	Hegetschweiler: Reisen, 4
166	Ebenda, 6	180	Keller Ferdinand: Das Panorama von Zürich, 116
		181	Glarner Zeitung, 24.8.1837
		182	Keller Ferdinand: Das Panorama von Zürich, 112
		182	Ebenda, 108
		184	Glarner Zeitung, 24.8.1837
		185	Glarner Zeitung, 24.8.1837
		186	Keller Ferdinand: Das Panorama von Zürich, 119
		186	Ebenda, 121

187 Ebenda, 121
187 Ebenda, 122
188 Ebenda, 123
189 Glarner Zeitung, 24.8.1837
189 Ebenda
190 Hegetschweiler: Reisen, 95
190 Antiquarische Gesellschaft Pfäffikon: Züriputsch, 56
190 Ebenda, 56
191 Neue Zürcher Zeitung, 7.9.1839
191 Weiss Heinrich: Beitrag zur Geschichte der Revolution, 4
191 Neue Zürcher Zeitung, 7.9.1839
192 Zurlinden S.: Hundert Jahre, 242
192 Antiquarische Gesellschaft Pfäffikon: Züriputsch, 56
192 Neue Zürcher Zeitung, 7.9.1839
192 Freitagszeitung, 7.9.1839
193 Antiquarische Gesellschaft Pfäffikon: Züriputsch, 56
193 Neue Zürcher Zeitung, 7.9.1839
193 Zurlinden S.: Hundert Jahre, 140
194 Freitagszeitung, 7.9.1839
194 Freitagszeitung, 9.9.1839
194 Neue Zürcher Zeitung, 11.9.1839
194 Ebenda, 74
194 Ebenda, 74
195 Ebenda, 74
195 Freitagszeitung, 13.9.1839
195 Weiss Heinrich: Beitrag zur Geschichte der Revolution, 80
195 Hirzel Bernhard: Mein Antheil, 15
196 Ebenda, 16
197 Ebenda, 16
199 Bluntschli J.C.: Der Züriputsch, Antiquarischer Verein Pfäffikon, 1940, 18
199 Schweizer Paul: Dr. theol. Alexander Schweizer, 64
199 Bluntschli: Der Züriputsch, 18
199 Antiquarische Gesellschaft Pfäffikon: Züriputsch, 92
200 Neue Zürcher Zeitung, 7.9.1839
202 Antiquarische Gesellschaft Pfäffikon: Züriputsch, 149
202 Ebenda, 148
202 Ebenda, 147
203 Denzler Alice: Eindrücke eines Thurgauer Medizinstudenten, 209
204 Hegetschweiler: Reisen, 91
204 Heer Oswald/Hegetschweiler Johannes: Flora der Schweiz, XXIV
205 Mörgeli Christoph: Dr. med. Johannes Hegetschweiler, 178
206 Weiss Heinrich: Beitrag zur Geschichte der Revolution, 46
206 Ebenda, 46
208 Uebel Bruno: Bericht des Kavallerie-Majors Bruno Uebel, 3
208 Zurlinden S.: Hundert Jahre, 239
208 Uebel Bruno: Bericht des Kavallerie-Majors Bruno Uebel, 3
209 Kramer Karl, in: Der Züriputsch, Antiquarischer Verein Pfäffikon 1940, 14
209 Uebel Bruno: Bericht des Kavallerie-Majors Bruno Uebel, 3
210 Ebenda, 3
210 Ebenda, 4
210 Segesser D.J.C.: Die Witterung, Monatsblatt, Luzern 1839, 44
210 Neue Zürcher Zeitung, 9.9.1839
211 Meyer von Knonau: Lebenserinnerungen, 486
211 Ebenda, 486
211 Ebenda, 490
211 Zurlinden S.: Hundert Jahre, 248
211 Meyer von Knonau: Lebenserinnerungen, 492
211 Ebenda, 493
211 Antiquarische Gesellschaft Pfäffikon: Züriputsch, 59

211 Ebenda, 136
212 Meyer von Knonau: Lebenserinnerungen, 491
213 Hegetschweiler: Reisen, 84
214 Ebenda, 77
214 Heer Oswald/Hegetschweiler Johannes: Flora der Schweiz, XXIV
214 Neue Zürcher Zeitung, 11.9.1839
214 Mörgeli Christoph: Dr. med. Johannes Hegetschweiler, 179
214 Hirzel Bernhard: Mein Antheil, 13
215 Mörgeli Christoph: Dr. med. Johannes Hegetschweiler, 179
215 Ebenda, 179
215 Ebenda, 184
215 Ebenda, 180
216 Ebenda, 189
216 Schmid: Quellenfund, 126
216 Ebenda, 126
217 Mörgeli Christoph: Dr. med. Johannes Hegetschweiler, 187
217 Nekrolog, Sektionsbefund 8
217 Mörgeli Christoph: Dr. med. Johannes Hegetschweiler, 185
217 Ebenda, 178
217 Dokument, Ortsmuseum Stäfa
218 Ortsmuseum Stäfa
218 Mörgeli Christoph: Dr. med. Johannes Hegetschweiler, 186
218 Zurlinden S.: Hundert Jahre, 172
218 Antiquarische Gesellschaft Pfäffikon: Züriputsch 119
218 Ebenda, 103
218 Ebenda, 103
218 Beck Karl: Marie Welti und Bernhard Hirzel in: Zürcher Taschenbuch 1963, 120
219 Meyer von Knonau: Lebenserinnerungen, 492
219 Antiquarische Gesellschaft Pfäffikon: Züriputsch, 106
219 Ebenda, 119
220 Beck Karl, Marie Welti und Bernhard Hirzel, 118
220 Ebenda, 120
220 Ebenda, 120
220 Antiquarische Gesellschaft Pfäffikon: Züriputsch, 70
220 Ebenda, 73
220 Ebenda, 72
220 Ebenda, 72
221 Ebenda, 73
221 Bluntschli J. C.: Der Züriputsch, Antiquarischer Verein Pfäffikon, 1940, 19
221 Ebenda, 18
222 Beck Karl: Marie Welti und Bernhard Hirzel, 138
222 Ebenda, 137
222 Ebenda, 125
223 Ebenda, 125
223 Ebenda, 132
223 Ebenda, 137
223 Ebenda, 137
223 Antiquarische Gesellschaft Pfäffikon: Züriputsch, 108
224 Gedenktafel, Kirchgemeindehaus Pfäffikon/ZH
225 Historisches Lexikon der Schweiz
225 Ebenda
225 Neue Zürcher Zeitung, 13.9.1839
226 Fäsi Karl Wilhelm: Trauerrede, gehalten beim Leichenbegängnis von Johannes Hegetschweiler, Druck von David Bürkli, Zürich 1839, 7
226 Fäsi: Trauerrede, 5
226 Mörgeli Christoph: Dr. med. Johannes Hegetschweiler, 153
226 Fry Elizabeth: Barmherzige Liebe, Hamburg 1878
227 Fäsi: Trauerrede, 8
229 Universitätsbibliothek Basel, Handschriftenabteilung

229 Actes de la Société Helvétique des Sciences Naturelles, 1841, 214
229 Fleming Fergus: Nach Oben, Die ersten Eroberugen der Alpengipfel, Hamburg 2002, 49
229 Verhandlungen der antiquarischen Gesellschaft, Landesmuseum
230 Keller: Panorama, Buchtitel
230 Universitätsbibliothek Basel, Handschriftenabteilung
231 Ebenda
233 Stadtarchiv Zürich
233 Glarner Zeitung, 24.8.1837
234 Stadtarchiv Zürich
235 Actes, 220
236 Ebenda, 214
237 Heer Gottfried: Geschichte der Gemeinde Linthal, 34
237 Ebenda, 34
238 Mörgeli Christoph: Dr. med. Johannes Hegetschweiler, 192
239 Antiquarische Gesellschaft Pfäffikon: Züriputsch, 42
241 Actes, 220
214 Neue Zürcher Zeitung, 11. März 1840.
242 Escher Konrad: Chronik der ehemaligen Gemeinden Wiedikon und Aussersihl, 114
242 Ebenda, 115
242 Actes, 221
243 Ebenda, 221
243 Ebenda, 221
243 Ebenda, 213
243 Heer: Gemeinde Linthal, 34
244 Ulrich Melchior: Die Ersteigung des Tödi, 51
244 Ebenda, 52
244 Ebenda, 52
244 Ebenda, 47
245 Ebenda, 54
245 Ebenda, 65
246 Simler Rudolf Theodor: Der Tödi-Rusein und die Excursion nach Obersandalp, Bern 1863, 41
246 Ebenda, 41
246 Ebenda, 49
247 Ebenda, 38
247 Simler Rudolf Theodor in: Jahrbuch des Schweizer Alpenclub 1864, Generalbericht, 26
247 Ebenda, 41
247 Ebenda, 41
247 Hager/Pieth: Pater Placidus, 366
248 Christoph Mörgeli, Dissertation 1986
248 Mörgeli Christoph: Dr. med. Johannes Hegetschweiler, 193
249 Schmid: Quellenfund, 129
249 Ebenda, 143
249 Schmid Bruno in: Heimatspiegel, Beilage zum Zürcher Oberländer, Februar 2002, 15
249 Ebenda, 15
249 Stromer Markus: Dorfchronik Dürnten, 114
249 Ebenda, 114
249 Ebenda, 114
250 Ebenda, 114
251 Hirzel Bernhard: Mein Antheil, 9
252 Schmid: Quellenfund, 133
252 Peter Erich: Wer war Joh. Hegetschweilers Mörder, Zürcher Oberländer, 6.11.1991
253 Ebenda
253 Ebenda
254 Hirzel Bernhard: Mein Antheil, 15

Emil Zopfi im Limmat Verlag

«Seit er Bücher schreibt, macht Emil Zopfi von sich reden, leise und mit schöner Insistenz.» *Luzerner Neueste Nachrichten*

Steinschlag
Roman

Londons letzter Gast
Roman

Die Fabrikglocke
Vom Aufstand der Glarner Stoffdrucker gegen die Zeit
Roman

Kilchenstock
Roman

Lebensgefährlich verletzt
Eine Nachforschung

Sanduhren im Fels
Erzählungen und Reportagen

Die Wand der Sila
Roman

Die elektronische Schiefertafel
Nachdenken über Computer

Jede Minute kostet 33 Franken
Roman